Wer ist mit *im Bett?*

Wege zum Glück
für Paare und Noch-Singles

Alfred R. Austermann • Bettina Austermann

Wer ist mit *im Bett?*

Wege zum Glück
für Paare und Noch-Singles

Ein Erfahrungs- und Selbsthilfebuch

KÖNIGSWEG

www.koenigsweg-verlag.de

Alfred R. Austermann und Bettina Austermann
Wer ist mit im Bett? – Wege zum Glück für Paare und Noch-Singles

1. Auflage März 2021 im Königsweg-Verlag, www.koenigsweg-verlag.de

Lektorat: Esther H. Norman, www.esther-norman.de
Satz und Gestaltung: Dragon Graphic, Berlin
Umschlagmotiv: Alfred R. Austermann und Bettina Austermann
Umschlaggestaltung: Bettina Heuser – avida Design
Druck: PIEREG Druckcenter Berlin GmbH
Bild S. 101: Colored Genetic Code DNA Molecule Structure – © ktsdesign – Adobe Stock, weitere Bilder: © Austermann

ISBN: 978-3-9812471-6-9

Inhalt

Vorwort

In den westlichen demokratischen Ländern haben wir viele Freiheiten und Möglichkeiten, unsere Liebe und Lust frei zu leben. Wir können, vielleicht zum ersten Mal in der Geschichte der Menschheit, vieles ausprobieren und viele Erfahrungen sammeln, solange Sexualität auf Gegenseitigkeit beruht, unter Erwachsenen und mit Achtung füreinander geschieht.
Das ist ein riesengroßes Geschenk.

Unsere Ahnen hatten häufig sehr eingeschränkte Möglichkeiten, ihre Liebe zu leben. Sie konnten an ihre Kinder und letztendlich an uns oft nur wenig an Wissen und Lebensweisheit über das Lieben und über glückliche Paarbeziehungen mitgeben. Es ist jetzt an uns, unsere hinzugewonnenen Möglichkeiten und Freiheiten auszuschöpfen. Es gibt noch vieles zu lernen. Wir können das und dürfen das. Wir können lernen, Meister im Lieben zu werden. Das ist zwar wohl für viele noch ein weiter Weg, aber woher sollen wir auch wissen können, wie man das macht?

„Wenn man sich anschaut, was Männer über viele Jahrhunderte Frauen alles angetan haben, ist es ein Wunder, dass Frauen noch immer so lieben können". Helmut Darshana Becker, Neurologe

Dieses berührende Zitat stammt von einem Lehrtherapeuten des Autors. Es ist ein Wegweiser, dass es so vieles zu entdecken und zu heilen gibt. Wir sind auf dem Weg und wir möchten unsere Leserinnen und Leser ein Stück mitnehmen.

In dieses Buch fließen über 20 Jahre Erfahrung als Paar mit Höhen und Tiefen und einer fast ebenso langen beruflichen Zusammenarbeit ein. Bereits bei unserer Hochzeit haben wir eine kleine Fotogalerie mit unseren Ahnen für unser Hochzeitsritual zusammengestellt und auch sie um ihren Segen für uns als Paar gebeten. Außerdem haben wir während des Rituals auch der Menschen mit schweren Schicksalen gedacht, mit denen unsere Eltern und Großeltern verbunden sind. Wir haben sie, bildlich gesprochen, zur Hochzeit eingeladen und sie gebeten, uns ihren Segen zu geben. Sie gehören alle dazu.

Besonders berührend war neben spirituellen Gesängen aus verschiedenen religiösen Traditionen ein Bindungsritual. Für dieses haben wir unsere Eltern, die persönlich anwesend waren, gebeten, sich hinter uns zu stellen und unserer Verbindung ihren Segen zu geben.

Unsere Hochzeit in Verbindung mit unseren Ahnen vor zwanzig Jahren gibt uns auch heute noch Kraft. Wir sind und leben, was wir in diesem Buch an Übungen beschreiben und wir schreiben aus unserer beruflichen Erfahrung als Therapeuten und aus unserer Erfahrung als Paar und Eltern.

Unsere Kinder kamen sehr spät. Das war nicht so geplant. Die Existenz hatte mit uns noch viele Lernaufgaben vor und wohl vor allem, dass wir zunächst unser erstes Buch „Das Drama im Mutterleib“ fertig stellten. Mit kleinen Kindern hätten wir das niemals geschafft. Jetzt sind unsere Kinder größer und wir konnten den Schritt wagen, uns fast ein Jahr nach Bali zurückzuziehen, wo auch das erste Buch entstand. Das spirituell besonders feinsinnig aufgeladene Feld auf der „Insel der Götter“ ist für viele Autoren und Künstler eine große Inspiration. Auch wir finden hier die innere Sammlung, damit wir unsere Erfahrungen in diesem und einem weiteren Buch zur Verfügung stellen zu können.

Wir wünschen unseren Leserinnen und Lesern viele hilfreiche Erfahrungen und Einsichten und von Herzen Glück in der Liebe.

Bettina Austermann
Alfred Ramoda Austermann

Einleitung

Wer ist mit im Bett?

Liebe und Lust – Stoff von unendlich vielen Büchern, Filmen und Theaterstücken zu allen Zeiten. Den Liebespartner finden, mit ihm glücklich zusammen sein und bleiben.
Das ist die große Sehnsucht der meisten von uns.
Das Liebesglück – nur, wie geht das?

Kaum etwas kann uns glücklicher sein lassen als das große Verliebtsein und kaum einer kann uns tiefer verletzen als der Liebste oder die Liebste. Lust und Liebe sind die großen Kräfte, die das Leben weiterbringen, die Urkraft des Lebens.
Doch – wie kann es gelingen?

Bettina erzählt:
Wenn ich die Augen schließe, sehe ich ihn vor mir. Sein wunderschönes Lächeln, seine strahlenden Augen ..., wie er mich anschaut. Mein Herz schlägt und meine Sehnsucht nach ihm ist so groß.

Die Begegnung gestern war wunderbar, ich schwelge in den Erinnerungen ... Er, er, er ... Die nächsten Tage geht fast nichts anderes mehr in meinen Kopf, nur er ... Dann endlich ein weiteres Treffen, wie wunderbar, wie aufregend, mein Körper, sein Körper ... Ein Fest für unsere Körper, mein Herz macht Sprünge, wenn es aus der Brust könnte, wären es Luftsprünge – es ist alles so wunderbar!

Dann, es ist unser fünftes Treffen und hat so wunderbar begonnen, wir sind erst im Park mit Picknickkorb und Sekt und dann bei ihm zu Hause. Wir liegen im Bett und schmieden Pläne für das nächste Wochenende zu zweit. Auf einmal kippt die Stimmung. Wir verhaken uns in einer sinnlosen Diskussion, ob Vegetarier bessere Menschen sind. Wir bekommen diesen Zug

nicht mehr angehalten und schließlich fahre ich verstimmt nach Hause, Scheiße! Es tut so weh!!!
Was ist eigentlich los? Ich verstehe das nicht! Es war doch alles so gut und jetzt dieser blöde Streit. Die Welt erscheint in diesem Moment grau und ungerecht.
Was ist da eigentlich passiert?

Diese Frage habe ich mir in ähnlichen Situationen wieder und wieder gestellt. Der Kopf schreit, ich will das nicht! Ich möchte, dass die Liebe einfach da ist. Es tut verdammt weh und fühlt sich so ungerecht an. Aber das Leben und mein Liebster liefern mir nicht immer das, was ich möchte. Wenn auch unfreiwillig, es ist die große Chance und die große Herausforderung, genau hieran zu wachsen.

Unsere Liebe ist am Ende genau an diesen unfreiwilligen Fragen und Aufgaben tiefer und verbindender geworden.

Wir beide, die Autoren, haben Antworten gefunden und sind an diesen und anderen Herausforderungen gewachsen. Wir haben so manches Schicksal unserer Ahnen und so manche persönliche Verletzung „im Bett“ getroffen. Wir stellen unsere Einsichten und unsere Erfahrungen zur Verfügung und wünschen unseren Leserinnen und Lesern Glück und Erfolg damit.

Lesehinweise für unser Buch

Wir springen mit dir, liebe Leserin und lieber Leser, gleich mitten hinein in das große Thema Liebe und Partnerschaft. Wir nehmen dich in unserem Buch mit auf eine Reise mit zahlreichen Erfahrungsmöglichkeiten. Immer wieder möchten wir dich einladen, selbst aktiv zu werden und etwas auszuprobieren, zu erfahren und anzustoßen.

Die Übungen, Erfahrungen und spirituellen Lösungswege in Form von Gesprächen mit den Ahnen und Gebeten werden dich wohl in unterschiedlichem Maß ansprechen und berühren. Überspringe, was gerade nicht dran ist und vertiefe, was dir entspricht. Dieses Buch muss nicht von A-Z gelesen werden, sondern lädt ein, immer wieder dort aufgeschlagen zu werden, wo es dich gerade besonders hinzieht. Vielleicht möchtest du an manchen Stellen innehalten, um tiefer in Fakten und Begebenheiten aus deinem Leben und deiner Familiengeschichte hinein zu spüren. Zum Schutz unserer Klienten wurden sämtliche Namen in den Fallgeschichten geändert.

Wir möchten einen Hinweis geben, wie wir das Wort „frei" in Anführungsstrichen benutzen: Wir sind mit den Schicksalen unserer Ahnen im Guten wie im Schlimmen immer und unlösbar verbunden. Es wäre eine Illusion, sich davon befreien zu können. Das wäre auch nicht sinnvoll, da unsere Ahnen unsere Wurzeln sind, die Kraft und Segen geben können.

Wir sind nicht frei. Etwas der Ahnen lebt in uns weiter.
Wenn es schwere Schicksale gab, brauchen manchmal die Ahnen in uns noch etwas, damit wir ihre Belastungen nicht mehr tragen. Dieser Teil ist ein innerer Prozess der Entlastung für uns selbst. Manchmal braucht es eine energetische Entladung der Informationen und Glaubenssätze, die wir noch von unseren Eltern und von früheren Ahnen tragen.

Darüber hinaus brauchen auch die Ahnen, deren Spuren irgendwo da draußen sind, dass ihr Leid gesehen, anerkannt und geachtet ist. Das war damals oft nicht möglich.

Die eine oder andere Seele braucht auch noch eine Totenbegleitung, um Frieden finden zu können. Dann haben die schweren Schicksale unserer Ahnen, deren Erlebnisse und Seelenspuren außerhalb von uns weiter existieren, nur noch wenig belastenden Einfluss auf uns.

Die Ahnen werden zur Kraftquelle und wir können uns der Stärken und der Liebe freuen, die wir auch von ihnen bekommen haben. Dann sind wir „frei" – aber immer mit der Bindung im Herzen zu unseren Vorfahren, zu unserem Ursprung.

Eine sprachliche Besonderheit: Wir verwenden bei den Anleitungen der Übungen und Erfahrungen eine besondere, einladende Sprache, die nicht unbedingt der Dudenkommission entspricht. Wir sprechen beispielsweise von „Nehme dir die volle Zeit für dich, die du brauchst" statt „Nimm dir die volle Zeit ..." Das Unterbewusstsein reagiert oft viel kooperativer, wenn es freundlich eingeladen wird als bei Befehlen. „Nehme dir ..." wird innerlich gehört als „ich nehme mir". Das kann leichter die Seele berühren. Bei dem Imperativ „Nimm dir ..." wird erst der Verstand eingeschaltet mit der Frage, ob ich diesem Befehl überhaupt folgen möchte. Das kann tiefe Berührung erschweren. „Nehme dir ..." ist eine einladende Seelensprache.

Ein rechtlicher Hinweis: Liebe Leserin, lieber Leser, wir möchten dich an deine Eigenverantwortlichkeit erinnern. Mit den in unserem Buch beschriebenen Übungen kannst du möglicherweise bewegende Erfahrungen machen. Wir verwenden daher meist den Begriff Erfahrungen. Du darfst sämtliche beschriebenen Übungen und Erfahrungen nur dann ohne fachlich geschulte Begleitung durchführen, wenn du bereit bist, jederzeit die volle Verantwortung für deine inneren Bilder, Wahrnehmungen und Handlungen zu behalten. Gegebenenfalls brichst du die Übung sofort ab, falls du dich nicht wohlfühlst.

Für den Fall, dass du Unterstützung benötigen solltest, bleibt es in deiner Verantwortung, selbst dafür zu sorgen und eine Fachkraft hinzuzuziehen. Das Lesen dieses Buches und das Durchführen der Übungen kann keine psychotherapeutische oder ärztliche Behandlung ersetzen.

Happy End und dann? 1

Endlich, endlich nach so manchen Missverständnissen und Umwegen sind Sie und Er dann doch zusammengekommen und liegen sich glücklich in den Armen. Wie schön! Wir haben mitgefiebert, gebangt und getrauert, manchmal auch mitgeweint. Aber endlich sind sie glücklich zusammen.

Diese und ähnliche Bilder aus Liebesfilmen lassen in vielen von uns Sehnsucht nach dem ersten Verliebtsein aufkommen. Ach, mit meinem Liebsten war das auch mal so. Es war so schöööön, aber das ist schon so lange her und jetzt ...?

Wie geht es weiter?
In der Zeit der ersten Verliebtheit wird das Glückshormon Dopamin ausgeschieden. Es kommt zu den bekannten „Schmetterlingen im Bauch". Der Anblick und das Zusammensein mit dem Geliebten, der Geliebten versetzt uns in Glückszustände.

Leider bleibt es nicht dabei. Nach dieser Verliebtheit wird der Andere mehr und mehr zum realen Menschen mit Stärken und Schwächen. Dann kommt die Beziehung auf eine andere Ebene. Wir sehen uns mit vielen Herausforderungen konfrontiert, erfahren aber auch eine ganz andere Tiefe miteinander. Eine tiefe Bindung zueinander entsteht.

Neben der Bindung und der Liebe zu einander sehen wir uns aber auch mit Situationen konfrontiert, die einfach nicht lösbar zu sein scheinen. Jede Beziehung hat ihre Themen. Wir fragen uns: Wie kann unser geliebter Partner oder die Partnerin uns so tief verletzen?

Sabine erzählt:
Ich kenne meine Freundin Claudia seit fast 15 Jahren. Wir haben uns im Studium getroffen und wir beide haben uns im Laufe der

Jahre auch mit unseren verschiedenen Partnern von verschiedenen Seiten kennengelernt. Ich treffe Claudia im Café. Sie sieht traurig aus und übermüdet. Die letzte Nacht hat sie wenig geschlafen und es geht, wie so oft, um Peter.

Sie wollte mit ihm reden, wie sie mit ihrem gemeinsamen Geld besser umgehen könnten und was ihr Probleme bereitet. Peter hört gar nicht richtig zu, um dann entnervt seinen Jogginganzug zu nehmen und raus zu gehen. Claudia fühlt sich abgelehnt, unverstanden und abgeschoben. Sie hat sich doch den halben Tag schon Gedanken gemacht, wie sie dieses schwierige Thema ansprechen kann und was sie sagen kann, um bloß keine hochschlagenden Emotionen zu wecken – wieder ist es schiefgegangen und der Typ hat einfach nicht zugehört. Wut steigt in ihr hoch. Als Peter dann nach Hause kommt, versucht sie erneut das Thema anzusprechen. Peter steht noch in der Tür und explodiert.

Sie solle ihn doch in Ruhe lassen, er habe keine Probleme und fühle sich von ihr mit Vorwürfen zugeschüttet. Claudia lässt nicht locker und am Ende verschanzt sich Peter in seinem Arbeitszimmer, schließt die Tür ab und kommt, außer um auf die Toilette zu gehen und sich etwas zu essen zu machen, nicht mehr heraus …

Claudia sitzt mir gegenüber, weint und schimpft abwechselnd. „Typisch Mann", „der Idiot", „er lernt doch nie etwas dazu" … Ein Trost ist die Zeitschrift mit Kontaktanzeigen – vielleicht gibt es ja doch einen Mann, der sie versteht, zuhört und offen ist, auch Probleme zu besprechen. Aber eigentlich möchte sie mit Peter sein.

Diese und ähnliche Geschichten über Peter habe ich schon so oft gehört. Ich mag sie mir nicht mehr anhören. Nach ein paar Tagen ist der Normalzustand wieder da und beide spüren wieder die Liebe und Verbindung zueinander. So sehr ich Claudia schätze, so sehr nervt sie mich mit den immer gleichen Dramen. Aber es bohrt und gärt weiter in Claudia und sie nervt mich immer wieder mit der Frage: Wie kann ich Peters Reaktionen ändern?

Viele von uns kennen ähnliche Situationen. Schon so oft hat Claudia am Telefon ihr Leid geklagt. Von außen sieht es so aus, dass sie recht hat und Sabine stellt sich die Frage: *„Warum lässt sie sich das gefallen? Wie kann er sich so mies verhalten?“* Aber es ändert sich auch nach Jahren nichts.

Sabine, die uns von diesen Begebenheiten erzählt hat, mag ihre Freundin sehr. Aber auch sie ist ratlos. Wenn sich Paarkonflikte immer wieder im Kreis drehen, sollten alle Alarmlichter angehen. Hier geht es um etwas anderes und die Lösung liegt ganz woanders. Hier helfen keine Gespräche! Jeder Lösungsversuch wird hier im Sande verlaufen. Jede Absprache wird an dem Eigentlichen nichts ändern. Auch jedes Bemühen, es anders zu machen, alle noch so gut gemeinten Tipps von Freunden können grundsätzlich nichts lösen. Es gibt nur einen einzigen Weg: Egal wie *„gemein“ dein Partner oder deine Partnerin ist, schau bei dir selbst und finde, worum es bei dir eigentlich geht!* So schwer und unlogisch sich das auch anfühlt: Es ist der einzige Weg, damit es leichter werden kann oder lange schon ausstehende Entscheidungen getroffen werden können.

Was bedeutet *„Schau bei dir selbst“*?
Hier, in diesem Fall, würde Claudia sagen *„Ich habe Peter sehr freundlich zu dem Gespräch eingeladen. Er hat immer wieder Gespräche zu dem Thema abgelehnt. Ich habe so lange gewartet, um zu reden. Es gibt nie den richtigen Zeitpunkt. Es kann doch gar nicht an mir liegen“*.

Wenn du, liebe Leserin, lieber Leser, in einer ähnlichen Situation bist wie Claudia, beobachte genau: Welche Gefühle entstehen in dir in dieser Situation? Sei ehrlich zu dir und lass alle Gefühle zu. Das können wichtige Hinweise sein, worum es tatsächlich geht.

Manchmal sind das ungeliebte Gefühle von:
Ich hasse ihn./Ich hasse sie. Ich bin so wütend, ich könnte ihn/sie umbringen. Ich bin so verzweifelt, ich könnte mich umbringen. Es hat alles keinen Zweck, es gibt keine Lösung. Endlich leidet auch er. Ich fühle mich so mies behandelt …
Eigentlich habe ich gar keine Idee, wie es wäre, wenn es anders ist.

Stelle dir die Fragen:
Was wäre, wenn genau diese Situation ein unbewusster Heilungsversuch ist? Vielleicht hast du dir gerade diesen Partner mit genau seinen Themen gesucht, damit diese Situationen entstehen? Natürlich geschieht das unbewusst.

Was wäre, wenn du etwas wiederholst, was mit dir und deinem Partner nichts zu tun hat?

Diese Situationen sind sehr verletzend und schmerzhaft. Es entstehen Scherben. Sie bringen uns bis an den Rand von dem, was wir aushalten können. Oft geht die Beziehung dann irgendwann in die Brüche. Wie schade.

Wir möchten dich einladen, mit einem ganz anderen Blick als dem alltagsüblichen zu schauen. Dann können sich so manches Mal überwältigende Lösungen auftun.

Wer ist mit im Bett? 2

Wenn du mit deiner Liebsten oder deinem Liebsten im stillen Kämmerlein bist, glaubst du dich allein mit ihr oder ihm.

Bist du das wirklich?
Vielleicht ist es in den ersten Wochen und Monaten noch so. Die große Verliebtheit, die Schönheit und die Reize des Anderen, der Hormoncocktail und die Duftstoffe wie auch der archaische Zwang der Biologie, das Leben weiterzugeben, überdecken vorübergehend die Schatten.

Doch unweigerlich wird mit der Zeit deutlich, dass du nicht alleine mit deiner Liebsten oder deinem Liebsten im Bett bist. Da sind noch mehr Menschen, Seelen und Ereignisse mit im Bett, ob du das willst oder nicht.

Wie – ich bin doch ich!?
Wenn das so einfach wäre, gäbe es nicht so viele unglückliche Trennungen und Kinder, die nicht bei beiden Eltern aufwachsen dürfen.

Wer bitte soll denn da noch alles sein und mein Liebesglück vermiesen?
Nicht alle, die da sind, vermiesen das Liebesglück, sondern nur die, wo etwas unglücklich gelaufen ist und nicht zu Ende gekommen ist.

1. Frühere Liebesbeziehungen

Frühere Liebesbeziehungen und Begegnungen hinterlassen immer eine Spur. Es bleibt eine Bindung im Herzen. Mit all ihren und seinen Erfahrungen und Herzensbindungen im Guten und weniger Guten schaust du deine Liebste oder deinen Liebsten an. Wenn du dann deiner Partnerin oder deinem Partner zeigst, dass deine Vorgänger, also ihre oder seine vorherigen Partner/innen Idioten und Flaschen waren und du das besser kannst, verlierst du ihr oder sein Herz. Das geht auf die Dauer schief.

Diese Vorgänger sind Teil ihrer oder seiner Geschichte und Lebenserfahrung. Auch die Liebe zu Vorgänger X, die immer noch da ist, darfst du nicht schlecht machen. Im Gegenteil: Wenn du sagst: „'X' war ganz wichtig für dich und ihr habt vieles geteilt und erlebt, ich achte seinen Platz in deinem Herzen“ kann die Liebe zwischen euch ungestört fließen und sogar noch größer werden. Auch „X“ ist mit im Bett, aber er stört dann nicht weiter. Im Gegenteil: Die Erfahrungen und Weiterentwicklungen, die deine Liebste oder dein Liebster durch „X“ gemacht hat, kommen dir zu Gute.

Ebenso zerstörerisch ist es, selbst die eigenen früheren Partner schlecht zu machen. Oft geschieht dies, um dem jetzigen Partner scheinbar mehr Wert zu geben. Wenn dein Partner oder deine Partnerin schlecht über seine bzw. ihre früheren Lieben redet und sie abwertet und niedermacht, kannst du fast sicher sein, dass er bzw. sie eines Tages über dich Ähnliches reden wird.

Manche Paare tun sich leidenschaftlich darin hervor, gemeinsam jeweils den Ex und die Ex schlecht zu machen. Dass sie damit oft auch am Ende ihrer jetzigen Beziehung stricken, ist ihnen leider nicht bewusst. Das Herz tickt anders. Alles, was war, braucht einen Platz und Würdigung. Auch die schönen und liebevollen Zeiten mit der Ex. Auch sie ist mit im Bett – egal ob dir das recht ist oder nicht. – Wie, das glaubst du nicht? OK – Dann überspringe die nächste Übung und mache erst einmal ein Experiment „Einen früheren Partner schlecht machen“ am Ende dieses Kapitels. Mit diesen Erfahrungen kehrst du dann zu der jetzt kommenden Übung zurück.

Liebeserfahrung: Frühere Partner ins Herz nehmen

Wir möchten dich einladen zu einer Übung, die du für dich alleine machen kannst, um in deinem Herzen aufzuräumen, um für neues Liebesglück Platz zu schaffen. Du kannst diese Übung auch mit deinem jetzigen Partner oder deiner jetzigen Partnerin machen. Wenn ihr sie zu zweit macht, kann sie euer Zusammensein erheblich vertiefen und eure Herzen füreinander öffnen.

Nehme* dir einen Nachmittag Zeit an einem Ort, wo du ungestört bist, gerne auch draußen in der Natur, wenn das Wetter es ermöglicht.

Nehme einen Notizblock zur Hand oder suche dir Kieselsteine, Stöcke, Blumen, kleine Äste, Symbole oder verschiedene Paar Schuhe etc. als Platzhalter. Schalte dein Handy ab. Besinne dich auf deine früheren Beziehungen, Liebschaften und Begegnungen. Wer ist davon besonders wichtig für dich? Was hast du gelernt? Was hast du bekommen? Schaue vor allem auf das, was du bekommen hast und nicht auf das, was dir der Partner nicht geben konnte oder wollte.

Nehme dir eine gute Stunde Zeit, noch einmal in die Vergangenheit zu schauen. Finde die für dich etwa 2-7 wichtigsten Partner/Partnerinnen und Begegnungen und schreibe jeden Namen auf einen Zettel oder finde einen anderen Platzhalter für diesen Menschen. Nach dieser Vorbereitung beginnst du mit der Übung:

Lege die Zettel oder Platzhalter in der Reihenfolge der Beziehungen, wie sie da waren, in einer Reihe nebeneinander mit Abstand zwischen den einzelnen Plätzen auf die Erde.

Stelle dir vor, auf jedem der Plätze steht die jeweilige Partnerin oder der jeweilige Partner, so wie sie oder er damals war, so wie du ihr Bild oder sein Bild im Herzen trägst.

* Wir wählen hier bewusst **nehme** statt **nimm**, um dein Inneres einzuladen statt zu befehlen, siehe auch Lesehinweise zu unserem Buch.

Das Ritual für deine früheren Partner

Dann sagst du laut zu ihm (hier beschreiben wir zuerst das Ritual für frühere männliche Partner, wenn es um eine frühere Freundin geht, schaue weiter unten, dort ist es in der weiblichen Form beschrieben):

„Lieber X (Name), Du bist mein erster (zweiter, dritter ...) Freund, Mann, Partner (benenne, wie es stimmt). Danke für alles, was ich von dir bekommen habe. Das hat für immer einen Platz in meinem Herzen. Ich trage meinen Teil an dem, was zwischen uns nicht gut gegangen ist und lasse deinen Teil bei dir.“

Wenn du magst, benenne einzelne Themen genauer, bei denen du Besonderes mit ihm gelernt, bekommen und gelebt hast. *Ich habe mit dir gelernt* .... (benenne). *Ich habe von dir bekommen* .... (benenne).

Verneige dich vor ihm in Achtung für alles Gute und Schöne, was war und was du gelernt und erfahren hast.*
Sage noch einmal „Danke!“

Nehme dir Zeit zu spüren, welche Gefühle auftauchen, ohne sie zu bewerten oder sie anders haben zu wollen. Beobachte.
Dann sage zu ihm: *„Jetzt gehe ich weiter.“*

Dann gehst du zum nächsten Platz und machst es so wie bei dem ersten Partner. Bis du beim letzten ehemaligen Liebespartner angekommen bist. Dann lasse diese Übung und die Bilder in dir nachhallen. Du darfst dir viel Zeit dafür geben.

* An dieser Stelle möchten wir etwas zur Verneigung sagen: In östlichen Kulturen sehr gebräuchlich, erscheint es in unserer westlichen Kultur antiquiert und fremd. Angeregt durch die Arbeit mit Familienaufstellungen haben wir mit Verneigungen als Geste von Achtung und Würdigung jedoch viele wohltuende und heilende Erfahrungen gemacht. Dafür ist es wichtig, die Verneigung nicht als hohle Geste oder wie eine Floskel zu vollziehen. Man sollte sie, so gut es möglich ist, mit der Bedeutung von Achtung und Anerkennung verbinden. Probiert es aus, spürt nach und macht eure Erfahrungen.

Das Ritual für deine früheren Partnerinnen
Sage laut zu deiner ersten Partnerin: *„Liebe X (Name), Du bist meine erste (zweite, dritte ...) Freundin, Frau, Partnerin* (benenne, wie es stimmt). *Danke für alles, was ich von dir bekommen habe. Das hat für immer einen Platz in meinem Herzen. Ich trage meinen Teil an dem, was zwischen uns nicht gut gegangen ist und lasse deinen Teil bei dir."*

Wenn du magst, benenne einzelne Themen genauer, bei denen du Besonderes mit ihr gelernt hast, bekommen und gelebt hast. *Ich habe mit dir gelernt* .... (benenne). *Ich habe von dir bekommen* ....(benenne).

Verneige dich vor ihr in Achtung für alles Gute und Schöne, was war und was du gelernt und erfahren hast.
„Danke!"

Nehme dir Zeit zu spüren, welche Gefühle auftauchen, ohne sie zu bewerten oder sie anders haben zu wollen. Beobachte.
Dann sage zu ihr: *„Jetzt gehe ich weiter."*

Dann gehst du zum nächsten Platz und machst es so wie gezeigt. Bis du bei der letzten ehemaligen Liebespartnerin angekommen bist. Dann lasse diese Übung und die Bilder in dir nachhallen. Du darfst dir viel Zeit dafür geben.

Als Liebesübung für Paare gemeinsam:
Wenn ihr die Übung zu zweit machen wollt, macht beide den ersten Teil der Übung jeder für sich allein. Dann lasst ihr die Zettel oder Platzhalter liegen und findet, wer beginnen möchte, seine ehemaligen Partner dem Anderen vorzustellen. Bei unserem Beispiel beginnt die Frau, hier heißt sie Caroline:

Caroline nimmt Stefan an die Hand. Dann zeigt sie ihm den ersten Platz und sagt zu ihm:

„Das ist X ... (Name)*, mein erster langer Freund.* Und fügt eventuell noch etwas hinzu: *Mit X ... war ich ... Jahre zusammen. Mit ihm habe ich ... gelebt und gelernt.“*

Stefan schaut auf den Platz und stellt sich vor, dass dort wirklich ein Mensch in Lebensgröße steht und sagt zu ihm laut:
„Lieber X ... Ich achte dich als meinen Vorgänger bei meiner Freundin Caroline.“

Dann verneigt sich Stefan vor X. Nach dieser Verneigung dreht sich Stefan zu Caroline, schaut ihr in die Augen und sagt:
„Ich achte, dass X Teil deiner Geschichte ist und einen Platz in deinem Herzen hat.“ Oft ist der Blick zwischen dem Paar an dieser Stelle sehr tief und bedeutungsvoll und kann das Paar näher zusammenbringen.

Gebt euch dafür etwas Zeit, bevor ihr zum nächsten geht. Wenn in diesem Beispiel negative Gefühle bei Stefan auftauchen und er eine Neigung verspürt, X zu entwerten, hat das oft mit seiner eigenen Geschichte von Misserfolg und Entwertung zu tun. Da gibt es für ihn etwas zu entdecken und zu heilen. Das ist besser, als die Beziehung zur Liebsten mit Abwertungen ihrer Liebschaften zu vergiften.

Vielleicht spürt Stefan auch, dass Caroline X immer noch sehr liebt, sodass er Angst bekommt, Caroline könnte ihn verlassen. Im Herzen ist aber Platz für viele und wenn Caroline spürt, dass sie auch X noch lieben darf, wird wahrscheinlich die Liebe zwischen Stefan und Caroline noch tiefer.

Wenn aber die Liebe und Beziehung zwischen Caroline und X doch noch nicht vorbei sein sollte, kann eine Abwertung dies erst recht nicht verhindern. Das Herz kann mehr aufgehen, wenn Stefan seine Angst spüren kann, Caroline wieder zu verlieren und er sich seiner Angst stellen kann, die vielleicht mit Caroline nur am Rande zu tun hat.

So geht ihr von ehemaligem Partner zu ehemaligem Partner und achtet jeden auf seinem eigenen Platz. Jeder Platz wird sich unterschiedlich anfühlen.

Dann tauscht ihr und geht die Lieben des Mannes durch. Stefan stellt seine ehemaligen Partnerinnen vor und Caroline würdigt diese.

Zum Abschluss setzt ihr euch einige Minuten hin und schaut euch in die Augen. Als Mann – als Frau, ohne Absicht irgendetwas erreichen zu wollen.

Haltet einige Minuten den Blickkontakt. Erst dann kommt euch näher, zum Beispiel für eine Umarmung. Wahrscheinlich sind jetzt der gegenseitige Blick und der Kontakt zwischen euch viel tiefer.

Das Achten der früheren Partner und die Erfahrungen – egal ob gute oder schlimme – die dein Partner mit ihnen gemacht hat, macht deinen Liebsten oder deine Liebste größer und würdiger und schöner. Er oder sie ist vollständiger und sein oder ihr Herz ist offener und weiter und nicht etwa – wie viele befürchten – weniger offen und weniger bereit für den jetzigen Partner.

Ein lehrreiches Experiment zu Abschluss: Einen früheren Partner schlecht machen

Bitte glaubt nichts von dem, was wir schreiben. Denkt nicht zu viel theoretisch darüber nach, ob das denn richtig ist oder nicht. Erfahrt es selbst und geht damit auf die Weise weiter, die für euch stimmt. Dann ist es nämlich kein Glaube, sondern euer eigenes WISSEN. Zur Überprüfung laden wir euch ein, mit eurem Liebsten oder aber auch einfach mit einem guten Freund, einer Freundin als Stellvertreterin etwas auszuprobieren:

Ihr macht jetzt ganz bewusst als Experiment einen früheren wichtigen Partner schlecht. In manchen Medien gibt es Sendungen, die das regelrecht als „Sport" entwickelt habe. Je mehr man einen früheren Partner schlecht macht, umso cooler ist man. Bitte macht bei diesem Experiment euren früheren Partner nicht wirklich schlecht, das schadet euch nur, es reicht völlig zum Ausprobieren so zu tun als ob.

Deine Liebste erzählt dir etwas über Rick. Sie war eine längere Zeit mit ihm zusammen. Dann schimpfst du über Rick, was er doch für ein Blödmann ist, was für ein Versager und für eine Flasche. Nehme wahr, wie es dir geht.

Höre auch deine Liebste, wie es ihr geht, wenn du Rick gründlich in die Pfanne haust. Als weiteres Experiment steigt dann deine Liebste auch noch mit ein und betont, wie schlecht Rick ist und dass sie einen Griff ins Klo mit ihm getan hat. Je abfälliger, desto deutlicher wird es.

Wie fühlt sich das an? Wie ist der Kontakt zwischen euch? Ist euer Herz offen? Seht und würdigt ihr euch gegenseitig als Mann und Frau?

Und dann macht die Gegenprobe: Stefan als Nachfolgender sagt zu seiner Liebsten:

„Ich sehe, dass die Zeit mit Rick für dich ganz wichtig war. Er hat einen großen Platz in deinem Herzen. Auch wenn es nicht weiterging zwischen euch und es Verletzungen gab, gab es viel Wertvolles und Schönes zwischen euch."

Wie fühlt sich das an? Wie ist der Kontakt zwischen euch jetzt? Ist euer Herz offen? Seht und würdigt ihr euch gegenseitig als Mann und Frau? Experimentiert damit, tauscht die Rollen und teilt euch eure Wahrnehmungen mit. Ihr könnt viel über Liebesglück lernen, wie echtes Liebesglück genährt – oder eben auch verspielt werden kann.

2. Das verletzte innere Kind

Was ein Mensch als Kind erlebt hat, kann eine Liebesbeziehung sehr beeinflussen. Wenn jemand als Kind eine tiefe Verletzung des Urvertrauens erlebt hat, fällt es dem Erwachsenen schwer, sich einem Partner ganz hinzugeben.

Verletzungen des Urvertrauens können schon vor der Geburt geschehen. Schwere Krisen der Mutter, Ehekrisen und Abtreibungsgedanken werden von dem Embryo bereits wahrgenommen und stören das Urvertrauen. Krankenhausaufenthalte als kleines Kind, bei denen das Kind von der Mutter getrennt wurde und spätere Kinderkuraufenthalte können nachhaltig die Bindungsfähigkeit beschädigen. Wenn dann später der Erwachsene, der diese Trennungen erlebt hat, einem Liebsten oder einer Liebsten näher kommt, schwebt immer auch das Damoklesschwert der Trennung über ihm. Der Erwachsene bekommt Angst vor dem tiefen Trennungsschmerz und dem abgrundtiefen Alleinsein, dem er damals ausgeliefert war. Das verschreckte innere Kind, das in dem Erwachsenen weiterlebt, bekommt Panik. Es zieht sich zurück. Auch der Erwachsene zieht sich zurück. Damit tut es dann nicht mehr so weh. Der Rückzug geschieht oft nicht bewusst.

Viele Anteile vom verletzten inneren Kind wirken im Erwachsenen unbewusst weiter und stören die Nähe und das sich Einlassen auf den anderen. Dazu gehören schmerzhafte Erfahrungen, wie ausgeschlossen worden sein, entwürdigt worden zu sein, Bestrafungen, Liebesentzug und vieles andere. Diese Erfahrungen werden in der Paarbeziehung wieder lebendig. In gewisser Weise ist auch dein inneres Kind mit im Bett, wenn du mit deinem Partner zusammen bist.

Es gibt viele Übungen, um das innere Kind wieder kennenzulernen, zu verstehen und ins Herz zu schließen. Das ist es, was es am meisten braucht. Sich mit dem inneren Kind zu befassen, kann einige Menschen sehr unterstützen, besser im Leben zu stehen und mit einem Partner glücklich zu sein. Wir möchten an dieser Stelle Peter Bartnings Buch „Das innere Kind in der Paarbeziehung" und Stefanie Stahl „Das Kind in dir muss Heimat finden" empfehlen. Hier gibt es vieles zu entdecken. Der Schwerpunkt unseres Buches geht jedoch in eine ganz andere Richtung, die auch einen großen und manchmal im wahren Wortsinn gewaltigen Einfluss auf das Leben in der Partnerschaft hat, über die aber bisher noch sehr wenig geschrieben wurde. Deshalb beschränken wir uns an dieser Stelle auf die zwei Buchempfehlungen stellvertretend für die vielen guten Bücher, die es zum Thema „Inneres Kind" gibt.

Wir möchten dir auf diesen Aspekt Appetit machen und laden dich zu einer Erfahrung ein. Diese kannst du allein oder gemeinsam mit deinem Partner im selben Raum, aber jeder für sich machen:

Liebeserfahrung: Das innere Kind mitnehmen

Richte dir ein gemütliches Eckchen ein und lege dir ein großes Kissen, eine Decke oder ein Kuscheltier zurecht. Dieses kann später dein inneres Kind vertreten.

Wir möchten dich einladen, ein wenig auf dein inneres Kind zu schauen und Gefühle und Ereignisse zu „beschnuppern", zunächst ohne sie in voller Tiefe auszuloten. Das kann völlig ausreichen, um dir eine Idee zu geben, wie du dir und deinem inneren Kind, das auch in dir heute weiterlebt, etwas Gutes tun kannst.

Nehme dir Zeit, dich auf deine Kindheit zu besinnen. Gehe die Gefühle durch, die sich einstellen, wenn du dir vorstellst, von 18 bis 0 Jahre immer jünger zu werden. Wo stockt deine Erinnerung? Wo gab es Ereignisse, die schlimm für dich waren? Über welche Ereignisse wurde dir etwas erzählt, woran du heute keine eigene bewusste Erinnerung mehr hast? Finde heute ein oder maximal zwei Ereignisse, stellvertretend für viele andere, die für dich schlimm waren. Wie hast du damals reagiert? Was fühlst du heute, wenn du daran denkst?

Dann nehme das Kissen, die Decke oder das Kuscheltier und stelle dir vor, das bist du als x-jähriges Kind, dass das Schlimme erlebt hat und das völlig erschreckt, verängstigt, betäubt etc. ist.

Schaue dieses Kind als Erwachsener heute, der du auch bist, an. Schaue und spüre, wie es dem Kind geht. Dann sage ihm oder ihr liebe Worte, wie z. B. *„Ich verstehe dich, ich verstehe deine Angst, ich verstehe, warum du verzweifelt um dich schlägst, ich passe jetzt gut auf dich auf, ich tröste dich ...“* und nehme das Kissen liebevoll in den Arm. Vielleicht möchtest du es streicheln, halten usw. und ihm/ihr sagen: *„Ich passe jetzt gut auf dich auf, damals warst du so allein, jetzt bin ich da ...“*

Stelle dir vor, dein inneres Kind, vertreten durch das Kissen in deinen Händen, kann sprechen. Du als Erwachsene/r kannst es fragen: *„Wie geht es dir?“* und die Antwort abwarten ...

Nehme den Platz des oder der Kleinen ein und gib ihm oder ihr deine Stimme. Nehme wahr, was er oder sie dir sagt und wie es ihm oder ihr geht.

Dann sprichst du wieder als Erwachsener zu ihm/ihr und beobachtest, wie der Kleine oder die Kleine reagiert, wenn du ihn/sie liebevoll ansprichst.

Auf diese Weise kannst du in einen liebevollen Dialog kommen und diesem Teil von dir einen guten Platz geben. Auch das innere Kind ist mit im Bett bei einem Liebespaar und kann manchmal heftig querschießen, wenn es verstört ist. Durch diese Übung kannst du in Verbindung mit der Kleinen oder dem Kleinen in dir kommen und ihr oder ihm Gutes tun.

Vielleicht bemerkst du beispielsweise, wie sehr er oder sie gerade um sich schlägt, wenn dein Partner etwas tut oder sagt, was dich an eine schlimme Situation von damals erinnert. Sage dann innerlich zu deinem verletzten Kind: *„Du hast recht, es war unerträglich und ungerecht.“* Vielleicht verändert sich schon dann dein Gefühl zu deinem Partner, deiner Partnerin.

3. Der allein gelassene Zwilling

Viele Menschen erfahren bereits als Ungeborene intensive Nähe und auch Verlust auf existenzielle Weise. Ihr Weg ins Leben begann gemeinsam mit einem Zwilling oder auch mit mehreren Geschwistern. Mindestens jede zehnte Schwangerschaft ist zu Beginn eine Zwillings- oder Mehrlingsschwangerschaft.

Wer im Bauch seiner Mutter zumindest für eine Zeit nicht alleine war, hat meist mit dem Zwilling eine intensive, innige und paradiesische Zeit in tiefer Verbundenheit erlebt. Die Zeit mit dem Anderen war sehr nah, in tiefer Liebe verschmelzend und schön. Doch wenn dann der Zwilling stirbt, ist das für den Überlebenden ein großer Schock, der später beim Erwachsenen oft erst einmal nicht mehr bewusst zugänglich ist. Häufig stirbt der Zwilling in den ersten Wochen der Schwangerschaft und meist ohne, dass die Mutter es bemerkt.

Nach dieser innigen intensiven Nähe sehnen sich viele alleine geborene Zwillinge auch als Erwachsene. Manche suchen diese Nähe unbewusst bei ihrem Partner und möchten am liebsten mit ihm verschmelzen. Manche aber bekommen Panikattacken, sobald sie einem Menschen von Herz zu Herz sehr nahe kommen und sich unbewusst an den Horror des Sterbens vom Zwilling und an den toten Zwillingskörper ganz nah im Bauch damals erinnern. In beiden Fällen kann das einen großen Einfluss auf die Liebesbeziehung haben.

In dem einen Fall wünscht sich der Partner sehr viel Nähe und möchte es ganz nah haben, so wie damals. Das kann dann für den Anderen zu viel sein. Er kann sich verschlungen und vereinnahmt fühlen. Im anderen Fall bekommt ein Liebender Panikgefühle, sobald es ganz besonders schön wird, weil ihn die Nähe des Partners an den toten Zwilling erinnert. Dies stört die Beziehung erheblich. Eine intensive Nähe ist dann oft nicht möglich.

Wenn jemand seine Partnerin mit der Zwillingsschwester verwechselt oder seinen Partner mit dem Zwillingsbruder, geht oft vieles im Zusammensein nicht gut. Entweder man ist sich gegenseitig viel zu nah und ist wie „Brüderchen und Schwesterchen“ oder aber einer ist immer auf der Flucht, sobald es zu nah ist. Außerdem kann die Todesangst des verlassenen kleinen Embryos damals, in dem Moment als der Zwilling starb, das Liebesleben des Erwachsenen sehr beeinflussen.

Manche Liebende haben eine riesengroße Panik, wenn der andere auch nur eine andere Frau oder einen anderen Mann begehrlich anschaut oder aber der Liebste mal später nach Hause kommt. Die ganze Erinnerung des Verlassenwerdens von damals poppt auf und der Erwachsene verhält sich panisch klammernd und einengend. Diese Angst hat schon so viele Beziehungen auseinandergetrieben, weil der Festgehaltene im Extremfall irgendwann gehen muss, da er keine Luft mehr bekommt.

Wir haben vor 15 Jahren über das Thema ein Buch geschrieben, welches auch jetzt noch immer ein Dauerbrenner am Buchmarkt ist: *„Das Drama im Mutterleib“*. Die Resonanz war und ist immer wieder überwältigend für uns. Aus besonders berührenden Rückmeldungen haben wir ein Folgebuch herausgegeben: *„Ich habe meinen Zwilling verloren – Alleingeborene erzählen ihre Geschichte“*.

An dieser Stelle möchten wir uns auf eine kleine Übung beschränken. Wir möchten, falls dich das Thema auch betreffen könnte, die Tür dorthin einen kleinen Spalt öffnen, damit du prüfen kannst, ob es dort für dich etwas zu entdecken gibt.

Liebeserfahrung: Du bist nicht mein Zwilling

Wenn du magst, probiere mit deinem Partner oder auch einfach mit einer guten Freundin oder einem guten Freund etwas aus: Setzt euch gegenüber und macht es euch bequem. Schaue deinem Partner/deiner Partnerin oder deinem guten Freund einige Minuten in die Augen. Nehme wahr, wie deine Gedanken laufen und kreisen und welche Gefühle und Bilder in dir aufsteigen.

Wie fühlst du zu deinem Gegenüber?

Dann sagst du zu ihr/zu ihm etwa Folgendes: *„Du bist meine Freundin (oder meine Liebste)/Du bist mein Freund (oder mein Liebster). Du bist nicht mein Zwilling. Manchmal habe ich dich mit ihm/ihr verwechselt (oder verwechsle ich dich mit ihm/ihr). Jetzt sehe ich dich und sehe, dass du du bist, mit deinen eigenen Gedanken und Wünschen und dass du niemals so nah und gleich sein kannst wie mein Zwillingsbruder/meine Zwillingsschwester damals.“* Vielleicht möchtest du noch etwas hinzufügen oder den Text so verändern, wie er für dich stimmiger ist.

Nehme wahr, wie du jetzt deinen Partner, deine Partnerin anschaust und wie du jetzt mit dir verbunden bist. Ist etwas anders zwischen euch?

Kannst du dich deutlicher als du selbst wahrnehmen?

Kannst du deinen Partner, deine Partnerin klarer als Mann oder Frau und weniger als gleich zu dir wahrnehmen? Wenn das der Fall ist, können dies wichtige Hinweise für dich sein.

Dann teilt diese Erfahrung miteinander und tauscht die Rollen.

Wenn du wahrnimmst, dass du vom Zwillingsverlust betroffen bist, möchten wir dir sehr ans Herz legen, tiefer mit dir zu arbeiten und etwas für deine Heilung zu tun. Unsere Bücher und auch die von anderen Autorinnen und Autoren zu diesem Thema können dich unterstützen, Türen zu öffnen und dich selbst besser zu verstehen. Bei vielen unserer Klienten hat sich das Liebesleben nach der Entdeckung des verlorenen Zwillings und der Arbeit mit dem kleinen inneren überlebenden Embryo dieses Dramas sehr verändert.

4. Tief verbunden mit den Vorfahren – die Ahnen sind mit im Bett

Das Erleben unserer Eltern und unserer Vorfahren hat einen gewaltigen Einfluss auf unser Liebesleben. Das ist ein riesiges und wichtiges Thema, das im Allgemeinwissen noch keinen Platz hat. Es gibt eine gigantische Menge an Leid, das unsere Eltern, Großeltern und noch weiter zurückliegende Ahnen erfahren haben. Manchmal können „unerlöste" Vorfahren unsere Liebesbeziehungen auch noch heute vollständig zerstören.

Wir fühlen oft Gefühle unserer Ahnen, ohne dass wir das wissen. Das kann Angst sein, Scham, Schuld oder auch eine riesengroße Wut auf jemanden. Die Wut eines Ahnen, der beispielsweise lebensbedrohlich verraten oder betrogen wurde, kann verheerend in eine Paarbeziehung eines Späteren hineinwirken und das Liebes- und Familienglück gnadenlos zerstören. Es gab viele geliebte Menschen, die in Kriegen, durch Seuchen und Katastrophen verhungert, erfroren oder auf andere schlimme Weise umgekommen sind. Die Überlebenden waren meist so sehr im Schock, dass sie nicht trauern konnten. Etwas ist noch nicht zu Ende gekommen. Auch dadurch wurden viele dieser Traumata an die Enkel und Urenkel weitergereicht.

Viele Frauen sind schwanger geworden und durften ihre Liebe nicht leben, da sie nicht verheiratet waren oder die Liebe nicht standesgemäß war. Viele junge Frauen wurden als Hausmädchen oder Magd angestellt und vom Hausherren geschwängert. Hinterher wurden sie durch Ausschluss und andere Demütigungen entsetzlich bestraft. Die gedemütigten Frauen, die überhaupt überlebt haben, haben vieles davon unausgesprochen an die nächsten Generationen weitergegeben.

Viele Frauen sind hochschwanger aus dem Fenster gesprungen oder haben auf andere Weise Selbstmord begangen. Oder sie haben die Schwangerschaft versteckt und das Kind danach ermordet. Es gab so viele Verzweiflungstaten, die heute kaum noch vorstellbar sind. In Kapitel 15 gehen wir genauer darauf ein. Es gab viele Frauen, die im Kindbett gestorben sind und viele Frauen und Männer, die nicht den Partner des Herzens nehmen durften, sondern zwangsverheiratet wurden. Alles das hat unglückliche Menschen geschaffen, die ihr schweres Schicksal nur mühsam tragen konnten. Vieles davon echot in späteren Generationen nach.

Aber nicht nur die schweren Ereignisse beben nach, sondern auch Schuld, die manche Vorfahren auf sich geladen haben. Auch daran tragen die folgenden Generationen manchmal sehr schwer, wie wir später noch zeigen werden. Auch diese Ahninnen und Ahnen sind oft mit im Bett. Wir möchten ein Beispiel für schwere Schicksale aus der Herkunftsfamilie, die das Paarglück erheblich beeinflussen, zeigen:

Unsere Klientin **Sarah** (48) erzählt:
„Meine Mutter war oft hart zu mir. Als ich klein war, hat sie mich selten getröstet, wenn ich mich verletzt hatte und immer nur gesagt „Stell dich nicht so an“. Ich durfte kaum nach draußen zum Spielen und musste immer ganz pünktlich wieder zu Hause sein. Ich musste ohne Ende im Haushalt mitarbeiten und alles musste supersauber sein. Meinen Vater kenne ich fast nur hinter seiner Zeitung vergraben. Er hat mir nur selten in der Schule oder beim Fahrrad reparieren geholfen. Meine Eltern habe ich kaum als Paar erlebt, jeder war in seiner eigenen Welt. Ich habe meine Mutter oft gehasst. Ich habe mich so danach gesehnt, endlich erwachsen zu sein. Ich wollte frei sein und leben und lieben. Doch das ging so nicht. Die Männer sagten mir mehrfach, dass ich so kühl sei. Nach mehreren unglücklichen Beziehungen habe ich mich auf die Suche begeben. Ich habe mehrere Therapien gemacht, doch das Liebesglück wollte sich nicht recht einstellen. Erst durch Aufstellungen habe ich wichtige Schlüssel bekommen und mich besser verstanden. Meine Härte und meine Arbeitswut und auch meinen Ordnungsdrang sehe ich jetzt in völlig anderem Licht. Wenn ich darauf schaue, was meine Oma erlebt hat und was meine Mutter als Kind durchmachen musste, verstehe ich vieles von ihr

und auch mir besser. Ich habe unfreiwillig die Härte meiner Mutter, die ich an ihr so gehasst habe, geerbt, wenn auch etwas abgemildert. Auch meine Kinder haben etwas davon abbekommen. Endlich verstehe ich, wo meine Härte herstammt:

Meine Großmutter starb bei einer Serienvergewaltigung durch russische Soldaten am Ende des Krieges. Ihr Kind war gerade 5 Jahre alt. Dieses Kind ist meine Mutter. Meine Mutter war dabei, als die Soldaten das Haus stürmten und ihre Mutter, meine Oma, ins Nebenzimmer gestoßen wurde. Meine Mutter war völlig verängstigt und hat sich dann hinter dem Sofa versteckt. Sie hat die Schmerzens- und Todesschreie ihrer Mutter gehört. Meine Mutter hat überlebt und ist bei einer Tante groß geworden.“

Die Mutter unserer Klientin, die das alles als Kind erlebt hat, hat viele Wunden, Narben und einen lebenslangen Schockzustand davongetragen. Als sie dann selbst Mutter wurde, war sie innerlich noch immer versteinert und verängstigt. Sie wollte mit allen Mitteln ihre Kinder immer bei sich haben, um sie schützen zu können und auch um sich selbst sicher zu fühlen und nicht allein zu sein, so wie damals. Sie konnte wenig mitfühlen, wenn ihre Kinder sich mal verletzt haben und wenig Wärme und Geborgenheit vermitteln. Das Wahrnehmen von Gefühlen hatte sie als 5-jährige aufgeben müssen, sonst hätte sie nach diesen schrecklichen Ereignissen zum Kriegsende nicht weiterleben können.

Wenn man auf das Erleben der Oma und der Mutter schaut, tun sich ganz andere Erklärungsmöglichkeiten, ein tiefgehendes Verständnis und Heilungswege auf, für das, was manche Psychologen lapidar „Störung“ nennen. Bei diesem drastischen Beispiel aus unserer eigenen therapeutischen Erfahrung sind die Mutter und auch die Großmutter mit allem Schlimmen, was beide erlebt haben, „mit im Bett“, auch wenn die Oma schon vor scheinbar sehr langer Zeit getötet wurde und die Mutter bereits in Rente ist.

Wenn eine Frau so etwas Grausames und Unfassbares erlebt hat, hat das meist über Generationen schwere Folgen. Das Geschehene ist so groß und so schwer, dass darüber kaum mehr geredet werden kann und eine Betäubung, eine Starre zurückbleibt. Es wird nichts mehr gefühlt und nicht mehr viel geredet. Damals, als das passiert ist, war gar keine Zeit, sich damit zu befassen. Das Leben musste irgendwie weitergehen. Dennoch bleiben diese Informationen vorhanden. Meist ohne zu verstehen, woher diese „komischen Gefühle" kommen, spüren Kinder, Enkel und Urenkel oft noch die Todesangst der vergewaltigten Oma und die Angst und den Schock und die Mutterlosigkeit des Kindes, das alles mehr oder weniger direkt mit angesehen hat. Abgrundtiefes Misstrauen, Hilflosigkeit und Wut von mehreren Generationen von Müttern gegenüber Männern ist mit dramatischen Ereignissen von ähnlicher Schwere wie in unserem Beispiel gezeigt, verbunden.

Wenn es den nachfolgenden Generationen gelingt, diese Gefühle, die bei ihnen auftauchen, zu verstehen und einzuordnen und mit Mitgefühl, Liebe und Achtung auf die Mutter und die Großmutter zu schauen, dann beginnt Heilung. Dann müssen die Nachfolgenden diese Gefühle nicht mehr in sich bekämpfen. Sie können diese Gefühle mit Mitgefühl wahrnehmen und als Nicht-eigene-Gefühle erkennen. Dann können die Nachfolgenden diese langsam mehr und mehr – wie in diesem Fall zur Mutter und zur Oma – zurückfließen lassen.

Die große Kunst besteht darin, diese übernommenen Gefühle erst einmal überhaupt als Gefühle eines anderen zu erkennen, anstatt in oberflächlichen Erklärungsversuchen, die nicht hilfreich sind, stecken zu bleiben. Wir leben nicht nur unser eigenes Leben. Wir leben viel Unerledigtes und nicht Integrierbares unserer Eltern und noch weiterer Generationen mit, meist ohne dass wir das auch nur leise ahnen. Mit diesem Verständnis geschaut, bieten sich ganz andere und tiefere Heilungswege an, als wir uns mit unserem Alltagsverständnis vorstellen können. Unsere Ahnen beeinflussen unser Liebesglück mehr, als wir das ahnen.

Innerhalb der klassischen Psychotherapierichtungen ist es leider weitgehend unbekannt, dass man auch „fremde" Gefühle fühlen kann. Dadurch sind deren Wirkungsmöglichkeiten sehr begrenzt. Doch gerade bei übernommenen Gefühlen gibt es mit einem familiensystemischen und manchmal auch mit einem karmischen Blick viel Heilungspotenzial für Beziehungen, die beginnen zu bröckeln.

Was ist ein übernommenes Gefühl?

Ein dramatisches Beispiel hat der **Autor** am eigenen Leib als Kind immer wieder erlebt:

„Ich bin Jahrgang 1960 und in Westdeutschland aufgewachsen. Als Kind hatte ich jedes Mal, wenn ich ein größeres, zweimotoriges Propellerflugzeug hörte, ein Drücken im Bauch und entsetzliche Angst. Besonders dieses Dröhnen von zwei gleichschnell laufenden Motoren mit diesen wellenförmigen Schwebungen war unerträglich.

Eine ähnliche und noch stärkere Angst hatte ich bei den regelmäßigen Fliegeralarm-Sirenenproben, die einmal monatlich um 10 Uhr morgens stattfanden. Ich habe dabei oft eingenässt, so groß war meine Angst. Ich habe damals mit niemandem darüber gesprochen, weil ich mich für verrückt hielt. Mir war das furchtbar peinlich. Dieses Problem hatte ich viele Jahre. Mit dem hormonellen Totalumbau der Pubertät trat dieses Problem in den Hintergrund und verschwand allmählich, ohne dass ich etwas damit gemacht habe.

Erst 25 Jahre später, als die Entdeckungen Bert Hellingers zu mir vordrangen, habe ich verstanden, was mit mir passiert war. Ich selbst hatte tatsächlich scheinbar keinen Grund zu derartig dramatischen Panikattacken. Diese waren tatsächlich nicht ‚normal'. Es gab nichts in meiner Lebensgeschichte, das diese Symptome hätte erklären können. Dann dämmerte es mir, woher diese Gefühle stammen, die sich so extrem real bedrohlich anfühlten. Es waren die Gefühle meiner Mutter. Sie hatte als 20-jährige das schwere Bombardement von Dresden miterlebt, bei dem in kürzester Zeit viele zigtausend Menschen ihr Leben verloren haben.

Sie ist selbst sehr knapp dem Tod entkommen und hat viele Menschen sterben sehen und ihre letzten Laute gehört. Am Morgen nach der Bombennacht ging meine Mutter in die Stadt zurück, um Wöchnerinnen mit den Neugeborenen bei der Flucht aus der Stadt zu helfen. Mit eigenen Augen sah sie britische Tiefflieger, die im Sturzflug eine Schülergruppe auf einem Schulhof beschossen. Viele Schüler fielen um. Meine Mutter hat diese schlimmen Ereignisse bis zu ihrem Tod im hohen Alter nicht verarbeiten können.

Ich habe mich selbst so gefühlt, als müsste ich sterben, als ich die Motoren und die Sirenen hörte. Ich weiß jetzt, dass ich als Kind nicht verrückt war, sondern alles an mir in Ordnung war. Nur wusste damals niemand, dass ungelebte und unverarbeitete Gefühle der Eltern und weiterer Generationen „ansteckend" und „übertragbar" sind, auch ohne dass jemals auch nur ein Wort darüber gesprochen wurde. Dieses Phänomen, dass es ein Gedächtnis bzw. ein Erinnerungsfeld gibt, über das wir mit unseren Ahnen verbunden sind, ist eine bahnbrechende Entdeckung Bert Hellingers. Dieses Phänomen wurde verschiedentlich wissenschaftlich zu erfassen versucht.

Für mich ist dieses „Wissende Feld", von Rupert Sheldrake das „Morphische Feld" genannt, keine abgehobene wissenschaftliche oder esoterische Theorie. Es ist am eigenen Körper dramatisch gefühltes Erleben. Es ist Wissen durch meine eigene Erfahrung, die vielen Klienten zu Gute kommt. Welchen triftigen Grund sonst hätte ich haben können für meine Todesangst und mein Einnässen bei Sirenengeheul? Ich kann mir keinen anderen vorstellen."

Das Beispiel des Autors ist in gewisser Weise ein „chemisch reines" übernommenes Gefühl. Hier ist der Zusammenhang klar und deutlich auf nur eine Ursache zurückzuführen. Das Beispiel macht sehr deutlich, wie überhaupt ein übernommenes Gefühl entstehen kann. Oft liegt jedoch eine Mischung aus unglücklichen Kindheitserlebnissen und übernommenen Gefühlen vor, die Paaren das Leben schwer machen kann. Viele unglückliche Kindheitserlebnisse sind mit tragischen Ereignissen verbunden, die die

Eltern oder Großeltern erlebt haben. Zum Phänomen der übernommenen Gefühle gibt es noch weitere Erklärungsmodelle. Eines kommt aus der Epigenetik. Diese besagt, dass Ereignisse im Erleben der Mutter die genetische Anlage ihrer Eizelle verändern kann und damit auch die Gene ihrer zukünftigen Kinder. Hierzu kommen wir später noch ausführlicher.

Übernommene Gefühle fühlen sich wie eigene Gefühle an

Die ganz große Tücke von Gefühlen, die man von seinen Eltern und Ahnen übernommen hat ist, dass sie sich wie eigene Gefühle anfühlen: 100 % echt und wirklich. Dieser sehr wichtige Satz wird dir immer wieder in unserem Buch begegnen, wenn es um heilsame Klärung in der Partnerschaft geht. Gerade bei Paarkonflikten, wenn einer von beiden sehr wütend reagiert, spielen oft übernommene Gefühle eine große Rolle.

Wie kann man übernommene Gefühle von eigenen unterscheiden?

Die Unterscheidung von Gefühlen ist eine hohe Kunst, bei der es eine gewisse Fehlerquote gibt. Echte eigene Gefühle, die aus der persönlichen Geschichte entstanden sind, kann man zum Beispiel mit der klassischen Psychotherapie oder der Arbeit mit dem verletzten inneren Kind oder dem verlassenen Embryo von damals bearbeiten und man fühlt sich hinterher gelöster und entspannter.

Wenn du dich nach einer Zeit des Weinens, nach einer inneren Arbeit oder nach einer Therapiesitzung deutlich leichter fühlst, hast du sehr wahrscheinlich deine eigene Geschichte und dein eigenes Leben bearbeitet.
Wenn du dich aber nach einer Zeit des Weinens erschöpft, aber nicht gelöst fühlst – Achtung!
Wenn du dich nach einem geschützten Wutanfall im therapeutischen Rahmen wie auf Kissen einschlagen etc. nicht zufrieden und erleichtert fühlst, sondern nur erschöpft bist – Achtung!

Wenn sich doch wieder einmal alles im Kreis gedreht hat und nichts nach vorne gegangen ist – Achtung!
Wahrscheinlich bist du in den Gefühlen und Erlebnissen von deinen Ahnen gefangen.

Beobachte deine Gefühle sehr genau und sei für Fragen und Zweifel offen. Damit bist du in Kontakt mit dir und nicht von deinen Vorstellungen und inneren Bildern eingenommen. Dann lernst du genauer zu unterscheiden. Dieses kann in vielen Konfliktfragen hilfreich und klärend sein.

Beispiele für übernommene Gefühle

Wir zeigen Beispiele für übernommene Gefühle. Lassen wir zunächst die beruflich erfolgreiche Klientin **Susanne** (34) ihre Geschichte erzählen:

Traurig nach Sex

„Ich habe bisher nie eine längere Paarbeziehung leben können. Die längste dauerte ein halbes Jahr, aber wir haben uns nicht so oft gesehen. Ich hätte gerne Kinder, aber auch dieses Glück hatte ich bis jetzt nicht. Viele Männer haben sich nach einer schönen Zeit der Verliebtheit von mir getrennt. „Du bist mir zu schwierig“, habe ich oft von ‚meinen' Männern gehört. Ich mag gerne Nähe und Sex, aber hinterher geht es mir oft schlecht und ich muss öfter sogar weinen. Vor allem wenn mir ein Mann besonders nah gekommen ist. Diese Grundtraurigkeit kenne ich seit meinen ersten sexuellen Abenteuern in der Jugend. Ich habe das nie verstanden. Die Männer wollten mich trösten, aber das hat nicht geholfen. So fühlte ich mich immer wieder hin- und hergerissen zwischen meinem Wunsch nach Sex und nach Nähe und der Traurigkeit, die dann der Preis war. Ich habe mich selbst nicht verstanden und sehr an mir gezweifelt.

Meine Freundinnen haben mir so manchen Ratschlag gegeben, wie in Affären mich auszuprobieren, nach dem Sex duschen oder

Sekt trinken usw., aber verstehen konnten sie es nicht wirklich. Sie fanden das komisch, dass ich nach gutem Sex nicht glücklich und entspannt bin. Doch, ich bin einerseits entspannt und glücklich, aber andererseits auch oft abgrundtief traurig. Ich war bei einer Sexualtherapeutin. Sie hat mir versucht klarzumachen, dass ich viel Zärtlichkeit brauche und mit meinen Partnern reden muss, was ich brauche und wie. Das war aber irgendwie nicht das, was ich brauchte. Manfred, mit dem ich immerhin 6 Monate zusammen war, war sehr lieb und zärtlich zu mir. Er hat so sehr versucht auf mich einzugehen, dass mir das fast zu viel war. Ich konnte ihm nie wirklich erklären, warum ich traurig bin. Am Ende hat er sich frustriert zurückgezogen. Mein Herz hat so geblutet. Ich liebe Manfred noch immer. Wieso passiert mir so etwas immer wieder?

Ich habe vieles im Internet über „postkoitale Dysphorie" – so heißt meine „Krankheit" – gelesen und auch eine Verhaltenstherapie versucht. Nichts hat mir wirklich geholfen. Die Männer kamen und gingen, aber meine Traurigkeit blieb. In meiner Verzweiflung, sozusagen als letzte Hoffnung, habe ich mich an einer Systemaufstellung versucht. Ich hatte im Bekanntenkreis gehört, dass man hier ganz andere Antworten auf Fragen finden kann und auf ganz andere Ursachen schaut als in einer Gesprächstherapie. Eine Freundin von mir hat mir das sehr ans Herz gelegt. In meiner Aufstellung zeigte sich ein Liebespaar, das sich ganz tief liebt. Die beiden durften aber nicht zusammen sein, das war gegen die Vorschrift. Den Stellvertretern kamen folgende Bilder: Sie war wohl so etwas wie eine adelige Tochter, die sich in den Stallknecht verliebt hat. Dann ist diese Liebe aufgeflogen und der Mann wurde in den Kerker geworfen, weil er die Ehre der Familie beschmutzt hat. Die junge Frau war todunglücklich und wurde später wohl mit jemandem standesgemäßen verheiratet. Mit jedem Mal, wenn sie ihren ehelichen Pflichten nachkam, erinnerte das an diese große und brutal beendete Liebe. Weinen konnte sie wahrscheinlich nicht mehr, das war alles viel zu schlimm. Sie hat wohl weitere Kinder bekommen und ist mit gebrochenem Herzen gestorben.

Beim Zuschauen bei dieser Aufstellung war ich zuerst im Schock und habe gar nichts gefühlt. Erst später, mit mehreren Tagen Abstand, dämmerte es mir: Ich fühle mich teilweise genauso, wie sich diese Frau gefühlt haben musste, falls sie überhaupt noch etwas fühlen konnte, wenn sie an ihre große Liebe dachte und wenn sie mit ihrem Zwangs-Ehemann Sex hatte. Wochenlang gingen mir diese Bilder nicht aus dem Kopf. Sechs Wochen später habe ich an einem weiteren Aufstellungswochenende teilgenommen. Dieses Mal hat mir die Leiterin eine Stellvertreterin für diese Ahnin gegenübergestellt. Als ich in ihre Augen schaute, hatte ich das Gefühl, ich sehe mich im Spiegel und schaue mir selbst ins Gesicht. Die Leiterin hat mir Sätze vorgeschlagen, dass ich mich so fühle wie sie und dass sie sehr gelitten hat. Lange hat die Leiterin mit mir und meiner Ahnin gearbeitet, um ihr zu erklären, dass sie schon lange gestorben ist. Ich fühlte in meinem eigenen Körper so sehr ihre Geschichte, dass ich kaum unterscheiden konnte, was ICH bin und was zu IHREM Erleben gehört. Mir wurden Rückgaberituale und Übungen gezeigt, mit denen ich diese fremde Geschichte, die nicht wirklich meine eigene ist, zu meiner Ahnin zurückfließen lassen kann.

Jetzt wird endlich etwas leichter, was mich schon so lange gedrückt hat, obwohl ich es immer noch nicht ganz glauben kann. Mein Liebesleben/Sexualleben beginnt sich zu ändern: Ich weine viel seltener, nachdem mein Freund und ich Sex hatten. Jedes Mal, wenn jetzt die Traurigkeit noch mal kommt, sage ich innerlich zu dieser Ahnin: ‚Du hattest es so schwer und bist schon so lange gestorben. Mögest du jetzt deinen Frieden finden'. Ich bin so erleichtert und froh, dass ich jetzt nach langer Suche endlich eine Antwort gefunden habe. Wenn ich nicht am eigenen Leib die Erleichterung so deutlich gefühlt hätte, hätte ich niemals glauben können, dass vieles von meiner Traurigkeit gar nicht meine eigenen Gefühle sind, sondern zu dieser Ahnin gehören. Aber diese Aufstellung hat mir endlich wirklich geholfen und ich bin sooo dankbar dafür.

Ich bin jetzt mit André drei Monate zusammen und irgendetwas ist anders als sonst. Es scheint, dass ich ihm nicht zu schwierig bin, auch wenn ich das noch gar nicht richtig glauben kann.“

Depression als Grundgefühl: übernommene Traurigkeit der Oma

Eine ganz andere Form von Traurigkeit ist weniger spektakulär als die besonders berührende Geschichte von Susanne, dafür begegnet sie uns in unserer therapeutischen Arbeit recht häufig. Es gibt in der klassischen psychotherapeutischen Literatur zum Thema Depressionen einen tragischen Irrtum: Alles, was irgendwie mit Tränen, Trauer und Niedergeschlagenheit zu tun hat, wird als Depression bezeichnet. Wenn es keine benennbare Ursache wie der Tod eines geliebten Menschen gibt, nennt man die Symptome „endogene Depression“. Das ist nach unserer Beobachtung weder hilfreich noch Heilung fördernd.

Wir haben beobachtet, dass es im Prinzip zwei Arten von Depressionen gibt: Die eine Art ist eigentlich Trauer und Tränen, die zum Teil betäubt sind und sich manchmal extrem dumpf anfühlen, weil der Verlust so extrem schmerzhaft ist. Hier ist es hilfreich zu prüfen, wohin der Verlust gehört, ob in die eigene Lebensgeschichte oder zu den Ahnen.

Daneben gibt es eine völlig andere Art von Depression, die eine ganz andere Ursache und eine andere Funktion hat. Auch diese kann sich sehr dumpf anfühlen und mindestens so hoffnungslos wie die erste Form der Depression. Diese Form der Depression hat aber die Funktion, Ärger, Wut und für sich und andere lebensgefährliche Aggressionen nicht zu fühlen. Diese Form der unbewussten Bremsung von Lebensenergie schützt den Betroffenen davor, gefährlich zu werden. Alles Aufkeimen von Kraft, Hoffnung und Perspektive wird gebremst.

Ein auf diese Weise Depressiver ist ein sich selbst und andere niederschlagender Mensch, wie es so treffend in dem Buch: „Irren ist menschlich“ von Dörner und Plog benannt ist: Oft werden beispielsweise nach einer Zeit des engagierten Sorgens um den depressiv Betroffenen diejenigen wütend, die sich um ihn kümmern. Sie spüren dann die Aggressionen, die sich hinter dem depressiv Sein verbergen. Viele Betroffene dieser Form von Depression leiden zusätzlich unter Angstzuständen und Ängsten. Hier ist die Angst häufig ein Signal, dass andere „lebensgefährliche" Gefühle wach werden könnten. Die Ursachen liegen zum großen Teil in der Geschichte des Familiensystems. Es geht um Gewalt und Mord, um Täter und Opfer. Wir schauen dazu an anderer Stelle weiter und bereiten ein weiteres Buch vor.

Jetzt schauen wir auf den Teil, in dem es um Traurigkeit, Verlust und Leere geht. Um diese Gefühle geht es immer dann, wenn jemand sehr fehlt.

Michaela, eine zierliche Frau, 38, hat uns ihre Geschichte aufgeschrieben, die vielen unserer Klienten auf ähnliche Weise vertraut ist:

„Als Kind wurde ich Heulsuse genannt. Ich musste in der Schule häufig bei Kleinigkeiten weinen. Wenn die Lehrerin schimpfte, weil ich mein Heft vergessen hatte oder wenn ich mich mit meinen Freundinnen gestritten hatte. Mir fehlten der Halt und das Gefühl, geliebt und gewollt zu sein. Oft fühlte ich mich leer und manchmal grundlos traurig und konnte nicht sagen, was mir fehlt. Mit der Pubertät kamen viele sexuelle Abenteuer mit Jungen. Mir wird heute klar, dass ich vor allem das Gefühl suchte, geliebt zu werden. Ich wollte der inneren Leere entfliehen.

Lust konnte ich fühlen, aber die innere Leere ist geblieben. Je mehr ich nach einem Partner greifen wollte, damit er bleibt, umso schneller ist der Mann vor mir weggelaufen. Dann habe ich mich wieder so leer gefühlt. Ich habe lange nicht verstanden, warum es irgendwie nicht klappt. Ich hatte drei längere Liebesbeziehungen, aber irgendetwas hat mir immer gefehlt. Ich hatte wenig Freude in meinen Beziehungen und habe es heute mehr oder weniger aufgegeben, eine glückliche Paarbeziehung zu haben. Ich habe keine Kinder. Ich habe Wege gefunden, alleine über die Runden zu kommen und mein Leben erfüllt zu gestalten. Aber mein Herzenswunsch ist eigentlich, mich zu verlieben und mich an der Liebe freuen zu können.

Ich mag meine Mutter. Wir haben ein gutes Verhältnis, ich erinnere mich, dass sie mich als Kind öfter in den Arm genommen und getröstet hat, wenn ich in Not war. Ich habe mich auch als Jugendliche gut mit ihr verstanden und mir ihre Sorgen angehört und sie auch mal getröstet und gestreichelt, als in ihrer Firma viel Stress war.

Erst durch mehrere Familienaufstellungen wurde mir deutlich, dass vieles von der Traurigkeit und dieser betäubten Leere gar nicht wirklich meine Gefühle sind. Meine Urgroßmutter ist an einer Blinddarmentzündung gestorben, als meine Oma drei Jahre alt war. Mein Urgroßvater, der Vater meiner Oma, ist ein Jahr zuvor im Krieg gestorben. Meine Oma kam zu ihrer Tante, die Schwester meiner Uroma und wuchs in deren Familie auf. Sie soll es dort nicht gut gehabt haben und sie hat sich wie das fünfte Rad am Wagen gefühlt. Erst jetzt begreife ich, dass meine Oma völlig betäubt durchs Leben gegangen ist. Sie konnte nie über ihre gestorbenen Eltern weinen und muss sich eigentlich unendlich allein gelassen gefühlt haben. Sie war oft sehr hart zu mir und zu meinen Geschwistern. Ich beginne meine Oma mehr zu verstehen und zu lieben und kann die Leere und Betäubung mehr und mehr bei ihr lassen. Ich kenne jetzt Glücksmomente in meinem Leben, die es vorher nicht gab, zum Beispiel beim Anblick einer Blume, einem Sonnenuntergang, dem Hören eines tollen Songs.“

Übernommene Wut – diese Wut ist nicht meine

Besonders brisant ist es für eine Paarbeziehung, wenn es um Wut und Aggression geht. Nach der ersten großen Verliebtheit kann ein kleiner Alltagskonflikt ausreichen, um im anderen diesen Seelenteil eines schlummernden, unbefriedeten Ahns aufzuwecken. Wir zeigen dazu ein Beispiel: Jemand schaut seinem Partner glühend in die Augen und der andere spürt, dass da eine riesengroße Wut ist. Diese passt mit dem kleinen Alltagskonflikt überhaupt nicht zusammen. Auch der andere reagiert entsprechend verletzt und schon ist ein großes Problem da. Wenn sich das über Monate und Jahre wiederholt und anhäuft, geht oft die Beziehung auseinander, obwohl sich beide sehr lieben.

Hier hilft keine konventionelle Paartherapie. Leider. Hier braucht es mehr. Um diese Zusammenhänge in der Tiefe zu verstehen, ist es nötig, die Welt der übernommenen Gefühle zu begreifen. Übernommene Gefühle fühlen sich ungeheuer wirklich an. In der Regel glauben diejenigen, die davon heimgesucht sind, dass es wirklich ihre eigenen Gefühle sind. Es fühlt sich tatsächlich so an, dass die Wut auf den Partner berechtigt ist und er mit seinem Verhalten oder seinen Worten Schuld an dieser Wut hat.

Übermäßige Wut ist Sprengstoff für eine Paarbeziehung. Sie kann so verletzend sein und so vieles kaputtmachen. Doch gerade bei Wut mischen die Ahnen gründlich mit. So mancher Paarkonflikt drückt eigentlich vor allem die Wut von jemandem aus, der verraten, betrogen, hintergangen oder sonst wie schlecht behandelt oder ausgeschlossen wurde und sehr gelitten hat. Wenn man die Gelegenheit hat, ein Paar in einem Konflikt näher zu beobachten, sieht man häufig, dass die Gesichter völlig andere Züge und sogar andere Konturen annehmen. Da sind meist Ahnen dahinter, die gesehen und gewürdigt werden wollen. Aber die Gefühle – die hat das Paar jetzt und heute und sie fühlen sich in diesem Moment hundertprozentig so an, als ob sie nur zu diesem Konflikt gehören. So echt, so sehr eigene Gefühle. In diesem Moment kann sich keiner der beiden vorstellen, dass die Gefühle zum Teil übernommen sind.

Wenn man die übernommenen Gefühle erkennt und versteht, dass sie woanders hingehören und damit etwas tut, hat die Liebe eine viel größere Chance. Das Thema ist so bedeutsam, dass wir es in Kapitel 6 vertiefen und in Kapitel 7 ein Lösungs- und Heilungsritual für Paare vorstellen.

Lieben bringt Unglück!? Glaubenssätze entdecken, entladen und verändern 3

Wir alle haben bewusst oder unbewusst eine Unmenge an Glaubenssätzen über Liebespartner, Liebesbeziehungen, Ehe, Sex, über Männer und Frauen im Allgemeinen in uns. Oft sind es Sätze und innere Haltungen, die wir schon über unsere Eltern als Wahrheit aufgenommen haben: *„Auf Männer ist sowieso kein Verlass." „Männer wollen nur das eine." „Die Ehe ist ein Gefängnis." „Die Frauen nehmen nur die Männer aus." „Geh keiner Frau auf den Leim."* ...

Manche Glaubenssätze bilden sich in uns durch unsere eigenen Erfahrungen. Wenn beispielsweise ein Säugling, wie es lange üblich war, nur alle vier Stunden gestillt wird und sonst weit weg von der Mutter im Bettchen ist, kann sich in ihm der Glaubenssatz bilden: *„Es hat ja doch keinen Zweck zu schreien, ich gebe auf, ich kriege sowieso nicht, was ich will."* Wenn dann noch weitere Erfahrungen diesen Satz bestätigen, verfestigt sich diese Einstellung und bleibt für den Erwachsenen Realität. Mit dieser inneren „Realität" schaut er dann auf viele Situationen in seinem Leben.

Manche Glaubenssätze entstammen einer kollektiven „Wahrheit", z.B. wenn einer in der Beziehung „fremd geht", heißt es allgemein: Er oder sie hat sich unfair verhalten und ist am Scheitern der Beziehung schuld. Viele Glaubenssätze, die unser Liebesleben betreffen, kommen aber gar nicht aus unserem eigenen Erleben, oft noch nicht einmal aus dem Erleben der Eltern. Trotzdem werden sie von uns als richtig gefühlt. Dieses ist nicht immer bewusst. Wir haben sie verinnerlicht und schauen mit dieser Grundhaltung auf unser Beziehungsglück bzw. -unglück.

Diese Glaubenssätze beinhalten eine tiefe Wahrheit und es hilft meistens nicht, sie einfach beiseiteschieben zu wollen. Zu einer bestimmten Zeit, für einen oder mehrere Vorfahren von uns, waren sie oftmals existenzielle Realität. In diesem Zusammenhang haben sie gestimmt. Wenn beispielsweise die Ehe durch die Eltern arrangiert wurde, das Herz aber einem anderen Mann gehörte, war die Ehe mit diesem Mann wirklich ein trauriges Gefängnis für beide, aus dem es zu der Zeit damals kein Entrinnen gab.

Wenn wir mit diesem Rucksack an bewussten oder unbewussten Glaubenssätzen auf unseren Liebespartner treffen, ist die Beziehungslandschaft schon vermint. Es muss nur eine Situation entstehen, die ähnlich deinem Glaubenssatz ist und es geht schief. Dein Partner zeigt dir beispielsweise, dass er dich anziehend und erotisch findet und du denkst: „Männer wollen doch nur das eine (... und das ‚eine' ist nichts Gutes)." Schon ist die schöne Stimmung dahin, aus der ein wunderbarer erotischer Abend werden könnte, ihr vielleicht beide das „Eine" wolltet, um dann noch lange euer Miteinander zu genießen. Stattdessen seid ihr beide enttäuscht und zieht euch für eine Zeit voneinander zurück.

Liebesunglück gab es über so viele Generationen unserer Vorfahren. Es hilft ihnen und auch unseren Eltern nicht, wenn wir deshalb unser Glück sabotieren. Es hilft niemandem, wenn wir glauben, wir können oder dürfen nicht glücklich, nicht verliebt, nicht lustvoll sein. Es lohnt sich, die eigenen Glaubenssätze anzuschauen und aufzuräumen.

1. Welche Glaubenssätze über Liebe habe ich?

Du kannst mit dieser Übung Glaubenssätze aufspüren, die dich und dein Verhalten mehr oder weniger bewusst prägen. Wenn du dir viel Zeit nimmst und tiefer gräbst, wirst du vielleicht überrascht sein, wie viele scheinbar schräge und unglaubliche Glaubenssätze in dir stecken. Viele davon stammen nicht aus deinem eigenen Leben und aus deiner eigenen Erfahrung.

Nehme dir Stifte und Papier und schreibe, so schnell du kannst. Fast als würdest du verfolgt und es ginge es um dein Leben. Das ist ein Trick, um an Schichten deiner Psyche zu kommen, die dir normalerweise nicht zugänglich sind. Damit schaltest du die rationale Überlegung, das Abwägen und die innere Zensur aus. Es muss nicht alles zu 100 % stimmen, was du schreibst, darauf kommt es hier nicht an. Du kannst aber Tendenzen spüren und ausloten.

Schreibe in mehreren Etappen:

Wenn ich liebe dann ...

-

-

-

Schreibe alles auf, was dir einfällt.
(Wenn die Sätze für dich anders lauten, mache sie für dich passend)

Männer sind ...

-

-

-

Schreibe alles auf, was dir einfällt. Spare nicht an Papier.

Frauen sind...

-

-

-

Schreibe ...

Sex ist ...

-

-

-

Schreibe ...

Vielleicht kommen dir jetzt auch spontan Sätze, die du von deinem Vater, deiner Mutter, deiner Tante oder deiner Oma oder ... gehört hast. Schreibe auf, was dir noch einfällt, was du über Liebe, Partnerschaft und Sex in deiner Kindheit und deiner Jugend gehört hast.

Tante Lotti sagt, Lieben schafft ...

-

-

-

Dann lege den Stift und deine Blätter beiseite und entspanne dich. Atme erst einmal tief durch und spüre deinen Empfindungen nach. Du hast wahrscheinlich gerade einen Schnellkurs in „unglücklich Lieben" absolviert. Nicht alle, aber doch einige dieser Glaubenssätze, die dir jetzt gerade in den Sinn gekommen sind, stecken auch in dir und beeinflussen dein Liebesleben. Es muss aber nicht dabei bleiben.

Schaue jetzt innerlich zurück in der Zeit, schaue zu Vater und Mutter, als sie zusammengekommen sind und hinter sie, weiter zurück. Schaue dorthin, wo jeweils diese Sätze entstanden sind. Vielleicht hast du Bilder oder Erinnerungen über Erzählungen von Ereignissen, die deine Eltern, Großeltern und andere noch vor ihnen erlebt und erlitten haben. Vielleicht hast du deine Familiengeschichte bereits mit einem Genogramm erkundet und du kennst einige Fakten. Vielleicht hast du aber auch „nur" vage, dumpfe Eindrücke und ein fast betäubtes Gefühl von Schwere und Trauer. Dahinter steckt Unglück, das lange vor deiner Zeit geschehen ist.

Achte die Ahnen, die diese Not erlebt haben, zu denen diese Sätze gehören, auch wenn dir jetzt gerade kein bestimmter Ahn mit seiner Geschichte einfällt. Das Bild, hinter deine Eltern ins Vage zu schauen, mit dem Wissen, dass dort deine Glaubenssätze ihren Ursprung haben, reicht bereits aus, um es dir leichter zu machen und das Schwere zu deinen Ahnen zurückfließen zu lassen.

2. Lass die Glaubenssätze zurückfließen und verändere sie

Nach der wahrscheinlich anstrengenden Übung kommt jetzt der Teil der Befreiung: Nehme dir noch einmal deine Zeilen zur Hand und schaue, welche Sätze dich im Moment besonders anblinken. Nehme zunächst den Satz, der für dich am stärksten ist und gebe den Inhalt an die Ahnin, die das erlebt hat oder an den Ahn, der das erlebt hat, zurück.

Dabei nimmst du innerlich Kontakt zu dem Ahn/der Ahnin oder mehreren Ahnen auf. Ob sie da draußen, wo immer sie jetzt sind, wirklich persönlich angesprochen werden können, ist für die Wirkung unserer Übung nicht wirklich wichtig. Du musst auch die Geschichte dieses Ahns oder dieser Ahnin nicht kennen. Du kannst in dieser Übung ebenso ins „Blaue“ sprechen. Wenn es leichter wird, bist du auf einem richtigen Weg. Wir möchten unsere Kraft hier nicht für religionswissenschaftliche Diskurse verwenden, sondern für uns ist nur eines wirklich wichtig: dass es hilft. Damit haben wir Erfahrung und Erfolg. Ob nun die Ahnen, die wir ansprechen, in uns sind oder ob sie da draußen sind, brauchen wir hier nicht zu klären. Es reicht völlig aus, dass wir uns vorstellen, dass wir wirklich zu ihnen sprechen und die in uns gespeicherte Information von ihrem Leid zu ihnen zurückfließt. Das hat sehr wahrscheinlich eine gute Wirkung. Probiere es aus. So lange du achtungsvoll mit deinen Ahnen sprichst, kannst du niemandem schaden. Wahrscheinlich wirst du eine „Resonanz“, ein feines Echo ohne Worte aus dem Raum um dich herum wahrnehmen und etwas wird irgendwie leichter.

Wenn du mit deinem Ahn gesprochen hast, formuliere am Ende den Glaubenssatz um, so dass du neu schauen kannst.

Der Glaubenssatz lautet zum Beispiel so: „Lieben macht unglücklich.“

Möglichkeit 1:
Wenn du weißt, wo dieser Satz herkommt, kannst du diese bestimmte Ahnin, diesen bestimmten Ahn oder auch deine Eltern in der Vorstellung ansprechen.

Suche dir einen Platz im Raum und stelle dich hin. Stelle dir vor, du sprichst jetzt zu ihr, zu ihm, zu ihrer Seele, irgendwo da draußen im Raum, der zwei oder drei Meter vor dir beginnt und in die Unendlichkeit führt.

Als Beispiel nehmen wir „Oma Hildegard", die Schweres erlebt hat. Du, liebe Leserin und lieber Leser, verändere das bitte so, wie es für deine Geschichte stimmt.
„Liebe Oma Hildegard, ich bin Jaqueline, eine Enkelin von dir. Ich weiß, dass du deinen geliebten Verlobten im Krieg verloren hast. Das war ein schwerer Schock für dich. Mit Opa, deinem zweiten Mann konntest du nicht glücklich werden. Dein Herz war noch bei deinem geliebten Verlobten. Es war so schwer für euch beide. Aber dieser Satz: „Lieben macht unglücklich" gehört zu dir, deinem gefallenen Verlobten und zu Opa. Das ist nicht meine Geschichte.

Du bist schon lange gestorben. Du hast einen Platz in meinem Herzen. Mögest du jetzt deinen Frieden finden. Mögen helfende Kräfte dich führen und begleiten."

Dann öffne deine Hände und strecke sie vor dir im Raum aus. Halte die Handflächen nach oben, so als ob du ihr das, was auf deinen Händen liegt, anbietest. Stelle dir vor, wie du alles Leid deiner Oma, ihre unglückliche Beziehung mit Opa, der keine Chance hatte und alles Unerfüllte über deine Hände zu ihr zurückfließen lässt. Atme tief aus und stelle dir vor, dass du alles Leid auch zurückatmest.*

*Viele glauben, dass es den Ahnen noch schlechter geht, wenn man deren Leid und deren Gefühle zurückgibt; das möchten sie den Ahnen, die so sehr gelitten haben, nicht auch noch aufbürden. Doch das Gegenteil ist der Fall. Die Ahnen leiden in ihrer Seele noch mehr, wenn Nachkommen noch immer unter der damaligen Bürde leiden. Sie nehmen es gerne zu sich zurück. Dadurch werden sie ganz, weil ihre versprengten Persönlichkeitsanteile zu ihnen zurückfließen.

All ihr Unglück und ihre Spannungen fließen aus dir heraus und formen sich vor dir zu einer Wolke. Die Wolke bewegt sich weg von dir durch den Raum zu deiner Oma. Auch stellst du dir vor, wie du die Anspannung von Opa, die du über seinen Sohn, deinen Vater mit aufgenommen hast, zu ihm zurückfließen lässt. Auch dieses formt sich zu einer Wolke vor dir und bewegt sich durch den Raum zu ihm zurück. Vielleicht braucht auch der Opa in einem eigenen Ritual eine Ansprache, ähnlich zu der, wie sie Oma Hildegard bekommen hat.

Dann stelle dir auch vor, wie der Verlobte deiner Oma einen Platz in deinem Herzen hat. Sage zu ihr: „Du und Opa und auch dein geliebter Verlobter haben einen Platz in meinem Herzen".

Möglichkeit 2:
Wenn du nicht weißt, wo dieser Satz herstammt, suche dir einen Platz in einem geschützten Raum ohne Ablenkungen und stelle dir vor, im Raum um dich herum, etwa 2-3 Meter entfernt von dir, im „blauen" Unbekannten, halten sich Anteile der Seelen deiner Ahnen auf. Stelle dir vor, dass sie dich hören können. Sprich deine Ahnen ins Unbekannte direkt an. Du kannst das innerlich, in deiner Vorstellung oder aber besser auch laut tun:

„Liebe Ahnin, lieber Ahn, ich bin Jaques/Jaqueline, ein Nachkomme/eine Nachkommin von dir. Ich kenne dich (noch?) nicht. Du musst in deinem Lieben sehr unglücklich gewesen sein und viel Leid erfahren haben.

Du bist schon lange gestorben, aber deine unglücklichen Erfahrungen leben in mir noch weiter. Du hast einen Platz in meinem Herzen.

Ein Teil von mir glaubt, dass Lieben unglücklich macht, so wie du unglücklich warst. Doch das gehört nicht zu mir, sondern zu deinem Leben. Du bist schon lange gestorben. Mögest du jetzt deinen Frieden finden. Mögen helfende Kräfte dich führen und begleiten."

Dann öffne deine Hände und strecke sie vor dir im Raum aus. Halte die Handflächen nach oben, so als ob du ihr oder ihm das, was auf deinen Händen liegt, anbietest. Stelle dir vor, wie du alles Leid von unglücklichen Beziehungen zu deinem Ahn, deiner Ahnin oder zu deinen Ahnen zurückfließen lässt. Atme tief ein und aus. Mit jedem Ausatmen fließt auch das Leid aus dir heraus zurück zur eigentlichen Quelle.

Wenn du das Gefühl hast, dass es mehrere sind, sprich sie in der Mehrzahl an. Vertraue deinem Gefühl und deiner Intuition und verändere den Text so, wie er für dich stimmt. Fahre fort und stelle dir vor: All sein oder ihr Unglück und seine oder ihre Spannungen fließen aus dir heraus und formen sich vor dir zu einer Wolke. Die Wolke bewegt sich weg von dir zu deinem Ahn oder deiner Ahnin oder zu deinen Ahnen.

Egal ob du diese Übung mit der Rückgabe und energetischen Entladung mit einer bestimmten Ahnin oder einem bestimmten Ahn oder ins Unbekannte gemacht hast, spüre nach, ob sich etwas in dir verändert.

Dann sprich in den Raum und bitte die bestimmte Ahnin, hier im Beispiel Oma Hildegard, oder aber eben bitte ins Blaue, diesen Ahn oder die Ahnen mit lauter Stimme um seinen oder ihren Segen für dich heute.

Weiter mit Möglichkeit 1:
„Liebe Oma Hildegard, ich bin ein Nachkomme von dir und bitte dich um Segen für mein Leben. Bitte schau freundlich auf mich, wenn ich liebe und mit meinem Liebsten/meiner Liebsten glücklich bin, auch wenn du es so schwer hattest und so unglücklich warst.“

Möglichkeit 2:
„Lieber Ahn, liebe Ahnin oder liebe Ahnen, (bitte einsetzen und verändern, wie es passt) *ich bin ein Nachkomme von dir. Du*

musst sehr gelitten haben. Auch wenn ich dich und deine Geschichte (noch?) nicht kenne, bitte ich dich um deinen Segen.“ Spüre in den Raum, ob du so etwas wie ein „Echo“, eine Antwort vernehmen kannst, oder aber spüre in deinen Körper, ob sich etwas entspannt.

Dann formuliere den Satz für dich auf positive Art neu, zum Beispiel so: *„Lieben macht glücklich, auch wenn es manchmal Schmerzvolles mit sich bringen kann.“*

Denke an glückliche Momente mit deiner Liebsten oder deinem Liebsten und lasse dieses Gefühl sich in deinem ganzen Körper, in jede Zelle ausbreiten.

Spüre nach, wie es sich jetzt in dir anfühlt und genieße das Gefühl. Stelle dir noch einmal diesen Ahn/diese Ahnin vor, mit dessen/deren Glaubenssatz du gerade gearbeitet hast.
Sprich diese/n innerlich noch einmal an:

„Liebe/r ..., Du hast so gelitten. Dir zu Ehren und dir zu Gedenken lasse ich es mir jetzt besonders gut gehen. Ich genieße das Leben und das Zusammensein mit meinem Partner erst recht. Dann war dein Leid nicht vergebens.“

Stelle dir vor, wie dieser Ahn jetzt auf dich schaut. Wahrscheinlich wird er dich von Ferne anlächeln und sich freuen ...

Auf ähnliche Weise gehst du jetzt alle Glaubenssätze durch, die dir besonders wichtig erscheinen. Nehme dir Zeit, mache Pausen oder auch einen schönen Spaziergang zwischendurch. Oder mache diese Übung in mehreren Etappen an mehreren Tagen.

Dann treffe deine Liebste oder deinen Liebsten und schaue neu ...

Bei der Erforschung der Glaubenssätze werden sicher viele Themen angestoßen, mit denen du dich vorher noch nicht befasst hast. Vielleicht hast du jetzt Lust bekommen, dich genauer mit deiner Familiengeschichte zu befassen. Diese Entdeckungsreise ist niemals zu Ende und kann Paare unterstützen, zusammenzubleiben. Unser Fragebogen am Ende des Buches und unter anderem das Buch von Mark Wolynn: „Dieser Schmerz ist nicht meiner" kann dir weitere wichtige Impulse zur Erforschung deiner Familiengeschichte geben.

3. Eine weitere Möglichkeit, Glaubenssätze und Gedanken zu verändern: „The Work": Ist es wirklich wahr?

Wenn wir uns von unserem Partner verletzt oder auch ungerecht behandelt fühlen, drehen sich oft alle unsere Gedanken um diese Verletzung, die er uns zugefügt hat. Wir sind lange mit ihrem oder seinem „Fehlverhalten" beschäftigt. Wir wünschen oder fordern, dass das „Fehlverhalten" aufhört, unser Partner dies einsieht und er/sie sich ändert. Das hilft aber nicht, zumal oftmals dein Partner/deine Partnerin die Situation anders wahrnimmt oder es eigentlich um etwas ganz anderes geht. Es macht alles oft noch viel schlimmer. Manchmal kann das zu einem regelrechten Sog in den Beziehungssumpf werden. Lösen lässt sich dann immer weniger. Zu der ursprünglichen gefühlten Verletzung kommen dann noch weitere hinzu. Diese werden dann noch angereichert mit Erinnerungen vergangener verletzender Situationen durch unseren Liebsten/unsere Liebste. Vor drei Wochen beispielsweise in der und der Situation, da hat er/sie auch schon so reagiert. Er/Sie reagiert immer so – die Situation fühlt sich immer auswegloser an. In dieser angespannten Situation ist dann wirklich nichts mehr möglich.

Um aus diesem Kreislauf von Enttäuschung und Wut auf den anderen herauszukommen und vor allem aus dem Zwang „Mein Partner muss sich ändern!" können die Übungen von Byron Katie sehr hilfreich sein. Byron Katie war über viele Jahre schwer depressiv, bis sie erkannte, dass sie, wenn sie aufhört ihren Gedanken zu glauben, Glück findet. Aus dieser Einsicht und ihrem Weg zurück ins Leben, Lieben und Glücklichsein hat sie den Prozess: „The Work“ entwickelt. Kern dieses Prozesses sind vier Fragen:

1. *Ist es wahr?*
2. *Kannst du mit absoluter Sicherheit wissen, dass das wahr ist?*
3. *Wie reagierst du, was passiert, wenn du diesen Gedanken glaubst?*
4. *Wie wärst du ohne diesen Gedanken?*

Mit diesen vier Fragen kannst du dir euren Konflikt anschauen und auch deine dahinterliegenden Glaubenssätze. Es wird sich mit Sicherheit etwas in dir ändern. Damit es anschaulicher wird, nennen wir ein Beispiel: Marlene kommt erschöpft von der Arbeit nach Hause, Andreas hat erst am Nachmittag Termine und war am Vormittag zu Hause. In der Küche steht noch das benutzte Geschirr von ihm und auf dem Herd ist noch die Tomatensoße von seinem Mittagessen sichtbar.

Marlenes erster Gedanke: *„Andreas denkt nur an sich („Männer sind Egoisten“) und ihm ist es egal, ob ich mich nach der Arbeit in der Wohnung wohlfühle.“*
Wut steigt hoch.

Der nächste Gedanke: *„Dieser Typ kümmert sich einfach nicht um den Haushalt.“*
Ihr Blick geht zum gefüllten Mülleimer, zu den Fenstern, die auch mal wieder geputzt werden könnten ...

Weitere Gedanken steigen auf ... Diese Gedanken verursachen eine bestimmte Stimmung.

Viele von uns können sich vorstellen, wie es weitergeht. Wenn Marlene sich mit diesen Gedanken und in dieser Stimmungslage an Andreas wendet, wird er darauf reagieren. Egal, was Marlene dann sagt, Andreas spürt den Ärger und die Vorwürfe dahinter. Es kann fast nur noch schiefgehen.

Um aus dieser destruktiven Gedankenspirale raus zu kommen, kann Marlene sich Byron Katies **erste Frage** stellen:
„Ist es wahr, dass Andreas nur an sich denkt und es ihm egal ist, ob ich mich wohlfühle?“

Hier kannst du alles aufschreiben oder die Gedanken hochkommen lassen, die da sind. Marlene könnte denken:
„Natürlich ist es wahr, sonst hätte er die Küche aufgeräumt, er kennt mich doch inzwischen. Gestern hat er nicht angerufen, dass er später kommt, da war ich ihm auch egal ...“

Du darfst auch völlig unvernünftig und ohne Zensur alles aufschreiben, was dir einfällt. Sei ruhig richtig gemein und ungerecht.

Danach wendest du dich der **zweiten Frage** zu:
„Weißt du mit absoluter Sicherheit, dass das wahr ist?“

In Marlenes Fall: „Weißt du mit absoluter Sicherheit, dass er nur an sich selbst denkt und es ihm egal ist, wie ich mich fühle“?
Schreibe auch hier alles auf.
Mit dieser Frage wird sich etwas verändern.

Marlene erinnert sich hier zum Beispiel, wie Andreas vorgestern das Abendessen für sie beide gemacht hat, weil er gesehen hatte, dass sie sehr erschöpft war.

Stelle dir dann die **dritte Frage**: *„Wie geht es dir, wenn du diesen Gedanken glaubst?“*
In unserem Beispiel: *„Andreas denkt nur an sich und es ist ihm egal, wie ich mich fühle“.*

Nehme wahr, wie dein Atem geht, wie sich dein Körper anfühlt, welche Gedanken und Gefühle auftauchen. Für Marlene könnte das bedeuten:
„Ich fühle mich wie ein Kind. Es hat alles keinen Zweck. Die ganze Beziehung hat keinen Zweck ... Es geht mir schlecht.“

Jetzt geht es zum **vierten Schritt**: *„Was wärst du ohne diesen Gedanken?"*
Stell dir jetzt vor, du kommst nach Hause, die Küche ist unaufgeräumt, aber du hast diese Gedanken nicht.
„Wie fühlt sich dann dein Körper an, wie atmest du, wie geht es dir?"

Marlene kann durchatmen. Ohne diesen Gedanken ist es leichter. Ihr fällt auf einmal ein, dass sie noch etwas für den Geburtstag ihrer Freundin besorgen wollte …

Vielleicht verändern sich Marlenes Gedanken: *„Es muss etwas Wichtiges dazwischen gekommen sein, wenn die Küche so aussieht – oder – vielleicht war Andreas mit schwierigen Entscheidungen beschäftigt, dass er nicht aufräumen konnte – oder – vielleicht weiß er gar nicht, wie wichtig mir nach der Arbeit eine aufgeräumte Küche ist – oder – ich liebe ihn, auch wenn er die Küche nur ab und zu aufräumt, schön, von seiner Gegenwart noch etwas zu sehen, gerade weil er so ist, wie er ist, liebe ich ihn."*

Byron Katie geht in ihrer Arbeit dann noch weiter. Sie arbeitet mit Umkehrungen zu diesen vier Fragen. Statt den Namen des Partners kann auch der eigene Name eingefügt werden. Zum Beispiel:
„Ich denke nur an mich selbst und mir ist es egal, wie Andreas sich fühlt."

Es geht hierbei nicht darum, ob das eine oder das andere wahr ist. Spüre hin zu diesem Satz. Vielleicht tauchen in dir Erkenntnisse auf. Lasse die Sätze in dir wirken und nehme wahr, was sich bei dem jeweiligen Satz in dir verändert.

Eine andere Umkehrung könnte auch das Gegenteil sein:
„Andreas denkt an mich und es ist ihm nicht egal, ob ich mich nach der Arbeit in der Wohnung wohlfühle."
Was bedeutet dieser Satz, welche Einsichten und Erkenntnisse löst er in dir aus?

Wenn Du spürst, dass dein Horizont wieder weiter wird und sich nicht mehr nur um das „Fehlverhalten“ deines Partners kreist – wunderbar. Dann kannst du deinem Partner wieder offen begegnen und ihm auf ganz andere Weise deine Wünsche mitteilen. Vielleicht tauchen auch Erkenntnisse auf, an welchen Stellen du Heilung brauchst. Glaubenssätze können ins Wanken kommen: Wenn dein Liebster die Küche nicht aufräumt, heißt das nicht, dass du ihm egal bist. Wenn deine Liebste nicht pünktlich kommt, heißt das nicht, dass sie dich nicht mehr liebt. Wenn dein Liebster viel Geld ausgegeben hat, heißt das nicht, dass deine Existenz bedroht ist.

Vielleicht kann dann auch in einem zweiten Schritt diese Frage hilfreich sein, ob es jemanden gibt, deine Eltern, deine Ahnen, zu denen diese Wut oder Enttäuschung oder Angst eigentlich gehört. Das erweitert den Blickwinkel enorm.

Wir möchten an dieser Stelle nicht ausführlicher auf „The Work“ eingehen, das würde den Rahmen dieses Buches sprengen. Wenn für dich diese Fragen hilfreich sind, raten wir dir, dich intensiver mit „The Work“ von Byron Katie zu beschäftigen. Du kannst dies über ihre Bücher tun oder dich an erfahrene Therapeuten wenden, die mit dieser Methode arbeiten.

„The Work“ ist ein Weg, um deinen Glaubenssätzen die Macht zu nehmen und dem Gedankenkarussell nicht die Macht über dein Liebesleben zu überlassen. Jeder hat destruktive Gedanken, jeder denkt nicht immer freundlich über seinen Partner. Jeder hat Ärger in sich, der sich schnell über den uns am nächsten stehenden Menschen entlädt. Das ist oft unser Liebster/unsere Liebste. Wenn diese Gedanken weniger Macht über dein Liebesleben haben, kann vieles leichter gehen.

Das heißt aber nicht, dass jeder Konflikt und jeder Streit schlecht ist. Manchmal braucht es Wut, damit Dinge angesprochen werden, die auf den Tisch müssen. Manchmal schafft ein Streit Klarheit und den Impuls für eine Veränderung, die schon lange nötig war.

Partnerwahl: Die Ahnen mischen mit 4

Schmetterlinge flattern im Bauch und manchmal können wir nicht mehr normal denken. Was ist es, das uns so verliebt sein lässt, dass wir uns Tag und Nacht nach diesem einen Menschen sehnen? Was ist es, dass wir bereit sind, für diesen Menschen vieles aufzugeben, um mit ihm zusammen sein zu können? Was ist es, dass wir mit diesem Menschen, wenn es gut geht, eine tiefe Liebesbeziehung eingehen, vielleicht Kinder bekommen und vieles im Leben teilen?

Es gibt verschiedene Untersuchungen dazu, warum wir uns gerade von diesem einen Partner angezogen fühlen. Zum einen ist es reine Neurobiologie, wie der Duft, den wir ausströmen. Es gibt Untersuchungen dazu, dass die Attraktivität und Anziehung eines möglichen Partners auch vom Geruch abhängig ist. Wenn sich zwei Menschen „riechen können", fühlen sie sich von einander angezogen. Dieses „Sich-gut-riechen-Können" bezieht sich auf unser Erbgut. Wir können das Erbgut des anderen „erschnüffeln" und fühlen uns besonders angezogen von jemandem, der ein ganz andres Erbgut hat als unseres. Unterschiedliches Erbgut der Eltern untereinander erhöht die Überlebenschance der Kinder. Das hat die Biologie sehr weise eingerichtet. Sich zu verlieben hat auch mit Hormonen zu tun, die wir ausschütten, Glückshormone – die bekannten Schmetterlinge im Bauch – Sexualhormone und natürlich mit äußerem Aussehen, den Schlüsselreizen.

Aber das allein reicht nicht, warum wir uns auf diesen einen bestimmten Menschen tiefer einlassen. Da ist noch ein ganz anderer Zauber, den wir auch als unerklärbar stehen lassen möchten, die Kraft und der Zauber des Lebens. Aber darüber hinaus gibt es noch etwas:

In der westlichen modernen Welt glauben wir, dass wir uns eigenständig unsere Partner auswählen. Das ist vermutlich nur zu einem kleinen Teil der Fall. Daneben mischen unsere

Familiensysteme bei der Partnerwahl mit. Wir erlauben zwar nicht mehr, dass sich unsere Eltern einmischen. Trotzdem sind wir viel mehr eingebunden in unser Familiensystem und verbunden mit unseren Ahnen, als uns das bewusst ist.

Oft suchen wir uns genau den Partner, der eine Resonanz zu bestimmten eigenen Familienthemen hat. Energetisch ist das der Schlüssel, der zum Schloss passt. Das geschieht meistens unbewusst. Oft sind die Familienschicksale nicht einmal bekannt. Sie liegen teilweise mehrere Generationen zurück.

Über Vieles konnten unsere Großeltern oder Urur...großeltern nicht sprechen. Das Leben und teilweise das Überleben musste weitergehen. Manchmal waren auch die Scham, die Schuld oder der Schmerz zu groß, um über das Geschehene zu sprechen. Oft sind es auch Themen aus vorangegangenen Generationen, über die nie gesprochen wurde, die zu einem Familiengeheimnis geworden sind. Aber etwas in uns „kennt" da etwas und „erkennt" den Anderen als den Menschen mit dem oder den Themen, die auch im eignen Inneren vorhanden sind.

Die Autorin erzählt:

„Ich erinnere mich an die Zeit der ersten Begegnungen zwischen meinem Mann und mir. Vordergründig gab es zwischen uns wenig Ähnliches. Er ist im westlichen Deutschland groß geworden und ich in der ehemaligen DDR. Er hat schon in sehr jungen Jahren begonnen, selbstständig als Therapeut zu arbeiten, war viel in der Welt gereist und hatte viele Erfahrungen auch jenseits der über die Krankenkassen anerkannten therapeutischen Methoden gesammelt. Ich war bis dahin nur in angestellten Arbeitsverhältnissen tätig und über Urlaubsreisen in Europa nicht hinausgekommen. Unterschiedlicher konnte es kaum zwischen zwei Menschen der „gleichen" Kultur sein. Tief in mir spürte ich aber, dass ich auf einer ganz anderen Ebene so manches kenne, das mein Mann auch kennt. Auf einer ganz anderen Ebene haben wir Parallelen – welche, war mir völlig unklar. Mein Verstand zweifelte an

der Möglichkeit dieser Verbindung, aber unsere Herzen schlugen schneller, wenn wir uns begegneten.

Jetzt sind wir zwanzig Jahre zusammen. Wir lieben uns nach wie vor und sind glücklich, so vieles teilen zu können. Wir hatten das Glück, uns gegenseitig so manche unserer inneren Themen bewusst zu machen. Wir waren überrascht, dass es sehr ähnliche Familienthemen gibt. Die Heilung dieser Familienthemen hat uns sehr verbunden. Auch manche Konflikte, die unsere Ahnen hatten, haben wir miteinander ausgetobt. Das war nicht einfach. Durch das Aufspüren der Quelle dieser Konflikte konnten wir die noch immer tobenden Ahnen ins Herz nehmen und uns gegenseitig helfen, Achtung und Frieden in die Konflikte der Ahnen zu bringen. Ohne das wären wir wohl heute kein Paar mehr."

Wir wissen aus eigner Erfahrung und aus der Begleitung Tausender Klientinnen und Klienten, wie sehr Erlebnisse der Ahnen das Liebesleben beeinflussen können. Ein Beispiel, an dem wir das gut zeigen können, ist Miriams Geschichte. Deshalb geben wir ihre Aufstellung nur wenig gekürzt wieder:

Aufstellung ins Blaue: Miriam und die unerfüllte Liebe einer Ahnin

Wir haben häufig Paare erlebt, bei denen über den Partner jemand Ausgeschlossenes wieder in das Familiensystem reingeholt wurde. So zum Beispiel bei Miriam. Sie hat sich in Gregor verliebt. Sie sind seit einem Jahr zusammen, aber regelmäßig kriselt es zwischen ihnen und Miriam fragt sich warum. Ist der Unterschied zwischen ihnen doch zu groß? Ist es vielleicht doch zu schwierig, eine Liebesbeziehung zu leben?

Miriam stellt eine Stellvertreterin für sich (Miriam*) und einen Stellvertreter für Gregor (Gregor*) auf. Miriams Stellvertreterin schaut strahlend, aber völlig verklärt zu Gregor*, als ob sie ihn mit ihrem Blick verschlingen möchte.

* Zur Unterscheidung von den realen Personen und den Menschen, die in einer Aufstellung als Stellvertreter für sie stehen, kennzeichnen wir die Stellvertreter mit *

Gregor* beschreibt seine Wahrnehmung: *„Ich finde sie total hübsch und attraktiv, aber ich fühle mich nicht gesehen. Sie schaut durch mich hindurch. Ich fühle mich verschlungen und ich gehe etwas auf Abstand. Aber ich will immer wieder hin, sie sieht so gut aus."*

Beide schauen sich an. Miriams Stellvertreterin beschreibt: *„Ich will ihn, ich bin total verzückt. Ich verstehe gar nicht, warum er sich zurückzieht."*

Es wird deutlich, dass Miriam Gregor, so wie er tatsächlich ist, nicht wirklich sieht. Vermutlich vertritt Gregor unbewusst jemanden aus ihrem Familiensystem. Die Liebe von Miriam zu Gregor meint nur zum Teil ihn.

Der Leiter stellt einen Mann mit etwas Abstand neben Gregor*. Er steht für den Mann, um den es ursprünglich in der Geschichte geht. Miriam* wendet sich mit ihrem verklärten Gesicht diesem Mann zu und strahlt in an. Der Leiter stellt eine Frau mit etwas Abstand neben Miriam*. Sie vertritt die Frau, um die es ursprünglich gehen könnte. Diese Frau und dieser Mann schauen sich jetzt an und Miriams* Gesichtsausdruck ändert sich völlig. Sie schaut jetzt Gregor* an. Ihr Blick ist klar und liebevoll, aber nicht mehr verschlingend. Gregor* hat jetzt einen viel schöneren und realistischen Kontakt zu Miriam*. Sie schauen sich liebevoll an und halten sich an den Händen.

Dann schildert Gregor*, dass er auch zu dieser Frau aus Miriams Familiengeschichte hinschauen muss und traurig wird. Es sieht hier so aus, als ob es bei Gregor* in der Familiengeschichte etwas ähnliches Unabgeschlossenes gegeben hat. Zum Überprüfen dieser Frage stellt der Leiter einen Mann und eine Frau neben Gregor*, die für diese Ahnen stehen. Sofort wendet sich Gregor* den beiden zu und spürt seine Verbindung.

Dann dreht sich Gregor* wieder zu Miriam* und beide schauen sich noch tiefer und verbundener an.

Da der Fokus bei Miriam und ihrer Frage ist und nicht bei Gregor, der gar nicht anwesend ist, wird das Thema mit Gregors Ahnen an dieser Stelle nicht weiter erforscht. – Aber: Hier können wir gut erkennen, dass beide ein ähnliches unabgeschlossenes Thema im Hintergrund in die Beziehung mitbringen, was das Zusammensein beeinflusst.

Wir schauen nun bei Miriam weiter nach einer Lösung. Der Leiter bittet Miriam*, sich zunächst ganz dem Mann zuzuwenden und legt ihr Folgendes in den Mund:

„Du gehörst dazu, auch wenn ich dich nicht kenne. Du gehörst zu meiner Familie dazu, auch wenn das damals niemand wissen durfte. Ich ahne, dass du sehr wichtig warst für eine Ahnin von mir. Ihr müsst euch sehr geliebt haben, doch eure Liebe durfte nicht sein. Das muss sehr schwer und unerfüllt gewesen sein. Ich habe dich stellvertretend für meine Ahnin in Gregor gesucht. Aber ich bin nur eine Nachkommin und verstehe jetzt, dass es mir nicht hilft und dir nicht hilft, wenn ich mein Leben mit dem meiner Ahnin verwechsele. Ich achte dein Schicksal und verneige mich tief vor deinem Liebesunglück."

Miriam* verneigt sich tief vor diesem Mann. *„Auch wenn du sehr unglücklich warst, bitte segne mich und meine Liebe zu Gregor."*

Dann wendet sich Miriam* der Frau zu und sagt: *„Du bist eine Ahnin von mir. Du durftest oder konntest deine Liebe zu diesem Mann nicht leben und warst sehr unglücklich. Ich habe dich vertreten und deinen Liebsten in Gregor gesehen. Das ist aber nicht meine Geschichte. Ich bin nur eine Nachkommin. Ich achte dein Schicksal und verneige mich tief vor deinem Liebesunglück. Bitte segne meine Liebe zu Gregor".*

Miriam verneigt sich tief vor dieser Frau. Im Raum ist eine entspannte und runde Stimmung. Abschließend stehen Miriam* und Gregor* sehr nah beieinander und schauen sich verliebt an. Jetzt wechselt die echte Miriam ihre Stellvertreterin ab und nimmt ihren Platz ein. Sie schaut auf „ihren" Gregor*. Sie bestätigt, dass der Kontakt viel entspannter und tiefer ist. Sie ist sehr berührt.

In den Wochen danach, so schreibt sie uns später, wird es leichter in der Beziehung zwischen Gregor und ihr. Miriam hat jetzt die innere Erlaubnis, Gregor zu lieben und sie kann Gregor klarer als

Gregor, eben ihren Partner hier und heute, sehen. Er hat seine wunderbaren Eigenschaften und eben auch seine sogenannten Schwächen, die dazu gehören. Sie kann ihn lieben, wie er ist.

Was gibt es in einem Konflikt zu entdecken?

Dein Partner und auch die Konflikte, die zweifelsohne nicht ausbleiben, können große Geschenke bereithalten. Oft sind es nicht die Geschenke, die du dir gewünscht hast. Wenn es etwas gibt, das immer wieder auftaucht in deiner Liebesbeziehung, ein Konflikt oder Thema, das scheinbar nicht lösbar ist, dann meldet sich meist etwas, das nur am Rande mit euch beiden zu tun hat. Hier gibt es etwas zu lernen und gegenseitig zu heilen.

Heilung heißt, ganz zu werden – also den fehlenden oder ausgeschlossenen Teil hineinzunehmen. Dabei könnt ihr euch gegenseitig helfen. Wenn ihr aber versucht, eure Konflikte nur auf der Ebene eurer Beziehung zu klären, halten die Lösungen, falls es überhaupt welche gibt, oft nicht lange. Meistens dreht ihr euch im Kreis. Auch wenn ihr noch nicht versteht, um was es geht, seid euch bewusst, dass wahrscheinlich nur ein kleiner Teil der Konflikte zu euch beiden gehört.

Wenn Paare einen Konflikt haben, gibt es oft einen äußeren Auslöser. Der Eine hat dem Anderen nicht zugehört, eine Absprache wurde nicht eingehalten, ein Missverständnis liegt vor ... Daraus kann sich dann ein riesiger Konflikt entwickeln mit immer wieder neuen Verletzungen auf der einen und der anderen Seite. Es wird immer schwieriger, irgendetwas zu klären, geschweige denn zu lösen.

Hier toben noch ganz andere Konflikte mit. Neue Vorwürfe machen alles schlimmer. Auch im Gespräch etwas klären zu wollen, hilft oft nicht. Wenn ihr als Paar schon so manches ohne Erfolg versucht habt, wendet euch den Schicksalen eurer Ahnen zu. Es gibt eine gute Wahrscheinlichkeit, dass hier Lösungen warten, auf die ihr ohne diesen Blick niemals gekommen wärt.

Hier ist Raum für Heilung und die Möglichkeit, selbst zu wachsen und weiterzugehen. Nimm eure Schwierigkeiten als Heilungsangebot, als Geschenk, das dir dein Partner macht.

Es gibt wenig, das uns so sehr an unsere Grenzen bringt wie unsere Liebesbeziehung, aber auch so viel Bereitschaft geradezu erzwingt, sich die eigenen Themen anzuschauen. Die „eigenen" Themen schließen auch die von den Ahnen mitgebrachten Themen mit ein. Keiner kann dem Anderen auf Dauer nur seine Schokoladenseite zeigen. Wir erleben unseren Partner von allen Seiten, auch den ungeliebten und wir zeigen uns unserem Partner auch von allen Seiten. Er bekommt auch unsere Schattenseiten zu sehen und zu spüren.

In der Psychoanalyse geht es viel um Übertragung und Gegenübertragung. Bei einer Übertragung geht es darum, die eigenen ungeliebten Anteile, Wünsche und Bedürfnisse abzuspalten und beispielsweise auf den Liebespartner zu übertragen. Laut psychoanalytischer Sichtweise bezieht sich das vor allem auf Gefühle aus der frühen Kindheit, die nicht gelebt werden konnten. Das ist für einen Teil richtig. Es geht aber nach unserer Erfahrung noch viel weiter. Es sind oft schwere Schicksale aus dem Familiensystem, die nicht mehr gefühlt werden dürfen und können. Diese Themen können dann in unserem Liebesleben wieder aktiv werden. Vielleicht haben wir unbewusst genau diesen Partner gesucht, weil er uns an diese Themen „erinnert" und das Abgespaltene wieder hereinholt. Dies bringt oft große Herausforderungen mit sich, da diese Themen als bedrohlich erfahren werden. In der Familie wurden diese Ereignisse, oft über mehrere Generationen, tabuisiert.

Wir möchten ein Beispiel beschreiben, das es in unterschiedlicher Weise in sehr vielen Familien gibt:

Eine Mutter konnte bzw. durfte ihr Kind nicht groß werden lassen. Sie war in diesem Beispiel Dienstmädchen und das Kind war unehelich. Es könnten aber auch andere Umstände sein, wie Armut oder verbotene oder zu frühe Liebe. In unserem Beispiel hatte das Dienstmädchen keine Mittel und Möglichkeiten, das

Kind zu versorgen, sodass es an Krankheit, Unterernährung und Vernachlässigung früh gestorben ist. Sie kann ihren Schmerz darüber nicht fühlen, es tut zu weh. Sie kann auch die Liebe zu dem Kind nicht fühlen, wahrscheinlich fühlt sie sich schuldig und schlecht. Auch dass sie den Vater des Kindes geliebt hat oder dass die Sexualität schön war, darf erst recht nie mehr gefühlt werden. Wenn diese junge Frau das alles fühlen würde, könnte sie nicht mehr weiterleben. Es ist alles zu bedrohlich. Vielleicht heiratete die junge Frau später und über das Frühere durfte nie gesprochen werden. Die neue Familie sollte eine ehrbare Familie sein und der „Schmutz" durfte nicht mehr sichtbar werden.

Die abgespaltenen existenziellen Schicksale bleiben aber im energetischen Feld der Familie gespeichert. Sie werden von Nachkommen gefühlt. Oft gibt es sogar einen regelrechten Sog, diese Schicksale zu wiederholen, um die Ausgeschlossenen wieder in die Familie hinein zu nehmen. Das ist für unseren westlichen Verstand nicht logisch. Aber das Leben ist nicht logisch. Wir können nur wahrnehmen und beobachten, dass vieles, was wir fühlen und leben, nicht aus unserem eigenen Erleben stammt und dann das richtige tun, damit wir „frei" davon sind.

Das Schwierige daran ist, dass durch diese übernommenen Gefühle nichts bewegt oder geheilt werden kann. Es hilft der Urgroßmutter nicht, wenn die Urenkelin weint und verzweifelt ist und sich schämt. Es hilft auch dem Urgroßvater nicht, wenn der Urenkel für die Gerechtigkeit kämpft. Die Urenkelin wundert sich vielleicht, warum Scham für sie so ein großes Thema ist. Mit all dem Eingebundensein in die Schicksale unserer Ahnen treffen wir auf unseren jeweiligen Partner.

An dieser Stelle möchten wir noch einmal zu Peter und Claudia vom Beginn des Buches zurückkehren.

Wie geht es weiter mit Claudia und Peter?

Claudia hat schon so manche Selbsterfahrung, Coachings und Therapiestunden hinter sich. Sie hat bereits viele Verletzungen angeschaut und bearbeitet, die sie als Kind erfahren hat. Darunter war auch der Schmerz, dass sie wenig Kontakt zum Vater hatte. Das tat sehr gut. Aber an den Konflikten mit Peter hat das dennoch wenig geändert.

Sie hat Peter dazu überredet, einige Sitzungen Paartherapie gemeinsam zu machen. Sie konnten zunächst Regelungen zum Thema Geld finden. Eine Zeit lang hat es gut funktioniert und dann ist doch alles wieder im Sande verlaufen. Claudia bekommt immer noch Panik, wenn Peter sein Konto weit überzogen hat und vergisst, irgendwelche „sinnlosen" Abos zu kündigen. Claudia und Peter lieben sich sehr. Das zeigt sich immer wieder und Claudia gibt nicht auf, nach Lösungen zu suchen. Claudia fragt sich, ob es nicht noch etwas ganz anderes geben muss, andere Themen, andere Gründe als die bisher gefundenen.

Mit dieser Frage macht sich Claudia auf die Suche. Ein Freund empfiehlt ihr, über Aufstellungen ihrer Familie und ihrer Geschichte Antworten zu suchen, die ihr bisher verschlossen waren.

Claudia weiß aus ihrer Familiengeschichte, dass ihre Urgroßeltern ihren Hof verloren haben. Es wurde erzählt, dass der Uropa alles verspielt und versoffen hat. Was das für die Familie bedeutet hatte, war Claudia nie klar. Es zeigte sich in einer Aufstellung, dass es die Urgroßmutter und ihre Kinder sehr schwer hatten. Vielleicht mussten auch Kinder weggegeben werden, damit sie auf einem anderen Hof arbeiten und ernährt werden konnten.

Viel Leid ist daraus entstanden, Hunger, schwere Arbeit, Erniedrigungen, Häme der Nachbarn, vielleicht auch Schlimmeres. Die Uroma und die Kinder sind im Schock und wütend auf den Mann und Vater. Ein Kind der Uroma ist die Großmutter von Claudia. Sie gibt ihrem Kind die Glaubenssätze weiter:

„Auf einen Mann ist kein Verlass. Ein Mann bringt alle ins Unglück. Um zu überleben, behalte als Frau immer das Geld im Auge …" – und sie hat so eine Wut auf den Mann.

Ein Kind der Oma ist Claudias Mutter. Sie hat diese Glaubenssätze verinnerlicht und gibt sie auch an Claudia weiter. So wächst auch Claudia mit all diesen Glaubenssätzen und Misstrauen gegenüber einem Mann auf. Sie kennt es ja nicht anders. Und wenn dann ihr Partner Peter etwas „zu viel" Geld ausgibt, bekommt Claudia Herzrasen, Panik und Wut. Die Situation ist aufgeladen und höchst angespannt. Peter spürt diese Energien und grenzt sich ab. Wenn Claudia dann immer lauert und kontrolliert, wie Peter mit dem Geld umgeht, ist er immer weniger bereit, dieses Thema mit ihr zu besprechen.

Claudias Uropa, der die Familie der Uroma so mies ins Unglück gestoßen hat, gilt in der Familie als der „Böse" und darf und kann nicht mehr geliebt werden. Vielleicht hat er sich nach dem Ruin totgesoffen, weil er das Unglück und die Schuld und seine Scham darüber nicht aushalten konnte. Ihm einen Platz im Herzen zu geben, würde sich gegenüber der Uroma und ihren Kindern als Verrat anfühlen. Die Uroma, seine Frau, und die Kinder können ihn nicht lieben oder verzeihen, es war zu schlimm, was sie erleben mussten. Der Uropa wird ausgeschlossen aus der Familie und dem Herzen.

Eine der wichtigsten Beobachtungen Bert Hellingers ist es, dass alles, was aus einer Familie, aber auch aus einem System wie beispielsweise einer Firma ausgeschlossen wird, durch die Hintertür wieder hereingeholt wird. Ein Nachfolger oder Nachgeborener vertritt dann diesen Ausgeschlossenen und wird selbst ein Stück so wie dieser. Claudia holt über Peter den Urgroßvater wieder herein. Vielleicht hat Peter ja auch eine Schwäche im Umgang mit Geld und neigt dazu, Geld zu verlieren. In der Seele ist Claudia mit ihrem Uropa und der Uroma verbunden, ohne es zu wissen.

In der Aufstellung zeigt sich, dass der Uropa seinerseits vermutlich ein Kind aus einer verbotenen Liebe ist. Er kennt seinen Vater nicht. Seine Mutter, die Ururoma, muss sehr gelitten haben, weil sie unehelich schwanger war. Vielleicht wurde auch schnell ein Mann gefunden, den sie zwar nicht geliebt hat, aber heiraten musste, damit die Ehre wiederhergestellt war. Die Ururgroßmutter ist wütend auf das Leben und auf den Ururgroßvater, der sie geschwängert hat. Sie ist todunglücklich und hat ihr Herz für immer verschlossen. Es gibt weitere Kinder mit ihrem aufgezwungenen Ehemann, den sie nicht mag. Der Uropa bleibt der Bastard. Diese innere Zerrissenheit seiner Eltern hält er nicht aus und flüchtet in das Glücksspiel und den Alkohol.

Dieses sind Bilder, die die Stellvertreter in den Aufstellungen hatten. Ob es sich tatsächlich genau so zugetragen hat, wissen wir nicht. Wir hatten nur den Fakt, dass der Uropa den Hof versoffen und verspielt hat. Wir können aber bei Claudia sehen, dass sie bei diesen Bildern sehr berührt ist und sie damit in Resonanz gegangen ist. Was hilft, zählt.

Um die vielen weitergegebenen Ereignisse und Gefühle durch Generationen hindurch besser zu verstehen, gehen wir noch einmal durch die Generationen:

Die Ururgroßmutter von Claudia ist unehelich schwanger, todunglücklich, wird mit einem anderen Mann verheiratet und ist böse auf den Mann, der sie geschwängert hat, auf das Leben und auf ihren späteren Ehemann.

Ihr Kind ist Claudias Uropa: Er wächst unglücklich und ungeliebt als „Bastard“ auf, ohne Vater und positives Männer- und Vaterbild, verspielt später den Hof und trinkt viel. Sein Vater, der Ururopa von Claudia, ist auch ausgeschlossen und „böse“, da er die Ururoma geschwängert hat.

Die Uroma ist die Ehefrau vom Uropa. Sie ist unglücklich über den verlorenen Hof und hat Existenzangst, muss sich ohne ihren Mann, der alles verspielt, durchschlagen. Die Not und ihr Leid sind groß. Sie hat eine sehr negative Meinung und vernichtende Glaubenssätze über Männer.

Die Oma ist eines der Kinder der Uroma und leidet sehr unter der Not und Existenzangst. Sie übernimmt die negativen Glaubenssätze ihrer Mutter. Aber innerlich ist auch sie zerrissen, da sie auch ihren Vater liebt. Später heiratet sie und hat eine halbwegs glückliche Ehe.

Claudias Mutter ist eines der Kinder von Oma. Auch sie hat wenig Gutes für Männer übrig. Viele Glaubenssätze werden weitergegeben. Die Ehe mit Claudias Vater ist wackelig. Es gibt viel Streit, unter dem Claudia als Kind sehr leidet.

Claudia badet in verdünnter Form noch vier Generationen später aus, dass die Uroma und ihr Uropa unglücklich waren ...

Wir können sehr plastisch am Beispiel von Claudia ein Verständnis dafür bekommen, über wie viele Generationen Schicksale weiterwirken. Das tun sie überall. Nur leider wirken sie oft im Verborgenen auf destruktive Weise weiter.

Wie es bei Claudia weitergeht: Claudia verbindet sich mit der unglücklichen Geschichte ihrer Uroma und ihres Uropas und seiner Mutter, der Ururoma. Sie versteht allmählich, dass ein Teil dieser immensen Wut, die sie manchmal auf Peter hat, gar nicht ihre eigene Wut ist. Es sind die Wut und die Verzweiflung der Uroma, die den Hof verloren hat. Diese Gefühle wirken bis heute so drastisch, dass Claudia bei Peter unangemessen scharf und panisch reagiert.

Claudia spricht Gebete für ihre Ahnen und lässt die Gefühle zu ihrer Uroma und Ururoma zurückfließen. Sie bekommt ein tiefes Mitgefühl, wie sehr ihre Ahninnen und Ahnen gelitten haben. Claudia „entlädt“ diese unglückliche Aufladung und die negativen Glaubenssätze. Wie das gehen kann, beschreiben wir später.

Langsam wird es leichter zwischen ihr und Peter. Die Streits werden seltener. Claudia kann sich jetzt auch immer mehr vorstellen, mit Peter ein Kind zu bekommen. Vielleicht macht sich auch Peter zu einem anderen Zeitpunkt auf den Weg, sich mit seinen Ahnen zu verbinden und Claudia kann ihn jetzt mit Forderungen in Ruhe lassen. Das ist für ihn sehr erleichternd. Peter ist berührt von Claudias Wandlung. Langsam beginnt er, diese Aufstellungen, die er lange als „esoterischen Quatsch“ abtat, ernst zu nehmen.

5

Stress mit deinem Partner: Stelle deine Gefühle auf und werde klar

Hast du gerade einen Konflikt mit deinem Partner? Mit dieser Übung kannst du deine Gefühle aus einer erweiterten Perspektive ausloten und möglicherweise Gefühle, die nicht wirklich zu dir gehören, zu deinen Ahnen zurückfließen lassen.

Wenn es angespannt ist zwischen dir und deinem Partner und Wut und Verletzungen im Raum stehen und die Themen nicht lösbar zu sein scheinen, möchten wir dich einladen innezuhalten und dir folgende Fragen zu stellen:

- *Was, wenn das alles, was jetzt zwischen uns passiert, ein Ruf nach Heilung ist?*
- *Was, wenn meine Reaktionen meinen Partner erst dazu bringen, so zu reagieren, wie er reagiert?*
- *Was, wenn mein Partner etwas auslebt, was auch in mir ist?*
- *Was, wenn ich mir diesen Partner genau deswegen gesucht habe, weil er so ist, wie er ist, mit allen Sonnenseiten und genau diesen „Schattenseiten" und Themen?*
- *Was haben Ahnen vor mir Schlimmes erlebt, dass sie immer noch wütend sind? Was haben sie Schlimmes getan, aus dieser Wut heraus?*
- *Was, wenn meine Wut oder Verletzung oder die meines Partners zu meinen Ahnen gehört?*

Mit diesen Fragen möchten wir dich einladen, aus dem Kreislauf von Verletzung, Vorwurf und Wut herauszukommen. Nicht alles hat wirklich mit dir und deinem Partner zu tun. Oftmals geht es um ganz andere Themen, die weit über eure Partnerschaft hinausgehen.

Wenn es gerade schwierig ist mit deinem Partner oder deiner Partnerin, bist du zunächst völlig aufgewühlt und hast wenig Platz für die Liebe in deinem Herzen. Natürlich sind da Wut, Ärger, Verletzung und so weiter. Du hast starke Gefühle. Die sind völlig in Ordnung und gehören zu dir. Ein Teil davon ist angemessen und richtig, um Grenzen zu setzen und deine Würde zu wahren. Sie sind eine Quelle für deine Lebendigkeit und deine Lebenskraft. Wenn dann die ersten Wellen abgeebbt sind und du etwas ausprobieren möchtest, laden wir dich zu einer weiteren Erfahrung ein.

Damit kannst du möglicherweise tiefer bei dir selbst und bei deinen wirklich eigenen Gefühlen ankommen. Im ersten Schritt geht es darum, deine Gefühle auszuloten. Einige davon sind hier und heute deine ganz eigenen. Einige aber hast du vielleicht von deinen Eltern oder deinen Ahnen übernommen. In dieser Übung geht es ausschließlich darum, die übernommenen Gefühle kennenzulernen und sie deinen Eltern oder deinen Ahnen zurückzugeben. Du brauchst für diese Übung nicht zu wissen, was allein deine Gefühle sind und welche du von unbefriedeten Ahnen trägst. Gebe den Ahnen zurück, was zu ihnen gehört und spüre, was dann noch übrig bleibt.

Vorbereitung

Nehme dir Zeit für dich und bereite dir einen Raum vor, in dem du ungestört bist. Halte 2-8 Stühle oder Sitzkissen oder Zettel als Platzhalter bereit.

Ordne deine Gedanken und deine Gefühle und frage dich, was du alles gerade jetzt fühlst in dem Konflikt mit deiner Partnerin oder deinem Partner. Nehme dir Zeit und sammle dich, atme bewusst mindestens drei- bis fünfmal tief ein und aus. Benenne dann die verschiedenen Gefühle und Arten von Verletzungen, die in dir ausgelöst sind.

Zum Beispiel:

- *Ich bin wütend.*
- *Ich bin enttäuscht.*
- *Ich fühle mich verurteilt.*
- *Ich fühle mich hintergangen.*
- ....

1. Plätze für Gefühle aufstellen
Jeweils ein Stuhl (oder aber Zettel oder Kissen als Platzhalter) steht für je eines deiner Gefühle, die du im Konflikt mit deiner Liebsten oder deinem Liebsten gerade fühlst. Zur Verdeutlichung kannst du auch die Stühle mit Tesakrepp oder Ähnlichem beschriften. Beobachte während dieser Vorbereitung auch deine Gedanken dazu: Wie zum Beispiel *„Ja, es ist wirklich ungerechtfertigt, wie er/sie mich gestern Abend behandelt hat, ich bin so sauer, ich könnte ihn/ sie ...“* Male dir genau aus, was du alles könntest.

Dann stellst du jedes Gefühl im Raum auf (repräsentiert durch den Stuhl oder das Kissen oder das Blatt Papier). Du konzentrierst dich auf das jeweilige Gefühl, um dadurch den Platz mit deiner jeweiligen Gefühlsenergie aufzuladen. Beispielsweise so: Während du dem Stuhl im Raum einen Platz gibst, denkst du oder sagst laut: *„Dieser Stuhl repräsentiert meine Wut auf Sven/auf Anja, die ich im Moment habe.“*

Nehme währenddessen die Qualität deiner Wut wahr, indem du auch alle Gedanken, die dazu auftauchen, beobachtest. Du kannst dir auch vorstellen, dass durch deine Hände die Energie deines jeweiligen Gefühls in den Stuhl fließt, sodass er aufgeladen ist, ähnlich einer Batterie mit eben diesem Gefühl.

Gehe dann zum nächsten Gefühl und mache es ebenso, bis du alle wichtigen Gefühle aufgestellt hast. Nehme nur die Wichtigsten, nicht mehr als fünf.

2. Ahnenstellvertreter dazustellen

Du hast jetzt erst mal deine eigene Gefühlssituation aufgestellt. Jetzt, im zweiten Schritt, wird es spannend: Verändert sich etwas, wenn du Ahnen dazu stellst, zu denen diese Gefühle auch noch gehören könnten? Diese Ahnen brauchst du nicht zu kennen. Stelle einfach ins Unbekannte auf.

Stelle jetzt jeweils einen weiteren Stuhl oder anderen Platzhalter zu jedem Platz dazu und stelle dir vor, dass dieser Stuhl für den Ahn oder die Ahnen steht, zu denen diese jeweiligen Gefühle besonders gehören. Du musst nichts über die Geschichte oder das Schicksal dieses Ahns/ dieser Ahnen wissen.

Jetzt hast du bei diesem Beispiel 4 Stühle oder andere Platzhalter aufgestellt, die Gefühle von dir repräsentieren. Außer diesen stehen noch 4 weitere Stühle (oder anderes) im Raum für die Ahnen, die diese Gefühle auch haben und von denen du vielleicht noch etwas trägst.

Trete jetzt einige Schritte rückwärts und schaue das Gesamtbild deiner Aufstellung an. Spüre, ob sich jetzt etwas für dich verändert. Wie ist die Energie im Raum?

3. Sprich mit deinen Ahnen

Jetzt geht es weiter: Du nimmst „ins Blaue“ Kontakt auf. Stelle dir vor, du schaust alle Ahnen, die diese Gefühle haben, an. Dein Blick geht zu den Stühlen für die Ahnen und jeweils auch dahinter, du schaust weit über viele Generationen hinweg.

Sprich zu ihnen, lass dir Zeit beim Sprechen der Sätze, sodass du jeden Satz auch fühlen kannst und die Bedeutung dahinter erahnen kannst:

„Liebe Ahninnen und Ahnen, ich bin eure Nachkommin/euer Nachkomme und ich fühle heute noch eure Gefühle. Ihr habt Schlimmes erlebt und manche von euch haben auch Schlimmes getan.

Ihr seid schon lange gestorben, doch etwas ist bis heute nicht in Frieden gekommen. Ich achte euer schweres Schicksal, auch wenn ich nichts darüber weiß.
Möget ihr ganz euren Frieden finden und mögen helfende Kräfte euch dabei begleiten".

Und dann verneigst du dich tief vor allen, ohne zu wissen, was genau geschehen ist und lässt die Gefühle, die zu ihnen gehören, bei jedem Ausatmen zu ihnen fließen.
„Diese Gefühle gehören mir nicht, es sind eure."

Nehme dir Zeit und verweile ein paar Atemzüge und stelle dir vor, dass du bei jedem Ausatmen alles, was nicht deine Gefühle sind, zu ihnen, in ihr jeweiliges Grab fließen lässt. Du musst dabei nicht wissen, was deins ist und was nicht. Es reicht die Vorstellung, dass alles zu ihnen fließt, was nicht zu dir gehört.
Dann sage zu ihnen: *„Ich liebe meinen Mann/meine Frau, bitte segnet mich und unsere Liebe."*

Wenn du diese Übung vertiefen möchtest, verneige dich einzeln vor jedem Gefühl mit dem dazu gestellten Platzhalter, der den jeweiligen Ahn oder die jeweilige Ahnin repräsentiert.

Gebe alles, was du fühlst, zu jedem Platz einzeln zurück und sage: „Diese Gefühle gehören mir nicht, es sind deine" und bitte den Ahn oder die Ahnin jeweils einzeln um seinen oder ihren Segen. In unserem Beispiel machst du das Ganze also viermal, da vier Gefühle und die jeweiligen Ahnen dazu aufgestellt worden sind.

Falls du auch Konkretes aus deiner Familiengeschichte weißt, kannst du auch einen Stuhl konkret benennen, zum Beispiel so: „Das ist Uroma Frederike, sie hat beide Eltern als Baby verloren und fühlt sich haltlos und verloren." Dann kannst du diese Person, von deren Schicksal du weißt, auch konkret in deine Übung einbeziehen.

4. Was hat sich verändert?
Jetzt im vierten Schritt spüre, was sich in dir verändert hat. Wie geht es dir? Ist etwas anders, leichter, herzlicher oder friedlicher geworden?

Schaue jetzt innerlich auf deine Liebste/deinen Liebsten.

5. Fehlt noch was?
Als fünfter Schritt ist hier die Frage wichtig, ob noch etwas gebraucht wird. Manchmal fehlt noch etwas, damit es rund werden kann in einem Konflikt, unabhängig von der Geschichte der Ahnen. Beispielsweise kann auch das verletzte innere Kind bei Konflikten heftig um sich schlagen und braucht Halt, Trost und Verständnis. Falls das bei dir der Fall sein könnte, kann es wichtig sein, noch ein Kissen oder Ähnliches symbolisch für dein inneres verletztes Kind in den Arm zu nehmen. Nehme das Kissen symbolisch für deine innere Kleine, deinen inneren Kleinen auf den Schoß und halte es sicher und liebevoll mit der Haltung:
„Ich kümmere mich um dich!"

Vielleicht gibt es noch andere Aspekte, die du persönlich brauchst. Füge sie hinzu. Probiere aus, was noch gebraucht werden könnte und spüre die Wirkung.

Schaue dann innerlich wieder auf deinen Partner/deine Partnerin. Wahrscheinlich wird sich einiges verändert haben. Vielleicht möchtest du ihm/ihr etwas erzählen, wenn der richtige Zeitpunkt gekommen ist ...

Vielleicht möchtest du auch zusätzlich die Unterstützung eines erfahrenen Familienaufstellers annehmen. Damit ist die Gefahr, dass ihr euch ineinander verhakt, weniger groß.

Wut zerstört die Liebesbeziehung 6

Besonders brisant wird es für eine Paarbeziehung, wenn es um Wut und Aggression geht. Wut, Aggression und Gewalt haben häufig ihre Wurzeln in der Familiengeschichte. Der Ursprung liegt oft sehr weit zurück. Es gibt Täter und Opfer. Aber noch davor gab es Opfer, die den Täter erst zum Täter werden ließen. Diese waren Angehörige der Familie oder der Dorfgemeinschaft des Täters, Menschen, die der spätere Täter sehr geliebt hat und die auf schlimmste Weise umgebracht wurden. Hier wurden nicht nur Menschen getötet, sondern auch Liebe und Mitgefühl vernichtet. Die Trauer um die geliebten Menschen war viel zu groß, als dass sie gefühlt werden konnte. Die betäubte Trauer ist umgeschlagen in Hass und Rache. Das hat wieder neue Opfer hervorgebracht. Genau hier ist die Quelle für Heilung und echte Liebe.*

Übermäßige Wut ist Sprengstoff für eine Paarbeziehung. Sie kann so verletzend sein und so vieles kaputtmachen. Oft bleibt ein Scherbenhaufen zurück und es braucht Zeit, damit sich Vertrauen wieder einstellen kann. Wenn es dir gelingt, dich diesem ungeliebten Thema zu stellen, können große Geschenke auf dich warten.

Bei massiver Wut geht es oft um Ahnen, die weit vor eurer Zeit gelebt haben und noch nicht im Frieden sind. Sie warten darauf, angeschaut zu werden. Damit es endlich vorbei sein darf. Ein erster und wichtiger Schritt zur Heilung ist, sich seine eigene Wut einzugestehen. Das klingt leicht, ist es aber nicht. Wer möchte schon fühlen, dass in ihm Wut und Aggressionen sind, die zerstörerisch und gefährlich sein können. Die meisten von uns möchten niemandem schaden oder verletzen.

*Zu diesem Thema schreiben wir an einem weiteren Buch mit dem voraussichtlichen Titel: *„Die große Revolution des Herzens – Schlimmes in Liebe heilen."*

Wenn du von diesem Thema betroffen bist oder dein Partner damit zu tun hat, möchten wir dich einladen, im geschützten Rahmen deine Wut zu beobachten. Im geschützten Rahmen, bei dem du niemanden gegenüber zur Rechenschaft verpflichtet bist, kannst du deine Gefühle beobachten. Vielleicht bist du wütend, weil du dich von deinem Partner nicht geachtet fühlst oder etwas anderes schiefgelaufen ist. Lass die Wut da sein und beobachte sie.

Nehme wahr, welche Qualität diese Wut hat.

Manchmal kann es sein, dass du gerne um dich schlagen und trampeln möchtest: *„Ihr seid doch alle blöd!"* Diese Art von Wut gehört meistens zum kindlichen Teil in uns. Es ist die Wut des kleinen Kindes, welches kein Halt bekommen hat und viel zu früh allein war. Hier ist es gut, dich mit diesem inneren kindlichen Teil zu verbinden und ihm Trost, Mitgefühl und Liebe zu geben.

Manchmal hat die Wut aber noch eine ganz andere Qualität und geht weit über dich und deine Beziehung hinaus. Wenn du dich ließest, würdest du am liebsten jemandem den Hals umdrehen oder ein Messer in den Rücken rammen oder anderes Schlimmes tun. Vielleicht gibt es auch das Gefühl, dass du dies am liebsten mit dir selbst machen würdest.

Keine Angst, du wirst das nicht tun. Du hast noch ganz andere Seiten und Handlungsmöglichkeiten in dir. Es geht hier nur darum, diese Seite auch wahrzunehmen. Das ist der sicherste Weg, dass nichts passiert, nichts passieren muss. Es sind die abgespaltenen Gefühle, die gefährlich werden können, nicht die, die wir anschauen können. Durch das Anschauen und Achten verlieren sie an Macht. Es gibt ja auch noch die andere Seite in dir, die den Anderen sehr liebt.

Manche kennen das Gefühl auch aus anderen Situationen: *„Wenn ich die Wut, die ich in mir spüre, wirklich ausleben würde, habe ich Angst, jemanden etwas anzutun. Ich könnte jemanden umbringen"*.

Wenn du dieses oder Ähnliches fühlst, kannst du sicher sein, dass Ähnliches vor deiner Zeit passiert ist. Diese Gefühle gehören dir nicht, du bist unschuldig. Sie gehören zu Ahnen vor deiner Zeit, die darauf warten, dass endlich Frieden ist und es vorbei sein darf. Manche trennen sich lieber oder bleiben in der Rolle des Opfers, als sich der eigenen Aggression und Wut zu stellen. Es muss zu schlimm gewesen zu sein, als dass da jemals wieder hingeschaut werden kann. Dabei ist es gerade das, was helfen würde, damit endlich etwas in Frieden kommen kann.

Die Schicksale und vor allem die Opfer, die es gegeben hat, möchten angeschaut und geachtet werden. Dahinter wartet oft Liebe, die Liebe zu den Opfern und auch die Liebe zu dem oder den Tätern. Das sind sehr große Themen, die oft Zeit und sehr viel Mitgefühl und Achtung für alle Seiten benötigen.

Wut zerstört die Liebesbeziehung – ein Beispiel

Diese im Liebesleben besonders brisante und Unglück bringende Verbindung mit Ahnen, die immer noch wüten und toben, möchten wir in einem Fallbeispiel zeigen.

Holger (43) ist ein erfolgreicher Geschäftsmann mit einer gewinnenden und sympathischen Ausstrahlung. Er hat zwei Kinder mit zwei Frauen und ist jetzt mit einer anderen Frau zusammen. Er ist bestürzt, dass die Liebesbeziehungen mit den Müttern seiner Kinder nicht gehalten haben und ist jetzt, mit der dritten Frau in Folge, in einer ähnlichen Situation. Er erzählt uns seine Geschichte:

Was reitet mich, dass ich immer wieder wütend bin?
„Ich liebe Frauen. Ich liebe die Mütter meiner Kinder, auch wenn wir kein Paar mehr sind. Mit meiner neuen Liebe rutsche ich wieder in ähnliche Geschichten, die mich mit den beiden anderen Frauen auseinandergebracht haben, was ich sehr bedaure. Nach einer langen und meist sehr, sehr schönen und intensiven Zeit der

Verliebtheit passieren Streits. Ich weiß gar nicht, wie sie genau beginnen, die Konflikte sind da. Bei manchen Äußerungen meiner jeweiligen Partnerinnen gehe ich an die Decke und fühle mich nicht geachtet, unwürdig behandelt und gar nicht gesehen. Auch meine Partnerinnen sind sauer.

Es knallt dann so heftig, dass ich mich danach tagelang zurückziehe. Nach einigen Tagen beruhigt sich der Streit wieder, aber es bleiben Narben zurück, etwas Schales. Und das, obwohl ich die Frauen toll finde und liebe. Nach einigen Jahren hat sich so vieles angesammelt, dass nichts mehr geht. Die Paarberatungen, bei denen wir Unterstützung gesucht haben, haben nicht viel gebracht. Die Beziehungen gingen auseinander und meine geliebten Töchter blieben die meiste Zeit bei den Müttern. Die Trennungen und die Unterhaltszahlungen sind sehr teuer. Diese Geschichte ist mir zweimal sehr ähnlich passiert. Obendrein hat der Rechtsanwalt meiner ersten Frau bei der Scheidung mehrfach Öl ins Feuer gegossen und die Spannungen zwischen uns noch verstärkt und den Kontakt zu meiner Tochter sehr erschwert. Ich habe Angst, dass mir jetzt das Gleiche wieder blüht und möchte alles tun, was ich kann, damit das nicht wieder geschieht.

Meine Freundin sagt mir, dass ich ein völlig anderes Gesicht habe, wenn ich so wütend bin, so als wäre das nicht ich. Sie hat Angst vor der Wut und der Gewalt, die mein Gesicht dann ausstrahlt. Als ich das meinen Ex-Frauen jeweils erzählt habe, haben sie mir das gleiche auch bestätigt. Ich erinnere mich, dass ich auch in den Gesichtern „meiner" Frauen im Streit ganz andere Gesichter gesehen habe. Was hat das alles mit mir zu tun? Was hat das mit ihnen zu tun? Die Erklärungen der Paartherapeuten damals haben mich nicht befriedigt und uns nicht wieder zusammengebracht. Es gab keine Lösung. So schade.

Erst mehrere Familienaufstellungen haben endlich Licht in diese dunklen Abgründe gebracht: In einer Aufstellung zeigt sich, dass ich mit einem Ahn verbunden bin, der viel Schlimmes erlebt hat. Für diesen Ahn wurde ein Stellvertreter ausgewählt und in den Raum gestellt. Er hatte folgende Bilder: Ihm wurde ein Verbrechen angedichtet, welches er aber nicht begangen hatte. Er wurde um seinen Besitz betrogen, von Frau und Kindern getrennt und ausgeschlossen und dann mit Schimpf und Schande aus dem Dorf gejagt. Geschunden und bettelarm starb er voller Hass und Gram.

Ich fand diese Bilder aus einer anderen Zeit sehr berührend. Soll ich wirklich mit diesem Schicksal verbunden sein und diese Gefühle wahrnehmen? War das wirklich so? Ich wurde vom Leiter eingeladen, so zu tun, als ob es genauso war, wie es der Stellvertreter gesehen hat. Der Leiter bat mich, diesem Mann während der Aufstellung noch einmal kurz sein Leben zu schildern.

Ich habe diesem Mann, vielleicht mein Ur...opa, noch einmal erklärt, was er alles erlebt hat und wie sehr er im Zorn war und wie unglücklich er gestorben ist. Ich sagte ihm, dass ich manchmal so fühle, wie er sich gefühlt haben muss. Dann habe ich alle Informationen, alles Unrecht und alles Unglück, was ich von ihm trage und in mir spüre, ihm zurückgegeben.

Dazu habe ich mir vorgestellt, einen schweren Rucksack voller Steine mit mir herum zu schleppen. Diesen Rucksack habe ich geöffnet und die Steine, die zu seiner Geschichte gehören, in sein Grab gelegt. Es waren viele und sehr schwere Steine. Diese gehören mir nicht. Dann habe ich mich tief vor seinem Schicksal verneigt und mit jedem Mal ausatmen, zu ihm zurück geatmet, was ich noch von ihm trage.

Es wurde tatsächlich mit jedem Atemzug etwas leichter in mir. Ich konnte es kaum glauben, doch mein Gefühl war sehr deutlich. Etwas stimmt an den Bildern, ganz egal, wie es nun wirklich genau war.

Nun fange ich an zu verstehen. Vieles von der immensen Wut, die ich bei Streits mit „meinen“ Frauen gespürt habe, gehört nicht wirklich zu mir. Das war mir überhaupt nicht klar. Ich hätte schwören können, dass dieses Gefühl von Nicht-Achtung und

Verrat wirklich mit dieser kleinen, relativ oberflächlichen Meinungsverschiedenheit mit meinen früheren Partnerinnen zu tun hatte. Ja. Es war wirklich „mein" Gefühl. Ich habe mich für meine Wut und den daraus entstandenen Schaden sehr verachtet. Ich bin schockiert, dass ich am ganzen Körper, mit jeder Zelle so tief etwas fühlen kann und für „wahr" halte, was gar nicht aus meinem Erleben kommen kann. Mein Verständnis von „Wahrheit" und „Wirklichkeit" ist gründlich durcheinandergekommen. Ich habe viele Wochen gebraucht, um zu erahnen, wie schwer das Schicksal meines Ahns war und wie sehr er gelitten hat. Ich habe für seine Seele gebetet und darum, dass er seinen Frieden finden möge.

Mit meiner Freundin habe ich das ***‚Liebes- und Rückgaberitual zu den Ahnen'*** *zu Hause gemacht* (dieses beschreiben wir im nächsten Kapitel genauer, Anm. d. Autors). *Wir haben beide ins Unbekannte hinein unsere Ahnen und die Ahnen unseres Partners gewürdigt und unsere Gefühle, die zu ihnen gehören, zurückgegeben. Die Blicke in die Augen des anderen waren sehr tief, wie auf den Grund der Seele. Wir waren sehr überrascht, wie viel tiefer wir uns beide danach, als wir selbst und als Mann und Frau begegnet sind.*

Ich habe jetzt die Vermutung, dass die Mütter meiner beiden Kinder auch mit einem unglücklichen Ahn oder einer unglücklichen Ahnin verbunden sind und dass sich unsere Konflikte unheilvoll miteinander verhakt haben, weil bei beiden Seiten anderes Unbefriedetes mit im Spiel war. Die Ahnen haben bei unseren Konflikten gründlich mitgemischt. Leider."

Liebes- und Rückgaberitual zu den Ahnen 7

Wir stellen jetzt ein großes und wichtiges Ritual vor, das wir auch Holger im vorigen Kapitel als „Hausaufgabe" vorgeschlagen haben. Bei diesem Ritual gibt es vieles zu entdecken und möglicherweise vieles zu heilen. Ob wir es wollen oder nicht, wir sind sehr tief mit dem verbunden, was unsere Ahnen erlebt haben. In seltenen Fällen wissen wir etwas darüber. Manchmal kommen mit der Zeit Fakten und Informationen von Verwandten dazu, wenn man seine Tanten, Onkel und die Großeltern befragt, wenn es noch möglich ist. Manchmal zeigen sich in einer Aufstellung sehr deutliche Bilder, die den Fragesteller sehr erschüttern und berühren. Dann ist da sicher etwas Wahres und Heilung-Bringendes dran. Oft aber fischt man gründlich im Trüben, wenn es darum geht, was da alles passiert sein könnte.

So sehr auch die persönliche Not manche Suchenden und deren Stellvertreter in Familienaufstellungen zu lebhaften Fantasien beflügelt, was alles passiert sein könnte, möchten wir dir sehr davon abraten, dich engagiert in Spekulationen und Fantasien zu verlieren. Damit verlierst du den tiefen Kontakt zu dir. Wenn Bilder dich tief berühren oder aber im Gegenteil dich in einen Schockzustand versetzen, in dem du gar nichts mehr fühlst, kannst du sicher sein, dass du in Resonanz mit der Wirklichkeit bist: Es wirkt und ist daher irgendwie wahr.

Wenn du aber bei Bildern und Eindrücken „in den Kopf" gehst, ohne eine Verbindung zu dir und deiner Wahrnehmung und zu deiner Frage zu haben, stimmt etwas nicht. Wahrscheinlich ist dir oder einem Stellvertreter die Fantasie durchgegangen und die Bilder sind nicht in Resonanz mit dem, was vor langer Zeit passiert ist. Es wirkt nicht.

Die Bilder, die kommen, zeigen, wie es passiert sein könnte. Ob es wirklich genau so war oder nicht, wissen wir nicht. Manchmal zeigen die Bilder auch die Energie der Situation, die sich dann in diese Bilder übersetzt. Ob sich das Ereignis wirklich im Dreißigjährigen Krieg abgespielt hat oder doch zu einer anderen, jüngeren Zeit, ist nicht von Bedeutung, ebenso wenig, ob es genauso war oder etwas anders. Es geht darum, die Ahnen in ihren Schicksalen wahrzunehmen, damit endlich Frieden kommen kann und es vorbei sein darf.

Wir möchten dich einladen, ein Ritual, eine Liebesübung für deine Ahnen durchzuführen, die völlig ins „Blaue" geht. Du brauchst dafür rein gar nichts darüber zu wissen, was mit deinen Ahninnen und Ahnen vor langer Zeit passiert ist. Dieses Ritual wirkt auch, wenn du es ohne Wissen über Ereignisse durchführst. Wenn es dir und/oder einer oder mehreren Seelen von längst Gestorbenen guttut, wirst du es spüren. Etwas wird dann leichter und friedlicher. Wenn du dieses Ritual achtungsvoll und in Demut auch dem vielen Unbekannten gegenüber durchführst, kannst du damit niemandem schaden. Das Ritual ist keine Geisterbeschwörung oder spiritistische Sitzung, sondern eine Liebesgeste für deine Ahnen und für dich.

Du kannst dieses Ritual allein durchführen und für dich wichtige Erfahrungen machen. Noch grundlegender kann es sein, dieses Ritual als Paar zu machen. Dafür bereitet ihr euch zunächst im ersten Teil jeder allein vor und macht den zweiten Teil gemeinsam.

Wenn ihr dieses Ritual als Paar durchführt, schaut euch danach tief in die Augen und nehmt euch Zeit für eure Begegnung. Ihr werdet euch sehr wahrscheinlich auf einer sehr viel tieferen Ebene begegnen als vor dem Ritual. Dieses Ritual kann euch sehr verbinden und möglicherweise eine lange und tiefe Liebe begünstigen. Es ist ein großes und wichtiges Ritual, wenn du in Liebesdingen wirklich in die Tiefe gehen möchtest. Du kannst etwas auf einer Ebene erfahren, die wahrscheinlich noch in keinem anderen Paarbuch erwähnt wurde.

Konfliktlösung: Liebesritual für dich und deine Ahnen ins Blaue – Rückgabe an die Ahnen

Wenn du dieses Ritual machen möchtest, schaffe dir einen ungestörten Raum mit etwas Platz. Schalte die Klingel und dein Handy ab. Du brauchst mindestens 2 Kissen oder Stühle als Platzhalter für dich und deine Ahnen, eventuell auch mehr Platzhalter und etwa eine Stunde Zeit. Wenn ihr das Ritual zu zweit als Paarerfahrung machen möchtet, nehmt euch dafür mindestens zwei Stunden Zeit. Die erste Hälfte ist jeder allein für sich, gerne im selben Raum, und den zweiten Teil gestaltet ihr gemeinsam.

Verbinde dich mit deinem Thema und deiner Frage

Wir raten davon ab, dieses Ritual aus Neugierde oder „just for fun" zu machen. Du hast sicher tieferliegende Gründe, das alles überhaupt zu lesen. Etwas hat dich veranlasst, dieses Buch zu kaufen oder zu leihen. Dahinter ist ein Wunsch, ein Hunger oder eine Not. Vielleicht hast du dich gerade mit deinem Mann oder deiner Freundin gestritten. Vielleicht hast du brennende Fragen, mit denen du nicht weiterkommst. Nehme dir Zeit für dich und deinen Wunsch oder deine Frage. Nehme auch unangenehme Gedanken und Gefühle wahr und weiche ihnen nicht aus.

Die Frage könnte beispielsweise so heißen: *„Warum bin ich auf Sam so extrem wütend, wenn er ... macht? Gibt es auch etwas bei mir, das angeschaut werden möchte oder etwas braucht?"* Erkunde dich achtungsvoll mit dieser Frage. Wie geht es dir?

Welche Gefühle tauchen auf, wenn Sam .... macht? Was würde ich am liebsten mit Sam tun?

Oder aber ein anderes Beispiel: *„Warum bin ich so extrem panisch, wenn Angelika .... macht? Warum schlage ich dann um mich und könnte heulen?"* Welche Gefühle tauchen auf? Was würdest du am liebsten mit Angelika tun?

In diesem Ritual schauen wir jetzt ganz bewusst nur auf den Teil, der mit den Erlebnissen deiner Ahnen verbunden ist. Eigene Verletzungen aus der Kindheit und der Schwangerschaft lassen wir hier aus, obwohl diese oft auch eine große Rolle für Konflikte und Schwierigkeiten spielen. Dafür gibt es andere Methoden und Übungen, die alle auch wichtig sind und ihren Platz haben – aber nicht jetzt. Nur so kannst du direkt erfahren, ob sich etwas verändert, wenn du dich der Geschichte deiner Ahnen zuwendest.

1. Ahnen - Rückgaberitual allein

Stelle einen Stuhl für dich auf. Gegenüber in ca. 2,5 m Abstand stellst du einen Stuhl für deine Ahnen auf, die mit dieser Frage verbunden sind oder lege hierfür jeweils ein Kissen auf den Boden. Die Stühle oder das Kissen dienen als Platzhalter, sodass du und deine Ahnen einen Platz im Raum bekommen. Schon jetzt wird sich die Energie im Raum verändern.
Stelle dich hinter deinen Stuhl und schau zu deinen Ahnen. Stelle dir vor, deine Ahnen – jeweils die, um die es in dieser Frage geht, stünden hinter dem zweiten Stuhl oder Kissen. Sprich jetzt zu deinen Ahnen – zu wem auch immer – du musst nicht wissen, wer da wäre. Wenn du Aufstellungen schon einmal erlebt hast, stelle dir als Hilfe vor, dass an dieser Stelle Stellvertreter für deine Ahnen stehen, denen du in die Augen schauen kannst.

Wenn du noch keine Aufstellungen erfahren hast, dann stelle dir vor, dort stehen tatsächlich Menschen, denen du in die Augen schauen kannst. Du musst nicht wissen oder „sehen“, wie diese aussehen, das ist völlig egal. Stell dir einfach vor, dort steht tatsächlich jemand. Deine Augenhöhe ist auch deren Augenhöhe. Wichtig ist, dass du sie in deiner Vorstellung anschaust, auch wenn du tatsächlich nichts siehst. Stell dir einfach nur vor, dass die, zu denen du sprechen möchtest, dort sind und dich hören und sehen können. Viele nehmen eine bestimmte Energie auf diesen Plätzen war. Aber auch wenn du nichts wahrnimmst, mache trotzdem dieses Ritual mit der Vorstellung: Deine Ahnen hören dich. Für unseren westlichen Verstand ist das oft nicht verstehbar. Für viele andere Kulturen sind Ahnenrituale völlig selbstverständlich.

Dann sagst du zu ihnen: *„Lieber Ahn/Liebe Ahnin oder: Liebe Ahninnen/ Ahnen.“*
Fühle, welche Ansprache jetzt im Moment die stimmigste ist: Einzahl/Mehrzahl – männlich/weiblich. Wenn du nicht sicher bist, probiere es aus. Sage die verschiedenen Formen in den Raum hinein und fühle, welche Ansprache jetzt im Moment die meiste Kraft hat. Bitte mache es für die jetzige Ansprache passend. Der Übersichtlichkeit halber verzichten wir auf Genauigkeit und beschränken uns auf die Einzahl männlich, haben aber alle anderen Möglichkeiten im Blick.

„Ich fühle ... in mir.“
Erzähle ihm von deiner Traurigkeit, deiner Wut, deiner Ohnmacht, deinem versteinert Sein, deinem Konflikt oder was auch immer deine Frage ist und dich drückt.
Dann sprich weiter zu ihm:

„Das ist sehr schwer für mich. Ich ahne (welch' ein wichtiges und richtiges Wort hier)*, dass ich auch deine Gefühle fühle. Du hast sehr gelitten. Du bist schon lange gestorben. Doch deine Gefühle sind bis heute nicht zur Ruhe gekommen. Sie leben auch in mir noch weiter.*

Ich lege jetzt alle diese Gefühle, die zu dir gehören in dein Grab. Falls du nie ein Grab bekommen hast, so gebe ich dir jetzt in meinem Geiste ein Grab und lege in Liebe und Achtung Blumen darauf. Du hast einen Platz in meinem Herzen“.

Ziehe jetzt die Energie, die Information, die Spannungen etc., die in deinem Körper sind, heraus. Du greifst mit deinen Händen in das Energiefeld um deinen Körper herum, zu den Stellen, die besonders betroffen sind, wie beispielsweise das Herz, der Magen oder der Bauch und du ziehst diese Energien heraus. Stell dir vor, dass du die Energien und Informationen wie unsichtbare Fäden aus deinem Körper ziehst. Diese Energien legst du auf den Platzhalter für den Ahn, zu dem dies eigentlich gehört. Jetzt wird dieser Stuhl oder dieses Kissen symbolisch zum Grab von diesem Ahn. Mach diese Bewegung mehrfach und erkläre auch deinem Ahn, was genau du herausziehst. Dann atme mehrfach tief aus, während du diese Energien und Informationen zurückgibst. Atme die Energien, die Traurigkeit, die Wut, die Spannungen, das Leid etc. bewusst zurück zu deinen Ahnen. Nehme dir für diesen Teil des Rituals etwa fünf Minuten Zeit.

Dann sagst du zu dem Ahn:
„Du hast sehr gelitten. Du bist schon lange gestorben. Mögest du jetzt deinen Frieden finden. Mögen helfende Kräfte dich begleiten und unterstützen.“
Oder wenn es dir mehr entspricht, sagst du:
„Mögen helfende Engel dich begleiten und unterstützen.“

Vielleicht möchtest du jetzt noch ein Gebet für diese Seele sprechen, eine oder mehrere Kerzen anzünden und/oder etwas singen. Lasse dich von deinem Herzen und deiner Intuition leiten. Vielen unerlösten Seelen tun Gebete und Kerzen sehr gut, aber spüre und entscheide für dich, was stimmig ist. Nehme Gebete, Mantras oder Gesänge aus einer spirituellen Tradition, die dir entspricht. Wir machen im Kapitel „Gebete“ Vorschläge, es liegt uns aber fern, eine neue Religion zu gründen. Viele Traditionen haben sehr helfende und kraftvolle Rituale. Spüre in den Raum hinein, ob das, was du tust, guttut und es friedlich und still im Raum wird. Wenn es ruhig und still wird, hast du sicherlich ETWAS Richtiges und Hilfreiches getan.

Sei dir bitte bewusst, dass es nicht DAS Richtige gibt. – DAS ist die Grundlage für Ausgrenzung und Religionskriege. Mögen diese Unglück bringenden Unterscheidungen endgültig aufhören. Es gibt viele richtige Wege und Möglichkeiten.

Dann trittst du einen Schritt zurück, und du nimmst das ganze Bild in der Gesamtperspektive wahr. Spüre die Energie im Raum und sage etwas wie:
„Lieber Ahn, du hast so gelitten. Ich achte dich und dein Schicksal. Ich bin ein Nachkomme/eine Nachkommin. Das Leben ist trotz allen Leids gut weitergegangen. Bitte segne mich und mein Leben."
Dann verneigst du dich vor diesem Ahn.

Trete noch einen weiteren Schritt zurück und drehe dich jetzt um 180 Grad weg von dem Ahn und stelle dir vor, du schaust jetzt auf dein eigenes Leben, auf deine Lieben, deine Freunde, deine Arbeit, deine Freuden etc. Wenn du dich jetzt leichter fühlst und du leichter atmen kannst als vor dem Ritual, kannst du sicher sein, dass etwas Gutes geschehen ist, auch wenn du es nicht benennen kannst und gar keine Idee hast, was da Schlimmes passiert sein könnte.

Du kannst dieses Ritual natürlich auch ganz konkret mit einer Vorfahrin/einem Vorfahren machen, dessen Geschichte du kennst. Wenn beispielsweise deine Oma ihre Mutter als Säugling verloren hat, da die Urgroßmutter im Kindbett starb, kannst du auch alle Gefühle zu ihr zurückgeben und spüren, was sich in dir verändert. Du kannst dieses Ritual immer wieder variieren und neu gestalten. Du kannst es mit einem bestimmten Ahn durchführen oder mit mehreren Ahnen und vieles ausprobieren. Wenn du das achtungsvoll und mit Mitgefühl für das manchmal unermessliche Leid, das die Ahnen erlebt haben, oder manchmal auch die unermessliche Schuld, die sich manche Ahnen aufgeladen haben, durchführst, kannst du nichts falsch machen.

Gesegnet sei, was hilfreich ist, guttut und befreit – dich und manchmal, wenn es sein darf, auch deine Ahnen.

2. Ahnen-Rückgaberitual als Paar

Wir führen hier Angelika und Matthias durch das Ritual. Bitte ersetzt die Namen durch eure eigenen. Nachdem ihr beide den ersten Teil des Rituals für euch allein ausgeführt habt, kommt beide zusammen.

Stellt zunächst die Stühle an die Seite. Diese werden im zweiten Teil gebraucht. Stellt euch beide im Abstand von etwa 2 Metern gegenüber. Schaut euch in die Augen und atmet sanft.

Nehmt wahr, wie ihr euch anschaut, ohne etwas zu bewerten oder anders haben zu wollen. Haltet diesen Blick etwa 2 Minuten ohne zu sprechen. Du stehst für dich und deine Partnerin steht für sie selbst. Nur ihr zwei.

Dann stellt beide jeweils einen Stuhl, der jeweils deinen Ahn oder deine Ahninnen vertritt hinter euch. Das sieht dann so aus: Angelika stellt einen Stuhl seitlich hinter sich, in einem Abstand von etwa einem Meter.

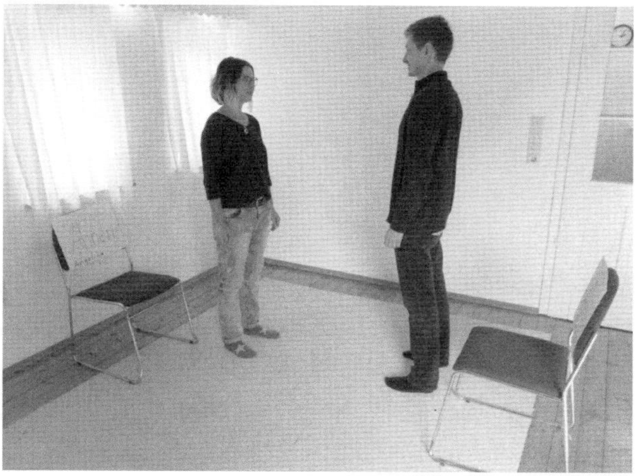

Matthias macht das Gleiche.

Schaut euch beide weiterhin in die Augen und nehmt wahr, was sich verändert, wenn jetzt sind die Ahnen dazu gekommen, die für die Fragen wichtig sind, die ihr euch gestellt habt. Nehmt erst einmal wahr, wie sich die Energie im ganzen Raum ändert und was sich zwischen eurem Blickkontakt ändert.

Dann beginnt einer von euch mit dem gemeinsamen Ritual. Ihr stellt euch nebeneinander. Ihr einigt euch darauf, dass zunächst Angelika das Ritual macht und ihre Ahnen Matthias vorstellt.

Ihr schaut gemeinsam auf den Stuhl, der die Ahninnen von Angelika vertritt, die bei dieser Frage wichtig sind. Vielleicht nimmt Angelika eine Hand von Matthias.

Angelika spricht ihren Partner direkt an:

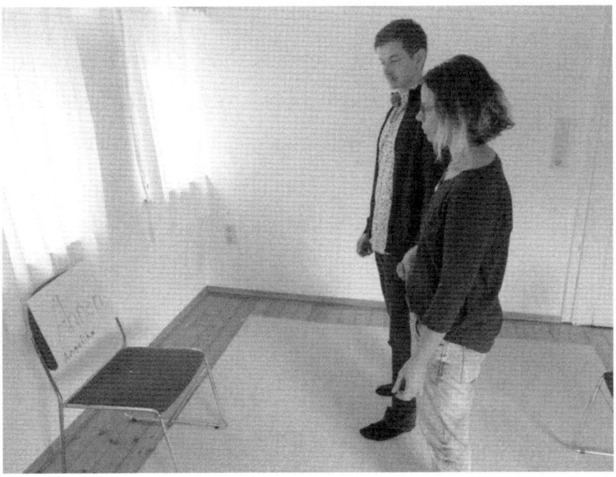

„Lieber Matthias, das sind meine Ahninnen, die sehr gelitten haben. Sie haben .... erlebt. (Wenn du, Angelika, Bilder hast oder etwas darüber weißt, dann füge es bitte ein.) *Sie haben so sehr gelitten, dass ihre Seelen bis heute nicht in Frieden sind, auch wenn sie schon lange tot sind.“*

Angelika wendet sich jetzt, mit Matthias an der Hand, ganz ihren Ahnen zu und spricht sie direkt an:
„Liebe Ahninnen, ich bin eine Nachkommin von euch. Ihr habt so sehr gelitten, dass ich es noch heute am eigenen Körper fühle. Ich fühle euer Leid (... eure Wut, den Verrat, die Folter etc. ...). Ich trage es mit euch und vielleicht sogar für euch. Ihr seid schon lange gestorben. Möget ihr jetzt euren Frieden finden. Mögen helfende Kräfte euch begleiten und unterstützen. Ich verneige mich jetzt zusammen mit meinem Liebsten, Matthias, vor eurem Leid und vor eurem Schicksal."

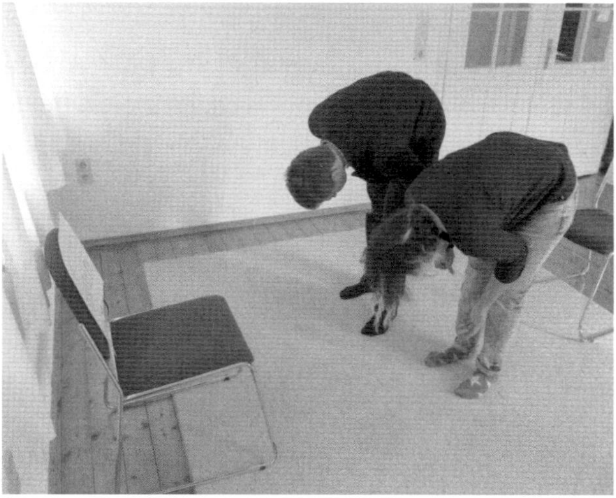

Dann verneigt euch gemeinsam vor dem Leid und dem Schicksal der Ahninnen von Angelika. Erst nach der Verneigung bittet Angelika um Segen. *„Ihr habt einen Platz in meinem Herzen. Bitte segnet unsere Liebe und unser Glück."*

Nach einigen Momenten des Nachklingens wechselt ihr die Seite des Raumes und stellt euch vor den Stuhl, der die Ahnen von Matthias vertritt.

Dann macht Matthias es genauso. Zuerst stellt er die Ahnen vor und spricht seine Ahnen an. Dann verneigen sich beide gemeinsam vor den schweren Schicksalen aus Matthias' Linie. Matthias bittet um Segen.

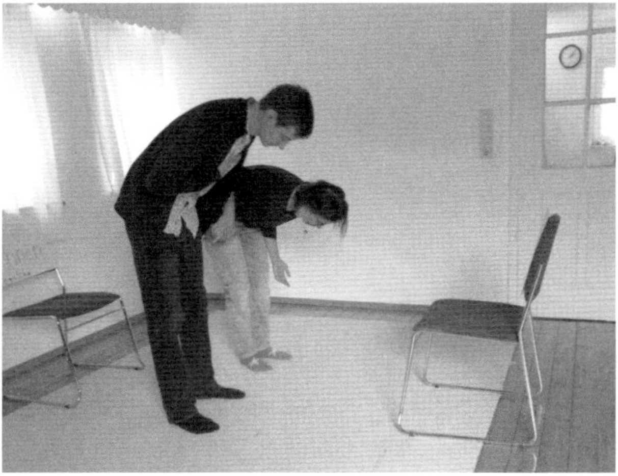

Nach einigen Momenten des Nachklingens stellt euch beide wieder gegenüber, mit dem jeweiligen Stuhl, der die Ahnen vertritt, schräg hinter euch. Schaut euch in die Augen und nehmt euch Zeit für das, was jetzt zwischen euch ist. Teilt eure Empfindungen und eure Erfahrungen behutsam.

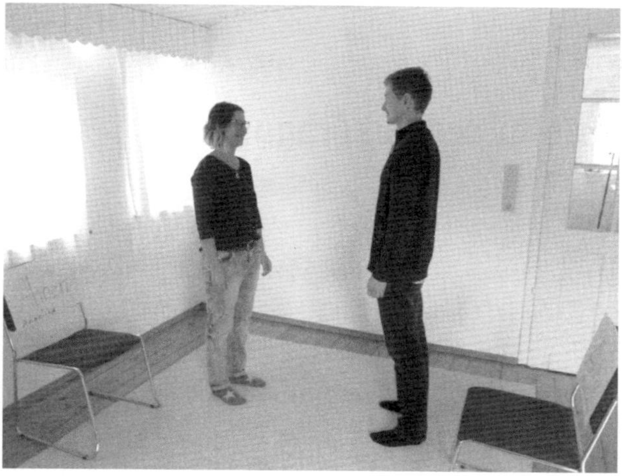

Sehr häufig schauen sich Paare nach diesem Ritual völlig anders an. Mit mehr Seelentiefe, aber auch Lust, Sinnlichkeit und Verbundenheit. Der Mann ist mehr Mann und die Frau mehr Frau. Es ist eine Begegnung des Lebens in voller Tiefe und Verantwortlichkeit, wenn alle Ahnen und die Geschichte des Partners eine Würdigung in Achtung bekommen. Erfahrt es selbst. Traut euch. Verändert und fügt hinzu, was noch gebraucht wird.

8 Unsere DNS – Traumata beeinflussen das Erbgut

„Traumata sorgen nicht nur für Narben in der Seele, sondern auch für Narben im Erbgut“. Dieses Zitat von Florian Holsboer, Depressionsforscher und Leiter des Max-Planck-Institutes in München, beschreibt eine weitere Verbindung, die wir zu unseren Ahnen haben.

Die Schicksale unserer Eltern, Großeltern, Urgroßeltern und Urur...großeltern wirken auf verschiedenen Ebenen bis zu uns weiter. Eine Ebene ist die Information des „wissenden Feldes“ in uns. Manche schwerwiegenden Ereignisse wie viele Jahre andauernde Hungersnöte, beispielsweise während des Dreißigjährigen Krieges, wirken bei manchen Nach-Nachkommen bis heute weiter. Informationen darüber werden von Stellvertretern in Systemaufstellungen formuliert, die ihre inneren Bilder mitteilen. Wir haben mehrfach beobachtet, wie Klienten von uns mit einer Fragestellung im Laufe der Zeit bei mehreren Familienaufstellern an unterschiedlichen Orten waren. Es war frappierend, dass verschiedene Stellvertreter an unterschiedlichen Orten unabgesprochen oft sehr ähnliche Bilder hatten.

Manche schwerwiegenden Ereignisse sind bis heute wirksam. Wir nennen das die energetische Informationsweitergabe.

Eine weitere Ebene von Informations- und Lastenweitergabe sind die von den Ahnen erlebten Gefühle. Emotionen und daraus entstandene Glaubenssätze werden über viele Generationen weitergereicht. Sie sind oft unausgesprochenen, aber dennoch hochwirksam. Zum Beispiel wirken Sätze wie *„Ich muss verhungern, wenn ich nicht Tag und Nacht arbeite“* oder *„Lieben bringt nichts als Unglück“* teilweise bis heute. Dies ist nicht mit dem Tod unserer Vorfahren vorbei. Das Echo hallt über viele

Generationen nach. Diese Glaubenssätze waren wahr und richtig, aber für heute stimmen sie nicht mehr.

Das Weitergeben von Erfahrungen geschieht aber auch rein „körperlich" auf Zellebene über die DNS bzw. die DNS in ihrem biochemischen Umfeld. Die Desoxyribonukleinsäure ist der spiralförmig angeordnete Informationsspeicher unseres Erbgutes. Im Englischen heißt Säure acid, daher wird international der Begriff DNA verwendet. DNA und DNS sind also ein und dasselbe. Die Epigenetik, eine noch recht junge Wissenschaft, beschäftigt sich mit dem Phänomen der Veränderung des Erbgutes durch Lebensumstände und Erfahrungen. Das, was ein Mensch erlebt und fühlt, verändert unser Erbgut. Es ist in der Regel nicht die DNS an sich, die sich verändert. Es ist die Umgebung um sie herum mit Molekülketten und verschiedensten biochemischen Prozessen, die verantwortlich dafür ist, welche Gene aktiviert oder deaktiviert werden. Oft wird die DNS mit einem Computer verglichen und die Molekülketten und biochemischen Substanzen als die Software, die zuständig ist, wie und was der Computer arbeitet.

Für uns sind es die bedeutendsten Erkenntnisse aus der Epigenetik, dass über diesen Weg tiefgehende Erfahrungen sogar im Erbgut gespeichert werden. Dazu gehören auch Traumata und daraus folgende Traumareaktionen, ebenso natürlich auch positive Erfahrungen wie beispielsweise eine geglückte und liebevolle Mutter-Kind-Bindung. Diese Veränderungen im Erbgut werden über die Samenzelle und die Eizelle an die nächste und damit auch die nächsten Generationen weitergegeben. Nachkommen der nächsten Generationen fühlen und handeln dann so wie derjenige, der das Trauma erlitten hat. Inwieweit die DNS selbst auch veränderbar ist, ist umstritten. Viele Forschungen darüber stehen noch in den Anfangsstadien.

Mark Wolynn hat in „Dieser Schmerz ist nicht meiner" diese Erkenntnisse sehr eingehend und spannend erläutert. Zwei Beispiele für die Vererbung von traumatischen Erfahrungen, die er beschreibt, möchten wir hier weitergeben: Männliche

Mäusebabys, die sehr früh von ihren Müttern getrennt wurden, zeigten lebenslänglich eine erhöhte Stressanfälligkeit. Bei ihren Nachkommen, die aber nicht früh von ihren Müttern getrennt wurden, konnte man über mehrere Generationen ähnliche Stressmuster beobachten.

Eine Untersuchung von Soldatenkindern, deren US-amerikanische Eltern im Irak oder in Afghanistan gedient hatten und die Angststörungen und Suchterkrankungen als posttraumatische Belastungsstörung (PTBS) entwickelt hatten, zeigt ebenso frappierende Ergebnisse: 30 Prozent der Kinder, von denen ein Elternteil im Krieg gedient hatte und PTBS-Symptome entwickelt hatte, entwickelten ebensolche Symptome wie ihr Vater oder ihre Mutter, obwohl sie nach deren Militärdienst geboren wurden.

Trauma ist also vererbbar. Das schließt aber auch ein, dass Glück vererbbar ist. Wir vermuten, dass tiefgehende Gefühle und Traumareaktionen durch ein „wissendes Feld“ und durch das Erbgut weitergegeben werden. Das genau zu analysieren und zu unterscheiden, ist für unser Vorgehen und Verstehen jedoch wenig von Bedeutung.

Für uns ist wichtig zu verstehen, dass die DNS, genau genommen die DNS in ihrer Funktionsweise, durch Visualisierungen veränderbar ist. Jede Zelle unseres Körpers enthält im Kern exakt die gleiche DNS. Die DNS ist der Plan der Gene, aber erst durch das Umfeld werden Gene aktiviert oder deaktiviert. Was in dem Umfeld geschieht und damit welche Gene aktiviert und deaktiviert werden, ist unter anderem von unseren Emotionen abhängig. Wissenschaftliche Studien haben belegt, dass sich bei negativen Gefühlen wie Angst, Hass, Wut die DNS zusammenzieht. Bei positiven Gefühlen wie Liebe, Mitgefühl, Freude und beim Orgasmus entspannt sich der DNS-Strang und lockert sich. Das wiederum hat positiven Einfluss auf unser Immunsystem und den gesamten Organismus.

Du brauchst kein Molekularbiologe zu sein, um deine DNS oder die sie umgebenden Molekülketten und biochemischen

Prozesse zu verändern. Die geistige Vorstellungskraft eines „Normalverbrauchers", der motiviert ist, reicht aus. Wahrscheinlich bist du, lieber Leser, liebe Leserin, auch ein „Normalverbraucher", allerdings mit einer überdurchschnittlich feinen Wahrnehmung. Sonst hättest du dieses Buch nicht gekauft.

Im nächsten Kapitel zeigen wir dir eine Herangehensweise, wie du mit einer inneren Visualisierungsreise zu deiner DNS von den Belastungen deiner Ahnen „frei" werden kannst.

Meditation zur Heilung der DNS

Colored Genetic Code DNA Molecule Structure – © ktsdesign – Adobe Stock

Wir möchten dich zu einer Meditation einladen, um leidvolle Erfahrungen deiner Ahnen, die in deiner DNS bzw. deinem Erbgut gespeichert sind, umzuwandeln. Für manche von Euch geschätzten Leserinnen und Lesern kann diese Ebene der Entladung und Neuprogrammierung besonders hilfreich sein. So kannst du auch auf körperlicher Ebene die Manifestation von etwas Neuem unterstützen.

Wir verzichten hier auf neurobiologische Details und Genauigkeit. Das würde den Fluss der Meditation verhindern. Wir möchten dich einladen, der Intelligenz deines Körpers zu vertrauen, die es auf gute und richtige Weise verändert, sodass es stimmt und passt. Wenn wir die genauen biochemischen Prozesse beschreiben würden, müssten wir dich zuerst zu langen wissenschaftlichen Abhandlungen nötigen. Diese Meditation kann dich auf Zellebene unterstützen, dich für das Leben jetzt und heute zu öffnen und die Belastungen der Ahnen aufzulösen.

Jede Zelle des Körpers lässt die schlimme Erfahrung zurückfließen, entlädt sich und wird frei

Vielleicht möchtest du dir den Text der Übung auf dein Diktiergerät im Handy sprechen. Dann ist es wichtig, die Sätze sehr langsam zu sprechen und nach jedem Satz eine Pause zu lassen. Du kannst die Meditation auch auf unserer Homepage finden.

Wir möchten hier noch einmal an deine Eigenverantwortlichkeit erinnern. Diese Meditation, ebenso wie alle anderen Rituale und Übungen kann kein Ersatz für ärztliche oder psychotherapeutische Behandlung sein. Hole dir kompetente Unterstützung, wenn du den Eindruck hast, festzuhängen.

Richte dir einen Platz ein, auf dem du gut entspannen kannst, ohne einzuschlafen. Setze oder lege dich bequem hin. Lege dir Kissen und Decken so hin, dass du wirklich sicher und komfortabel sein kannst. Wenn du magst, lege dir eine sanfte und sphärische Musik auf. Eine Musik, die dich mitnimmt in die sanfte traumartige Welt eines Nachmittags am See in der Natur, eines Sonnenuntergangs oder Ähnliches. Bitte verwende keine Musik mit schmissigen Melodien, die du dann innerlich mitsingst, sondern lieber ein sanftes Geplätscher, das dich unterstützt, in den Alpha-Gehirnzustand zu tauchen. Wach und doch entspannt, nicht im Tun, sondern im Sein. Atme einige Male tief ein und aus. Dann lasse allmählich dein Ausatmen etwas länger und langsamer werden. Es gibt nichts zu tun.

Mit jedem allmählich langsamer werdenden Atemzug tauchst du tiefer ein in dein Sein. Vielleicht erinnert sich dein Körper an frühere Entspannungen und wie wohltuend sie für dich waren.

Bald erreichst du einen Zustand von Sein, der sich gut und wohlig anfühlt. Tauche ein in diesen wohligen entspannten Zustand. Deine Aufmerksamkeit geht zu den Zellen deines Körpers. Diese winzigen Teilchen, aus denen dein Körper besteht.

Stelle dir stellvertretend für alle Zellen jetzt einige Zellen deines Körpers vor. Diese tragen noch Informationen und Lasten von den Schicksalen deiner Ahnen. Nehme dir Zeit zu spüren, wo in deinem Körper diese Zellen besonders angesiedelt sind. Das erste Bild was kommt, ist bestimmt ein richtiges. Wie fühlen sich diese Zellen an?

Welche Farbe haben diese?

Welche Größe und welche Form haben diese?

Gebe dir Zeit für diese Bilder. Wenn du wahrnimmst, dass dein Verstand beispielsweise kritisiert, dass die Farbe komisch ist und die Form unrealistisch, lass ihn meckern. Die Bilder sind schon gut so. Wenn nur sehr vage Bilder auftauchen, ist das auch völlig in Ordnung. Vertraue darauf, dass dein Unterbewusstes genau die Bilder schickt, die jetzt stimmig sind. Du musst nichts davon verstehen oder deuten. Das darf gerne später geschehen.

Erkunde jetzt eine Zelle, stellvertretend für viele, etwas genauer. Wie sieht der Zellkern aus?

Wie würde die DNS-Spirale aussehen, wenn du sie genau erkennen könntest?

Stelle dir vor, die DNS-Spirale könnte sprechen. Was würde sie dir erzählen?

Vielleicht ist das eine wichtige Geschichte über ein Leben einer Ahnin oder eines Ahns. Vielleicht hörst du keine vollständige Geschichte, sondern nur ein Wort oder ein Fragment. Vielleicht ist es ein Gefühl oder eine Stimmung oder nur eine vage Ahnung, dass da etwas ist. Auch das ist gut so. Das ist für jetzt völlig ausreichend.

Höre genau zu.

Jetzt stelle dir vor, dass all das Leidvolle, welches an dieser Stelle in der DNS dieser einen Zelle, auf die du stellvertretend für viele schaust, gespeichert ist, von deinem Einatmen berührt wird.
Vielleicht spürst du Gefühle, die sich sehr schwer anfühlen.
Nehme dir auch dafür die Zeit, die es braucht.
Ja, das haben Ahnen vor dir erlebt und das ist noch in dir gespeichert. Es darf so sein.

Mit dem Ausatmen atmest du Leid, Trauer, Grauen, Verzweiflung, Ohnmacht, Wut und vieles andere aus, was noch in der Zellinformation gespeichert ist.
Atme bewusst ein, hin zu dieser Zelle und wieder aus. Lass es abfließen. Es fließt aus dir heraus, irgendwo in die Natur, in die Erde oder ins Weltall.

Stelle dir kleine Molekülketten vor, die sich von der Hauptspirale lösen. Sie bauen sich um. Sie formieren sich wieder neu. Sie können sich ausdehnen und binden sich an den großen Strang an.

Und auch in der Umgebung drum herum geschehen Veränderungen. Manche Teilchen schweben weg wie Staub, der sich auflöst, neues Helles und Lichtes kommt dazu.

Allein indem du diese Zelle mit deinem Einatmen berührst und mit dem Ausatmen das Leidvolle ausatmest, wird es schon jetzt leichter und freudiger in dir.

Es fällt dir überraschend leicht, das zu tun.

Dann frage auch diese Zelle stellvertretend für viele: „Was brauchst du, meine Zelle, damit du ganz und rund und harmonisch werden kannst?"

Warte eine Weile, vielleicht hörst du eine Antwort.

„Was brauchst du, damit das Leidvolle heilen kann? Ist es eine Farbe, ein Geruch, ein liebes Wort, ein Klang?"
Höre und schaue und spüre hin, welche Antwort kommt.
Manche hören etwas, andere sehen etwas Abstraktes oder eine Farbe, wieder andere haben ein Bild oder hören einen Klang. Alles ist richtig.

Erzeuge jetzt in deiner Vorstellung das, was diese Zelle braucht.
Atme und lenke diesen Klang, dieses Wort, diese Farbe, dieses Licht oder was immer sich zeigt in diese Zelle und stelle dir vor, wie sich deine Zelle mehr und mehr umbaut und freudiger, leichter und lebendiger wird.

Gebe dir Zeit für die Bilder.

Stelle dir vor, jetzt viele Zellen zu sehen, die sich gleichzeitig umbauen, Leidvolles abfließen lassen und Gutes aufnehmen.

Fühle jetzt, wie sich dein ganzer Körper auflädt, in jeder Zelle.
Du wirst leichter und gleichzeitig stärker.

Gebe dir Zeit.

Dann stelle dir vor, dass deine Zellen auch ohne dein weiteres bewusstes Zutun weitermachen. Und das geschieht auch noch in der Nacht nach dieser Reise. Am nächsten Morgen wirst du besonders wach und erfrischt aus der Nacht zurückkehren.

Lasse allmählich die Bilder verblassen.
Atme einige Male kräftig und wieder etwas schneller ein und aus.
Komme wieder hierher zurück. Rekele und strecke dich und balle die Hände zur Faust. Lasse die Faust wieder locker und atme tief durch. Entspanne die Hände.
Spüre den Empfindungen nach.
...

Hat sich etwas in dir bewegt? Ist etwas leichter geworden oder zunächst sogar schwerer, wenn endlich Schweres einen Platz bekommt? Falls etwas in dir schwerer geworden ist, gib diesem den Platz, atme damit, lass es da sein – dann wird es nicht bei der Schwere bleiben. Vielleicht gibt es etwas, das du erst mit der Zeit verstehen wirst.

Wenn die Übung dir guttut, kannst du sie mehrfach wiederholen. Du kannst dir auf dieser Ebene immer wieder Gutes tun. Mit deiner mentalen Vorstellungskraft kannst du traumabelastete Informationen, die in deinem Körper auf Zellebene gespeichert sind, nachhaltig verändern.

9 Unvollendet Gestorbene können uns beeinflussen

Wenn man diese Überschrift liest, können einem schnell Sequenzen von Horrorfilmen einfallen: Die „Untoten", die erscheinen und Angst und Schrecken verursachen, ein jahrhundertealter Sarg, der sich öffnet und eine Gestalt erscheint ... Viele von uns kennen diese und andere Geschichten oder Horrorfantasien.

Nicht alle Kulturen haben so viel Angst vor den Toten wie wir. In Mexiko beispielsweise werden zu den Totentagen Ende Oktober/Anfang November große Feste mit den Toten der Familie gefeiert. Es gibt Zuckerbäckerskelette, Bonbons in Form von Schädeln, bunt angemalte Pappmaschee-Skelette, die auf Stühlen sitzen und viel gutes Essen und Trinken, das auch zu den Friedhöfen getragen wird und auf den Gräbern „gemeinsam" mit den Toten verzehrt wird. Es wird dabei viel gescherzt und gelacht. Die „Dias de los muertos" sind für die Mexikaner nicht weniger groß als das Weihnachtsfest.

Die Angst vor den Toten – das ist ein kollektives Phänomen. Es gibt nur sehr wenige Menschen, die sich trauen würden, auf einem Friedhof zu übernachten. Wir möchten diese Horrorfantasien nicht nähren. Aber sie enthalten eine Realität, die Menschen schon immer wahrgenommen haben – es gibt tatsächlich Menschen oder deren Seelen, die gestorben sind, aber trotzdem ist „etwas" noch nicht ganz vorbei. Sie sind noch nicht ganz zur Ruhe gekommen oder wie Bert Hellinger es sagt: Sie sind noch nicht eingesunken in das „selige Urvergessen".

Uns geht es darum, wie etwas in Frieden und zur Ruhe kommen darf, bei dir und auf der anderen Seite, der Seite der Seelen, die den Übergang zwischen Leben und Tod noch nicht vollendet haben. Dies ist eine weitere Seelenebene, auf der unsere Ahnen unser Leben und unser Liebesleben beeinflussen können.

Die Toten sind nicht weg. Mit dem Tod ist es noch lange nicht vorbei. Manchmal berühren sie uns und manchmal berühren wir ihre Seelen oder Seelenanteile von ihnen, wo auch immer sie jetzt sind. Manchmal haben wir auch einen Einfluss auf ihr Wohlsein, auch wenn sie schon lange gestorben sind. Manche Ahnen brauchen noch etwas, damit etwas zu Ende kommen kann und wir „frei" von ihnen sind.

Wir haben in unserer langjährigen Arbeit mit Aufstellungen ein Phänomen beobachtet: Manche Menschen, die plötzlich gestorben sind, haben noch nicht verstanden, dass sie tot sind. Das klingt erst mal absurd. Wenn jemand gestorben ist und keinerlei Hirnströme mehr zu messen sind und auch die Herztätigkeit komplett aufgehört hat, ist jemand tot. Da braucht es nichts mehr zu geben, was verstanden werden muss, weil es ja auch gar nicht mehr gehört werden kann. Die Organe arbeiten nicht mehr. Es gibt schließlich keine Ohren, die das hören können – aus und vorbei! Nur die Hinterbliebenen brauchen noch sehr viel. Dieses ist das Bild, das die rationale Wissenschaft uns zeichnen möchte.

So einfach ist das nicht. Das zeigt sich immer wieder – auch in unserer Arbeit. Es gibt da etwas, dass wir hier Seele nennen oder Seelenanteile von den Gestorbenen, die weiterhin da sind und auch hören und sehen und so manches wahrnehmen können. In der Erforschung von Nahtoderlebnissen wird deutlich, dass es Wahrnehmungen gibt, die unabhängig von den Sinnesorganen des Körpers sind. Das berichten alle, die klinisch gesehen schon tot waren oder ganz nah daran waren und zurückgekommen sind. In diesem Zustand sehen viele ihren Körper aus einer Perspektive von außen. Alle Schmerzen sind nicht mehr da. Sehr viele erleben ozeanische Glücksgefühle und eine tiefe Liebe zu ihren Angehörigen. Einige beschreiben, welche Gespräche sie von ihren Angehörigen und den Ärzten gehört haben, auch wenn die Organe nicht mehr funktionierten. Ein bahnbrechendes Buch über diese Erfahrungen hat Raymond Moody geschrieben: „Leben nach dem Tod“. Es wurde bereits 1975 herausgegeben und ist bis heute aktuell.

Ein kürzlich erschienenes Buch von einem amerikanischen Neurochirurgen, Dr. med. Eben Alexander, bringt viele Wissenschaftler an ihre Grenzen. Dr. Alexander hat bis zu seinen eigenen Nahtoderlebnissen auf der anderen Seite nicht geglaubt, dass es außerkörperliche Zustände überhaupt gibt. Seine berührenden Erfahrungen von der anderen Seite gepaart mit wissenschaftlich orientierten Analysen werden von Kollegen nicht selten in Zweifel gezogen.

Es gibt auf YouTube viele sehr berührende Interviews von Menschen, die auf der anderen Seite waren, zum Beispiel von Manuela Fazzi, Anke Everts und Anita Moorjani. Wenn du zu diesem Thema tiefer einsteigen möchtest, kannst du sehr ergreifende Stunden mit diesen Berichten verbringen.

Viele Menschen, die nahe Angehörige verloren haben, berichten, dass sie nach deren Tod noch einmal oder mehrfach deren Anwesenheit gespürt haben. Auch wir – beide Autoren – kennen es, dass der gestorbene Vater noch einmal ganz nah zu fühlen war. Wir haben es so erlebt, dass eine feine, subtile Präsenz wahrnehmbar war, nicht sichtbar, aber doch spürbar. Es war beispielsweise so, als würde sich für Momente der Wind legen, es wird still, die Luft vibriert auf feine Weise, als sei sie für diese Momente verdichtet.

Man kann das abtun mit Spinnerei. Das wurde uns lange Zeit so beigebracht. Was wir nicht sehen, gibt es auch nicht. Aber es gibt mehr, wesentlich mehr, als zurzeit naturwissenschaftlich nachgewiesen werden kann. Wer sich für diese Dimensionen öffnet, wird auch immer mehr von dieser weiteren Realität wahrnehmen und spüren. Oft ist es das einzige Problem, dass wir diesen Wahrnehmungen nicht trauen. Natürlich gibt es auch Menschen, die sich darin völlig verlieren und bildlich gesprochen, den Boden unter den Füßen verlieren. Wenn du eine Tendenz dazu haben könntest, suche dir Unterstützung von jemandem, der eine gute Bodenhaftung hat und dir helfen kann, dich nicht in deinen Bildern und Gedanken zu verlieren. Auch angeleitetes Meditieren kann dich sehr unterstützen.

Wenn man die Berichte von Menschen, die eine Nahtoderfahrung hatten, liest oder anschaut, kann man den Eindruck bekommen, dass es nach dem Tod einfach nur paradiesisch, friedlich und liebevoll ist. Das ist aber nur eine Erfahrungsschicht des Todes. Von anderen Schichten berichtet Mario Mantese, der fünf Wochen lang im Koma schwebte und auf der anderen Seite nicht nur lichtvolle Erfahrungen gemacht hat, sondern auch sehr finstere Episoden durchlebt hat.

Es gibt Seelen oder Bewusstseinsanteile, die noch nicht verstanden haben, dass sie gestorben sind. Das passiert, wie eingangs erwähnt, wenn jemand plötzlich, zum Beispiel bei einem Unfall, stirbt. Es gibt ein Bewusstsein, dass über den Tod hinausgeht. Dieser Teil, auch Seele genannt, muss verstehen, was passiert ist. Bei einem plötzlichen Tod durch Unfall oder andere plötzliche Ereignisse kann oft nicht verstanden werden, dass das Leben vorbei ist. Bewusstseinsanteile oder Seelenanteile „leben" weiter ohne gehört oder verstanden zu werden. Diese Seelenanteile irren in Verwirrung und Unfrieden in Zwischenwelten. Manchmal haben Verwandte und Nachkommen dann mit diesen Seelen oder Seelenfragmenten zu tun und spüren eine Unruhe oder Verwirrungszustände, die nicht zu ihnen gehören. Das kann manchmal so weit gehen, dass sie auch deren Gefühle fühlen. Das können Ängste sein, aber auch Ärger und Wut über erfahrenes Unrecht.

In vielen Aufstellungen begegnen wir Schicksalen von Menschen, die im Unfrieden gestorben sind. Diese Schicksale reichen manchmal über viele Generationen weit zurück. Menschen, die auf grausame Weise umgebracht wurden oder großes Unrecht erlebt haben, können im Sterben nicht loslassen. Auch Menschen, die selbst viel Unrecht getan haben oder Schuld am Tod und Leid anderer sind, können oft im Sterben nicht loslassen.

Sie können nicht durch die „Tore" gehen, wie es die Tibeter beschreiben, um ganz einzusinken. Auch können sie nicht ganz verstehen, dass es vorbei ist. Auch diese brauchen eine Begleitung, damit die Nachkommen „frei" sind. Vielen Gestorbenen hilft es, noch einmal erklärt zu bekommen, wie sie gestorben sind und mit welchen Gefühlen und in welchem Gemütszustand – wenn man dazu Fakten hat oder diese herleiten kann. Wenn es am Ende vorbei sein darf, die Seelen oder Seelenanteile loslassen dürfen, um durch die „Tore" zu gehen, wird es still, friedlich und hell im Raum für die Lebenden und vermutlich auch für die Toten.

Es ist noch nicht vorbei – Du bist schon lange gestorben

Wir möchten keine neue Religion begründen oder eine bereits existierende predigen oder aber Geisterbeschwörungen anbieten. Wenn du, liebe Leserin und lieber Leser, eine religiöse oder spirituelle Praxis ausübst, bleibe dabei. Das ist bestimmt gut und hilfreich für dich und daran wollen wir nichts ändern. Ganz lebenspraktisch und pragmatisch freuen wir uns über alles, was hilft, Frieden und Einklang bringt, wenn es mit Achtung für die Schicksale aller geschieht.

Im Laufe mehrerer Jahrzehnte Erfahrung in psychotherapeutischer Arbeit und intensiver Seelenbegleitung haben wir oft beobachtet, wie sehr Tote die Lebenden beeinflussen können und wie es oft guttut, wenn manche Toten noch ein Ritual, eine Würdigung, ein Gebet oder Blumen bekommen. Damit kann man nichts Unrechtes tun oder Dämonen aus den Ecken locken. Wir haben bisher damit nur hilfreiche und Frieden bringende Erfahrungen gesammelt. Viele Religionen haben eine Totenbegleitung in Form von Gebeten, Gesängen, Ritualen und Erläuterungen, wie die Reise für die Seele weitergeht.

Wenn eine Totenbegleitung des Verstorbenen nicht vollständig geschehen konnte, weil Krieg war oder weil die Angehörigen im Schock über den plötzlichen Verlust und in Existenzangst waren, können wir eine Totenbegleitung zum Beispiel in einer Aufstellung nachholen. Das kannst auch du für deine Ahnen tun. Wir geben hier Anregungen.

Eine Wissenschaft und Haltungen in der Psychotherapie, die dieses alles komplett leugnen, können an vielen Stellen nicht weiterhelfen. Oft hören die Toten zu, wenn man über sie spricht. Das gilt besonders für gerade Verstorbene, aber auch für manche vor sehr langer Zeit Gestorbene, die noch immer nicht im Frieden mit ihrem Totsein sind. Diesen Unfrieden nehmen dann Nachfolgende wahr. Für die Autoren ist das kein Glaube. Glauben kann man alles und nichts. Wir haben mit unseren eigenen Sinnen Erfahrungen gemacht. Diese kann uns keine „Wissenschaft" nehmen. Hier ist ein Beispiel unserer eigenen Erfahrungen vom Besuch des Autors und seiner Frau im Sterbezimmer seines Vaters im Krankenhaus.

„Da liegt mein Vater und doch nicht mehr ganz er. Seine Hände sind wachsig und geschwollen vor dem Bauch gefaltet. Im Raum ist eine sehr friedliche, zeitlose Stimmung. Wir berühren ihn beide an der Schulter und an der Brust. Sein Herz ist noch warm. Er ist jetzt seit fünf Stunden tot. Er sieht erlöst aus, aber es sind auch Spuren des Todeskampfes in seinen Zügen. Er hatte Lungenkrebs und ist im Alter von 82 Jahren erstickt. Wir sitzen mit ihm und genießen die Stille und schweigen lange."

Der tote Körper kämpft noch

„In anderen Momenten ist aber auch eine Unruhe im Raum. Nachdem wir eine Stunde mit dem Toten gesessen haben, teile ich Bettina eine Beobachtung mit, die ich für eine Halluzination oder ein Wunschdenken meinerseits halte: Es ist immer noch eine kleine Atembewegung des Brustkorbes zu „sehen" – er bewegt sich und bewegt sich doch nicht. „Was – Du auch?", wundert sich Bettina. „Ich habe das genau so gesehen und hielt mich für spinnert", sagte sie.

Bettina ist durch intensives Wahrnehmungstraining durch Körpertherapie und Familienaufstellungen gegangen und ist acht-

sam, Seelenbewegungen zu folgen. Plötzlich steht sie auf, legt zielstrebig meinem Vater beide Hände auf die Brust und sagt liebevoll zu ihm: „Es ist vorbei, du brauchst nicht mehr um Luft zu ringen". Sie spürt ein leichtes Knacken unter ihren Händen. Das Knacken ist so laut, dass ich es von meinem Platz 3 Meter weiter hören kann. Bettina erschrickt und macht einen Schritt rückwärts. „Habe ich was kaputtgemacht?", fragt sie. „Nein", sage ich. „Du hast ihm geholfen loszulassen". Jetzt wird es noch friedlicher im Raum. Es ist keine Bewegung mehr in seinem Brustkorb wahrzunehmen.

Dann sprechen wir mit ihm und erklären ihm, dass wir gleich das Gayatri-Mantra singen und was es bedeutet. Wir fühlen seine Präsenz. Friedlich und tief, aber gleichzeitig völlig alltäglich, wie einkaufen gehen. Der Raum ist erfüllt. Nichts fehlt. Es ist alles da. Meinem Verstand kommt dieses sonderbar vor. Aber es ist völlig alltäglich. Keine Spur von heilig – und doch groß. So ist friedlicher Tod.

Am nächsten Tag wasche ich zusammen mit Bettina meinen Vater. Wir pflegen die Nägel, richten seine Frisur und ziehen ihm für seine Beerdigung seinen besten Anzug an. Bettina hat die Frage, ob sie das darf oder ob es zu intim ist. Sie hört innerlich eine sehr deutliche Antwort, die sie mir so wiedergibt: „Das ist angemessen und Sitte. So gehört sich das". Ich bin elektrisiert. Den Tonfall, mit dem sie diesen Satz wiedergibt, erkenne ich deutlich. Es ist die Stimme meines Opas, seines Vaters. Dieser starb, als ich 8 Jahre alt war. Er hatte eine ganz eigene und völlig antiquierte Art zu sprechen. So spricht kein anderer. Ich höre durch Bettina seinen sehr strengen Tonfall, den ich zum letzten Mal fast vierzig Jahre zuvor gehört habe."

Dieses sind kleine Beispiele von vielen, in denen wir mit Toten oder Seelenanteilen von Toten im Kontakt waren. Wir konnten viele Menschen in unserer therapeutischen Arbeit unterstützen, indem wir unter anderem auch unbefriedete Seelen oder Seelenanteile begleitet haben. Manches, was uns belastet, ist eine von den Ahnen übernommene Last, einfach weil wir in Liebe mit ihnen verbunden sind. Manchmal aber haften Seelen oder Seelenanteile an uns und machen uns das Leben schwer, oft auch unser Liebesleben. Diese Seelen oder Seelenanteile haben noch nicht verstanden, dass sie gestorben sind und dass es vorbei ist.

Bevor wir dich, liebe Leserin, lieber Leser, zu einem Ritual einladen, möchten wir noch etwas eingehender über die Anhaftung einiger Toter sprechen.

Um zu verdeutlichen, wie sehr manche Tote noch etwas brauchen, möchten wir ein Beispiel aus der Arbeit von Rupert Sheldrake zeigen. Rupert Sheldrake ist ein englischer Zellbiologe und hoch dotierter kritischer Wissenschaftler, der unter anderem zunächst umfangreiche Forschungen über Pflanzen und deren Gedächtnis gemacht hat. Sein Ziel war es dabei, möglichst widerstandsfähige Bohnensorten zu züchten, die in Ländern mit großer Trockenheit dennoch eine zuverlässige Ernte bringen und die Menschen ernähren können. Sheldrake hat den Begriff vom „morphischen" oder „morphogenetischen" Feld geprägt. Alles was je existiert hat, hinterlässt eine energetische Erinnerungsspur. Mithilfe dieser Erinnerungsspur im morphischen Gedächtnis lassen sich fehlende Informationen wiederbeschaffen. Das gilt für die Züchtung von Pflanzenarten ebenso wie für den Nachbau von Molekülen und für alles, was die Menschheit kollektiv erlebt hat. In seinen neueren Arbeiten forscht er über das Phänomen Telepathie.

Im Rahmen seiner privaten Forschungen außerhalb seiner Tätigkeit als Biologe interessiert er sich für Schwerpunkte von Verkehrsunfällen. Was sind die Hintergründe von häufigen Unfällen an einer übersichtlichen, gut abgesicherten Strecke? Es gibt in England in der Nähe seines Wohnortes eine Landstraße ohne besondere Verkehrshindernisse oder Auffälligkeiten, auf der immer wieder schwere, auch tödliche Unfälle passiert sind.

Sheldrake ging zusammen mit seiner Frau der Geschichte dieses Landstriches nach und fand heraus, dass dort vor 500 Jahren die Schlacht von Stoke stattgefunden hat, bei der es mehrere tausend Tote und viele schwer Verwundete gab, die oft sehr langsam und qualvoll gestorben sind. Anlässlich des fünfhundertsten Jahrestages dieser Schlacht schlug Sheldrake dem Pfarrer der Gemeinde vor, ein Requiem, eine Totenmesse für die vielen Toten zu halten. Der Pfarrer hat die Idee aufgegriffen und das Requiem in lateinischer Sprache, wie es damals üblich war, gehalten. Für die Toten wurde gesungen und gebetet und es wurde an sie und ihr schweres Leid gedacht. Eine Totenbegleitung wird es damals vor 500 Jahren für die gefallenen Soldaten nicht gegeben haben. Seit diesem Requiem und dem Totengedenken ist die Unfallhäufigkeit an dieser Landstraße sehr gesunken.

Von einer ähnlichen Ausgangssituation erzählte uns eine Führungskraft des Roten Kreuzes in Stuttgart. Es gibt außerhalb Stuttgarts eine übersichtliche Landstraße mit einer übersichtlichen Kreuzung, an der auch immer wieder Unfälle passieren, die eigentlich nicht passieren dürften. Manchmal wird von dort sogar mehrfach in der Nacht ein Rettungswagen angefordert. Auch hier hat man Anstrengungen unternommen, die Stelle zu entschärfen, was aber ohne nennenswerten Erfolg blieb.

Wir haben den Mann vom Roten Kreuz gefragt, ob er etwas über die Geschichte dieses Ortes weiß. Er berichtete uns, dass dort in den letzten Kriegstagen des 2. Weltkriegs Kinder und Greise notdürftig bewaffnet und völlig untrainiert gezwungen wurden, gegen die herannahenden französischen Truppen zu kämpfen. Sehr viele praktisch wehrlose Menschen, unter ihnen auch viele Kinder, wurden in diesem „Volkssturm" auf dem Feld an dieser Landstraße zermalmt und völlig sinnlos geopfert. Wir vermuten auch hier einen Zusammenhang zwischen den dramatischen Verkehrsunfällen an dieser Landstraße und der Geschichte dieses Ortes.

Dies zeigt uns, dass wir auch mit der Welt der Toten verbunden sind, auch wenn diese uns nur sehr bruchstückhaft zugänglich ist. Wir wissen nicht genau, wie das alles „funktioniert“ und verbunden ist, aber aus den Wirkungen können wir Rückschlüsse ziehen. Uns beschäftigt die immer wieder auftauchende Frage: Was hilft, was tut gut und was führt ein Paar noch tiefer zusammen, wenn es möglich ist.

In unserer Arbeit als Systemaufsteller begegnen wir häufiger Seelen oder Seelenanteilen von Gestorbenen, die noch keinen Frieden gefunden haben. Sie brauchen noch etwas, damit es dann ganz vorbei sein darf. Oft können wir diese über Aufstellungen, Gebete oder Rituale begleiten, mehr in Frieden zu kommen und dadurch die Nachkommen unterstützen, „frei“ zu werden.

Vielleicht hast du auch Ahnen, die sehr gelitten haben und die noch etwas brauchen. Du brauchst nicht zu wissen, wer das ist und was geschehen ist. Wenn du etwas erfahren und ausprobieren möchtest, laden wir dich im folgenden Kapitel zu einem Ritual ein. Auch ein Ritual ins Unbekannte kann eine gute Wirkung haben.

10

Würdigung und nachgeholte Totenbegleitung: Friedensritual mit den Ahnen

Wir schlagen dir dieses Ritual vor, um Räume zu deinen Ahnen zu öffnen. Du kannst dich dafür sensibilisieren, dass es irgendwo da draußen etwas gibt, was antwortet, wenn du ein Ritual machst. Dieses kann ein sehr kraftvolles und starkes Ritual werden, eine tiefe und starke Erfahrung, wenn du es mit Liebe und Hingabe durchführst.

Dieses Ritual kannst du für dich allein machen oder aber es mit deiner Partnerin/deinem Partner zusammen erleben. Hier geht es zunächst nicht darum, für jeweils beide Partner etwas zu tun, sondern dieses Mal bleibt ihr ganz bei den Ahnen von einem Partner. Das Ritual führst du zunächst allein durch. Deine Partnerin/dein Partner kann vielleicht gerne dabei sein und zuschauen. Vielleicht habt ihr ja später einige kreative Ideen, dem Ritual gemeinsam etwas hinzuzufügen. Dann könnt ihr zu einem anderen Zeitpunkt das Ritual erweitern und verändern. Der Kreativität eurer Herzen sind dabei keine Grenzen gesetzt.

Suche dir einen guten Ort und bereite ihn vor

Suche dir einen guten und geschützten Ort, an dem du dich wohlfühlst. Das kann ein schöner, ungestörter Raum sein, eine Lichtung im Wald, ein Platz an einem See oder in den Dünen.

Wenn das Ritual in einem Raum stattfindet, ist es hilfreich, wenn der Raum geputzt, energetisch gereinigt und aufgeräumt ist. Halte Zettel und Stifte bereit und bereite Blumen, Blüten oder kleine Gegenstände vor, die dir am Herzen liegen.

Wenn du in der Natur bist, suche dir Stöcke, die du auch zum Schreiben auf die Erde verwenden kannst oder bringe Papier und

Zettel mit und beschaffe dir Blüten, schöne Rindenstücke, Gräser, Äste, Kiesel oder andere Dinge zum Schmücken des Platzes.

Sammle dich

Setze dich und spüre mit viel Zeit und Muße deinen Gedanken nach. Sammle dich und frage dich, wofür oder für wen du dieses Ritual machen möchtest.

Vielleicht gibt es etwas in deiner persönlichen Geschichte, wo sich etwas im Kreis dreht und sich immer wiederholt oder ein Unwohlsein, für das du bisher keine Ursache finden konntest.

Vielleicht hast du aber auch kein konkretes Anliegen, sondern du möchtest erst einmal fühlen, wie es ist, deine Ahnen mit Achtung und Liebe ins Herz zu nehmen.

Vielleicht weißt du oder vermutest du, dass es etwas Konkretes im Unfrieden oder im Unvollendeten gibt, was bei deinen Eltern, Großeltern, Urgroßeltern und deren Geschwistern geschehen ist.

Vielleicht möchtest du dich zunächst in diesem Ritual auf einen einzigen Ahn beschränken, der besonders gelitten hat und dich erst einmal ausschließlich ganz ihm zuwenden.

Vielleicht aber möchtest du dich ganz bewusst erst einmal allgemein deinen Ahninnen und Ahnen zuwenden, ohne jemand ganz bestimmten in deinen Fokus zu nehmen.

Den Ritualplatz vorbereiten

Schreibe den Namen oder die Namen auf die Erde oder auf Zettel mit den Ahnen und Ahninnen, für die du dieses Ritual machst. Oder du schreibst einfach „meine Ahnen“, wenn du es nicht für eine konkrete Seele tun möchtest.

Dann schmücke den Platz/die Plätze mit Blumen und allem, was du verwenden möchtest und spreche dabei. Erkläre den Ahnen, dass du jetzt ein Ritual mit ihnen machst und erzähle ihnen, wer du bist.

Beispiel für ein Ritual allgemein für die Ahnen

Im ersten Beispiel machen wir Vorschläge, wie dieses Ritual allgemein, ohne einen konkreten Ahn im Mittelpunkt zu haben, ablaufen kann.

Lege einen Platz aus und schaffe ein symbolisches, kleines, temporäres Denkmal. Die einfachste Form ist ein Zettel, auf dem steht „meine Ahnen". Du kannst aber auch ein Bild, eine kleine Skulptur aus Naturmaterialien oder was auch immer sich aus deinem Herzen materialisieren möchte, schaffen. Schmücke diesen Platz mit Blumen oder persönlichen Kraftgegenständen, wie beispielsweise mit deiner geliebten Halskette.

Während du den Platz schmückst, sprichst du zu deinen Ahnen zum Beispiel so:

„Liebe Ahninnen und Ahnen, ich bin Holger Müller,
Sohn von Karl Müller und Vera Müller, geborene Landsknecht.
Ich lege jetzt ein Ritual für euch aus, euch zu Ehren und zum Gedenken."

Vielleicht möchtest du sagen, wie alt du bist, ob du verheiratet bist oder in einer festen Bindung, auch wer dein Partner ist und wie viele Kinder du hast, wenn das der Fall ist.

„Ihr seid meine Ahnen. Durch euch ist das Leben zu mir gekommen. Danke! Euch zu Ehren mache ich etwas Gutes daraus. Viele von euch sind schon lange gestorben. Manche von euch haben sehr gelitten. Manche von euch sind bis heute noch nicht in Frieden mit dem, was gewesen ist und noch immer nicht ganz bei den Toten angekommen.

Für euch, die ihr so gelitten habt, mache ich jetzt ein Ritual. Ich bitte helfende Kräfte, euch zu unterstützen und mich zu unterstützen."

Nehme dir Zeit, in den Raum hinein zu spüren und zu hören. Bleibe für zwei, drei Minuten in der Stille, damit sich das, was du gesagt hast, ausbreiten kann.

Vielleicht möchtest du Vorschläge machen, was bei deinen Ahnen nicht in Frieden gekommen sein könnte, ohne auf ein konkretes Ereignis hinzuweisen. Das könnte beispielsweise so gehen:

„Einige von euch sind betrogen, verraten und gefoltert worden. Andere sind schwanger geworden und sind dadurch in großes Unglück gestürzt. Andere von euch sind in Kriegen gefallen, andere in Hungersnöten und Seuchen. Viele haben entsetzliches Unrecht erlebt und sind in Unfrieden gestorben. Andere von euch haben sich als Täter schuldig gemacht und in ihrer Verstricktheit anderen entsetzliches Leid zugefügt. Ihr gehört alle dazu.

Ihr seid alle meine Ahninnen und Ahnen. Mögen diejenigen unter euch, die noch immer keinen vollständigen Frieden gefunden haben, jetzt einsinken in das Totenreich und den Weg ins Licht finden. Ihr seid schon lange gestorben. Mögen helfende Kräfte (oder, wenn du magst, Engel) euch begleiten und euch den Weg zeigen.“

Probiere aus, welche Worte für dich und dein Ritual die meiste Kraft haben.

Wenn du magst, kannst du symbolisch Kerzen für die Ahnen anzünden.

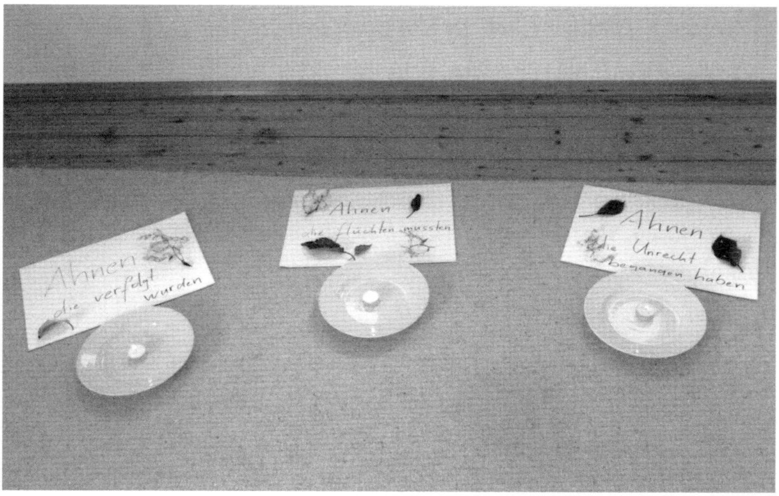

Dann sprichst du Gebete (siehe auch Kapitel 13), wie zum Beispiel das Vaterunser, Gegrüßet seist du Maria oder andere oder du singst, was immer jetzt nach deinem Gefühl angemessen und hilfreich sein könnte. Vielleicht möchtest du ein Lied oder ein Mantra anstimmen oder auch nur eine Melodie singen, die dir gerade kommt. Dann erkläre dies auch den Ahnen, zum Beispiel so:

„Liebe Ahninnen und Ahnen, ich singe jetzt für euch das Om-Mantra. Es ist ein Urklang und hilft, sich mit der universellen Liebe und Harmonie zu verbinden. Möge es euch helfen, euren Frieden zu finden."

Wenn dein Gesang oder dein Mantra zu Ende ist, bleibe noch einige Minuten in Stille. Fühle, wie es dir geht. Spüre auch in den Raum hinein. Abschließend sagst Du: *„Bitte segnet mich und mein Leben"*. Spüre noch einmal in den Raum hinein.

Dann verneige dich vor deinen Ahnen und ziehe dich zurück. Du kannst die Kerzen noch eine Weile brennen lassen oder die Blüten und Zettel liegen lassen.

Später ist es auch gut, alles bewusst wieder abzuräumen mit dem Gefühl, den Ahnen jetzt auch ihre eigene Seelenbewegung zu lassen.

Spüre jetzt noch einmal, wie sich die Energie an diesem Platz anfühlt.

Ein Ahnenritual mit Blumen

Beispiel für einen bestimmten Ahn

In diesem zweiten Beispiel geht es um eine bestimmte Ahnin. Du veränderst bitte das Ritual so, wie es für dich richtig ist.

Schmücke diesen Platz mit Blumen oder persönlichen Kraftgegenständen, wie beispielsweise mit deiner geliebten Halskette, einem besonderen Stein oder anderem.

Während du den Platz schmückst, sprich zum Beispiel so:
„Liebe Uroma Marianne, ich bin Regina Hausmann, Tochter von Peter Hausmann und Gundi Hausmann, geborene Meier. Ich lege jetzt ein Ritual für dich aus, dir zu Ehren und dir zum Gedenken. Meine Mutter ist ein Kind von deinem Kind Helene."

Dann schmückst du diesen Platz zu Ende und sammelst dich. Halte einige Momente inne. Dann fährst du mit deiner Ansprache fort:
„Liebe Uroma Marianne! Du hattest ein schweres Schicksal. Du bist bei der Geburt deines Kindes Helene gestorben. Du konntest nicht mehr für dein Kind sorgen und es heranwachsen sehen. Das tut mir leid.

Die Umstände waren damals so, dass niemand um dich trauern und dich in Würde beerdigen konnte. Eine Seuche war ausgebrochen und niemand konnte sich mehr in Würde um dich kümmern. Du bist ohne Totengebete verscharrt worden. Dein Kind ist in einer anderen Familie aufgewachsen. Du konntest nichts mehr tun. Innerlich hat Helene, meine Oma, ihr ganzes Leben nach dir, nach ihrer Mutter gesucht. Vielleicht irrt auch ein Teil von dir noch immer umher und sucht nach deinem Baby.

Liebe Uroma, das war schlimm für dich. Ich zünde jetzt eine Kerze an und stelle sie auf dein Grab."

Auch wenn es das Grab nicht gibt, stelle dir vor, hier wäre jetzt ihr Grab und du kannst jetzt virtuell noch etwas von der Beerdigung nachholen, die damals nicht möglich war.

„Ich bete für Dich und summe eine Melodie.
Vielleicht bist du noch heute nicht ganz bei den Toten angekommen.
Mögest du jetzt deinen Frieden finden.
Das Leben ist gut weitergegangen.

Dein Kind Helene hat drei Kinder bekommen. Ich bin deine Urenkelin. Wie schade, dass ich dich nie kennenlernen konnte. Ich habe mein Leben auch durch dich bekommen. Danke, liebe Uroma."

Es tut nach unserer Erfahrung vielen Ahnen gut, erklärt zu bekommen, wie das Leben weitergegangen ist und wer wie viele Kinder bekommen hat.

„Deine Tochter Helene ist meine Oma.
Sie hat drei Kinder bekommen. Eines davon ist meine Mutter.
Meine Mutter hat 4 Kinder bekommen.
Ich habe zwei Kinder.
Ich spreche jetzt Gebete für dich und singe für dich.
Ich bitte die Engel und andere Kräfte aus der geistigen Welt, dich zu trösten und zu leiten, auf dass du ganz deinen Frieden finden mögest."

Dann sprichst du Gebete, wie zum Beispiel das Vaterunser, Gegrüßet seiest du Maria oder andere oder du singst, was immer jetzt nach deinem Gefühl angemessen und hilfreich sein könnte. Vielleicht möchtest du ein Lied oder ein Mantra anstimmen. Dann erkläre dies auch der Ahnin, hier in diesem Beispiel:
„Liebe Uroma Marianne. Ich singe jetzt für dich das Om-Mantra. Es ist ein Urklang und hilft, sich mit der universellen Liebe und Harmonie zu verbinden. Möge es dir helfen, deinen Frieden zu finden. Ommmmmmmmmm ...“

Wenn du geendet hast, sitze noch einige Minuten in Stille und spüre den Empfindungen nach. Fühle, wie es dir geht. Spüre auch in den Raum hinein. Oft gibt es eine besonders feine Schwingung, einen Frieden zu spüren und das Herz wird leicht und warm. Abschließend sagst du: *„Bitte segne mich und mein Leben“*. Spüre noch mal in den Raum hinein.

Dann verneige dich noch einmal vor deinen Ahnen und ziehe dich zurück. Du kannst die Kerzen noch eine Weile brennen lassen oder die Blüten und Zettel liegen lassen.

Später ist es auch gut, alles bewusst wieder abzuräumen mit dem Gefühl, den Ahnen jetzt ihre eigene Seelenbewegung zu lassen.

Manche sind sehr berührt nach diesem Ritual. Für andere ist es ein Anfang, das spaltbreite Öffnen einer großen Tür. Vieles von diesem Ritual kann über Tage subtil nachwirken. Lasse dir und deinen Ahnen Zeit. Vielleicht hast du Träume, in denen sich die Ahnen melden und dir etwas zeigen möchten.

Vielleicht möchtest du deine Erfahrungen deinem Partner mitteilen, wenn ein guter Zeitpunkt gekommen ist.

Friedensritual für die Ahnen synchron mit dem Partner

Eine weitere vertiefende Möglichkeit ist es, diese Erfahrungen synchron mit deinem Partner im selben Raum zu machen und am Ende euch darüber auszutauschen.
Dafür macht jeder von euch gleichzeitig sein eigenes Ritual in einem Teil des Raums.

Wenn ihr beide am Ende des Rituals angekommen seid, finde einen Zeitpunkt, etwas davon zu teilen. Mache dir bewusst, dass deine Partnerin/dein Partner vielleicht gerade weit weg auf einem ganz anderen Planeten gereist ist als du und dass ihr sehr unterschiedliche Erfahrungen gemacht habt. Geht behutsam miteinander um und fragt, wie viel reden jetzt schon stimmig ist und wie viel Zeit der andere noch braucht. Schaut euch in die Augen und spürt den anderen, wo er jetzt ist ...

Unsere Rituale sind Vorschläge und Anregungen. Wenn etwas für dich nicht stimmig oder passend ist, fühle hin, probiere aus und verändere es und vertraue deiner Intuition.

11 Mutter und Vater – die Quelle für Liebesglück

Wenn du wirklich in der Liebe glücklich sein möchtest, kommst du um deine Eltern nicht herum. Wenn es dir gelingt, „Ja" zu deinem Vater und zu deiner Mutter zu sagen, wirst du vertrauensvoll und bejahend gegenüber dem Leben sein können. Dieses positive Grundgefühl wirkt sich auf deine Liebesbeziehung aus. Es kann dann viel leichter gelingen, in einem positiven Grundgefühl mit deinem Partner, deiner Partnerin in einer Liebesbeziehung zu sein.

Das klingt für manche erst einmal sehr fremd. Du hast vielleicht Eltern, die dich oft nicht gesehen haben. Dein Vater war vielleicht ungerecht zu dir oder nie da und deinen Geschwistern und deiner Mutter konntest du es auch nicht recht machen. Jetzt bist du endlich erwachsen, für dein Leben verantwortlich mit all den Verletzungen, die du in der Kindheit einstecken musstest und sollst auch noch zu all dem „Ja" sagen.

Dabei hast du dich vielleicht gerade erst mit deinem inneren Kind beschäftigt und fängst an zu spüren, wie weh die Verletzungen tun, die du als Kind erlitten hast und mit dir trägst. Und trotz alledem und gerade mit allen Verletzungen geht der Weg zu deinem Glück nur mit einem ehrlichen und tiefen „Ja" aus deinem Herzen für deinen Vater und für deine Mutter, so wie sie sind oder waren.

Du bist zu 50 % dein Vater und zu 50 % deine Mutter. Da gibt es kein Entrinnen. Natürlich gibt es da auch noch etwas Eigenes, dass du entwickelt hast, aber wenn du dies als Bild nimmst und nicht als mathematisch korrekte Rechnung, wirst du verstehen, dass du dein Lebensglück nur über deine Eltern bekommen kannst. Du hast das Leben von ihnen bekommen und vieles darüber hinaus. Wenn du deine Eltern ablehnst, lehnst du dich selbst auch ab. Niemand aber fordert von dir, dass du ihre Fehler gutheißen sollst.

„Du sollst Vater und Mutter ehren, auf dass es dir wohl ergehe und du lange lebst." So lautet das vierte oder fünfte Gebot – je nach Glaubensrichtung – das angeblich Gott persönlich den Menschen gegeben hat.

Du sollst?

Nein!

Du sollst von uns aus gar nichts, denn das kann dein Herz nach unserer Erfahrung verschließen. Viel unterstützender für eine heilende Öffnung wäre es zu sagen: „Es ist ein Geschenk, eine Gnade, Vater und Mutter aus tiefsten Herzen ehren und lieben zu können. So wie sie waren. Mit allem." Wer innerlich nicht an diesem Punkt ist, kann vieles für sich entdecken und heilen und hat eine große Aufgabe.

Sei dir bewusst, dass wohl jede Mutter, die keine schwerwiegenden Traumata erfahren hat und nicht verbunden ist mit existentiellen traumatischen Familienschicksalen, eine tiefe liebende Verbindung zu ihren Kindern hat. Jede Mutter würde alles, was sie kann, für ihre Kinder tun, damit es ihnen gut geht. Sie würde ihr letztes Hemd den Kindern geben und auch die letzte Scheibe Brot. Sie würde für ihre Kinder kämpfen, wenn es sein muss, Nächte durchwachen, wenn sie krank sind und vieles mehr. Wenn sie das nicht tut, gibt es Traumata, die sie selbst erlebt hat und schwere Familienschicksale, die vorher passiert sind.

Ganz ähnlich geht es einem Vater, der in seiner Kraft ist. Jeder Vater ist so stolz auf seine Kinder und schützt sie und die ganze Familie und sorgt für die Sicherheit und den äußeren Rahmen. Sein Herz läuft über vor Glück, wenn er seine Kinder erlebt und sie groß werden sieht. Wenn dein Vater ganz anders war, sind auch bei ihm und in seiner Familie schwerwiegende Traumata geschehen. Vielleicht ist auch die Beziehung deiner Eltern sehr belastet und schwierig.

Mark Wolynn berichtet in seinem Buch: „Dieser Schmerz ist nicht meiner“ von einer bemerkenswerten Langzeitstudie. An der Harvard University wurde eine über 35 Jahre währende Studie durchgeführt. Hierbei sollten die Teilnehmer anhand einer Skala („sehr eng“, „warmherzig und freundlich“, „tolerant“, „angespannt und kühl“) die Qualität ihrer Beziehung zu ihren Eltern beschreiben. Von denjenigen, die ihre Beziehung zur Mutter als „tolerant“ oder „angespannt und kühl“ angegeben haben, haben fast alle (91%) im mittleren Lebensalter eine schwerwiegende gesundheitliche Diagnose erhalten. Diese Erkrankungen waren beispielsweise Krebs, Bluthochdruck oder Erkrankungen der Herzkranzgefäße. Im Vergleich dazu bekamen von denjenigen, die eine „enge“ oder „warmherzige und freundliche“ Beziehung zur Mutter hatten, nur weniger als die Hälfte eine schwerwiegende gesundheitliche Diagnose in den mittleren Lebensjahren. Das sind starke Zahlen! Wer ein gutes Verhältnis zu seiner Mutter hat, hat eine doppelt so hohe Chance, auch im mittleren Lebensalter gesund zu bleiben, als diejenigen, die eine schlechte Beziehung zur Mutter haben. Auch bezüglich des Vaters gab es in dieser Langzeitstudie ähnliche Resultate.

Besonders deutlich waren die Ergebnisse bei Personen, die zu beiden Elternteilen ein angespanntes Verhältnis hatten. 100 % – (also alle !!!) – bekamen im mittleren Lebensalter größere gesundheitliche Probleme. Von denjenigen, die ein enges und warmherziges Verhältnis zu beiden Eltern hatten, bekamen nur knapp die Hälfte schwerwiegende gesundheitliche Probleme im mittleren Lebensalter.

Das sind frappierende Studien. Unsere Gesundheit hängt stark von der Qualität unserer Beziehung zu unseren Eltern ab. Auch wenn es hier um gesundheitliche Faktoren geht, ist dies auch auf das emotionale Wohlbefinden und damit auch auf das

Beziehungsleben übertragbar. Wenn du dich mit deinen Eltern aussöhnen kannst und sie lieben kannst, so wie sie sind oder waren, wirst du auch dich lieben und auch dein Leben lieben können. Wenn du in diesem bejahenden Lebensgefühl bist, wirkt sich dies natürlich auch auf deine Liebesbeziehung aus.

Aber wie kann das gehen „Ja" zu Mutter und Vater zu sagen? Gerade wenn vieles nicht so gewesen ist, wie du es gewünscht hättest? Wir versprechen dir, dass es möglich ist, sich mit den Eltern auszusöhnen und Frieden mit ihnen zu schließen. Es ist vor allem ein innerer Prozess in dir. Im Außen brauchen und werden sich deine Eltern wahrscheinlich nicht verändern. Vielleicht aber können sie sogar freundlicher werden, wenn sie spüren, dass du sie so sein lässt, wie sie sind. Manchmal kann es zu deinem Schutz notwendig bleiben, dass du räumlich und innerlich einen Abstand zu Mutter oder Vater behältst. Dein Herz kann sich aber trotzdem für deine Eltern und damit für dich öffnen. Es sind schließlich deine Eltern und du hast das Leben durch sie bekommen. Es gibt gute Bücher zu diesem Thema, zum Beispiel das von Berthold Ulsamer „Aussöhnung mit den Eltern". Die können dich bei diesem wichtigen Schritt unterstützen.

Es ist ein Liebes- und Erkenntnisweg, sich mit seinen Eltern auszusöhnen. Um all dem zustimmen zu können, was gewesen ist oder was du eben gerade nicht bekommen konntest, ist es oft notwendig, den schmerzhaften Schritt zu wagen und hinzuspüren, wie sehr das Verhalten deiner Eltern dich damals verletzt hat. Gestehe dir diesen Schmerz ein, statt ihn dir auszureden. „Es war schlimm, liebe Mama" oder „lieber Vater" ist ein Satz, der viele Türen öffnen kann, wenn er nicht im Vorwurf, sondern in Kontakt mit dem eigenen Schmerz innerlich zu den Eltern gesprochen werden kann. Wichtig ist, dass du diesen Satz für dich sprichst mit Blick auf deine Eltern. Ihn offen ihnen gegenüber auszusprechen, ist oft nicht hilfreich und auch nicht nötig. Deine Eltern sind an einem anderen Punkt und würden ihn wahrscheinlich als Vorwurf verstehen, der mehr verschließt als öffnet.

Der nächste und Horizont-erweiternde Schritt ist es, auf das zu blicken, was vorher passiert ist. Schau auf das, was deine Eltern als Kind erfahren haben und wie ihre Kindheit war. Stelle dir vor, in welcher Atmosphäre deine Mutter und dein Vater groß geworden sind. Wie war ihre Mutter? Wie war seine Mutter und wie war ihr und sein Vater? Schaue auf das, was deine Eltern als junge Menschen erlebt haben. Wie sind die Eltern deiner Eltern aufgewachsen, was ist passiert? Vielleicht weißt du etwas darüber, was deine Großeltern und Urgroßeltern erlebt haben.

Du kannst auch, wenn möglich, deine Eltern, Großeltern oder Verwandte fragen, was sie von der Familiengeschichte wissen. Manchmal wird in Familien über keinerlei schwere Schicksale erzählt, alles ist immer gut gegangen, aber das Glück fehlt trotzdem. Dann kannst du sicher sein, dass vieles passiert ist, dass es aber zu schwer und zu schmerzhaft ist oder zu viel Schuld darauf lastet, um etwas darüber erzählen zu können.

Wenn du auf all dieses schaust, gelingt es dir vielleicht jetzt schon, Mitgefühl für deine Mutter oder deinen Vater zu entwickeln und dich selbst besser zu verstehen. Du brauchst nichts für deine Eltern lösen. Auch wenn viele Kinder ihre Eltern retten wollen: Das kannst du nicht und darfst du nicht. In der Beziehung zu ihnen bist du nur das Kind. Du darfst sie lieben und das Leben von ihnen nehmen und alles, was sie dir darüber hinaus gegeben haben. Wenn du schon bereit bist, darfst du ihnen Danke sagen, für das viele, was sie dir trotz alledem gegeben haben.

Wenn es Ereignisse gab, die dich tief verletzt haben, kann es guttun, dich um dein inneres verletztes Kind zu kümmern, das in dir noch lebendig ist. Erkläre deinem inneren verletzten Kind, warum Mama und Papa manchmal so und so reagiert haben und dass das nichts mit dir zu tun hat und dass an dir nichts falsch ist. Finde deinen eigenen Weg, deine Eltern ganz in dein Herz zu nehmen. Vielleicht möchtest du weitere Bücher zu Hilfe nehmen oder aber einen professionellen Wegbegleiter hinzuziehen. Manchmal ist der Weg steinig, aber wenn deine Liebes- und

Bindungsfähigkeit dadurch wächst, ist es ganz sicher lohnenswert. Im Folgenden zeigen wir Wege zur Heilung der verletzten Weiblichkeit und der verletzten Männlichkeit.

1. Wege zur Heilung der verletzten Weiblichkeit

Um in der Paarbeziehung Glück zu haben, und auch im Leben allgemein, brauchen Frauen ihre Mutter. Das ist die Quelle, um ganz zur Frau zu werden, die Tankstelle zur Weiblichkeit. Das ist oft leichter gesagt als getan. Viele haben als Kind etliche Verletzungen durch ihre Mutter erlebt. Wenn die Mutter – aus welchem Grund auch immer – wenig geben konnte, ist es hilfreich, sich mit starken Ahninnen zu verbinden. Ahninnen, die ihr Leben gut gemeistert haben, können diese Brücke zur Kraft und zur Liebe bilden. Manchmal tut die Vorstellung gut, dass hinter allen Ahninnen die „Urmutter" steht. Sie ist ganz in ihrer weiblichen Kraft, stark, liebend, weise, mütterlich, weiblich ... Stelle dir vor, alle Ahninnen bis hin zu deiner Mutter und dir sind über ein Energieband mit dieser mütterlichen Urquelle verbunden.

Auch wenn die Ahninnen schon lange gestorben sind, so lebt doch etwas von ihnen von Generation zu Generation weiter. Mit dieser Stärke kannst du dich verbinden. Probiere es aus. In den folgenden Kapiteln schlagen wir mehrere Erfahrungen vor.

2. Die Mutter – Quelle für Liebesglück für die Frauen

Die Autorin erzählt:
„Als ich zum ersten Mal intensiven Kontakt zum Familienstellen hatte, sagte der Leiter, wenn eine Frau Probleme in Liebesbeziehungen hat, geht es meistens um die Mutter und nicht um den Vater. Ich war vor den Kopf geschlagen. Bis dahin nahm ich an, dass auf den Vater geschaut werden muss, wenn es bei Frauen um Schwierigkeiten in Beziehungen geht.

Ich hatte gelernt, dass ein Mädchen, welches Konflikte mit ihrem Vater hat, diese später als Frau auf ihren Partner oder auf ihren Mann überträgt. Wenn dann in der Therapie diese Konflikte, die zum Vater gehören, bewusst werden und sie spürt, dass diese zu ihr gehören und zwar in die Zeit, als sie Kind war, muss sie diese nicht mehr unbewusst mit ihrem Partner wiederholen. Das klingt logisch und ist sicherlich manchmal auch ein kleiner Teilbereich in der Beziehung.

Dass aber die Mutter so wichtig sein soll für mein Liebesglück und dass dahinter noch viel mehr steht, begriff ich zunächst nur langsam und mit innerem Ringen. Zu sehr hatte ich die damals gängigen tiefenpsychologischen Vorstellungen verinnerlicht."

Sehr anschaulich schildert Mirjam, eine Klientin von uns, ihren berührenden inneren Weg zu ihrer Mutter. Mirjam ist glücklich verheiratete Mutter von zwei fast erwachsenen Kindern.

„Vor Jahren sagte ein Therapeut zu mir: „Du musst deiner Mutter gegenüber klein werden und von ihr nehmen, als Kind". Ich dachte, das ist völlig ausgeschlossen. Wenn ich vor ihr klein werde, verliere ich all meine Kraft, die ich mir mühsam unter anderem über viele Therapiesitzungen in meinem Leben aufgebaut habe. Ich wollte damals vor allem emotional unabhängig sein. Dabei hatte ich so einen Hunger, geliebt zu werden. Mir war damals schon bewusst, dass es meine Mutter auch nicht leicht hatte. Sie ist 1939 geboren, aufgewachsen bei Adoptiveltern, die viele Konflikte miteinander hatten. Sie hat 5 Adoptivgeschwister, von denen das erste Kind als Säugling gestorben ist. Ihre leibliche Mutter und ihren Vater hat sie nie kennengelernt. Es war sehr lange ein Geheimnis, dass sie andere Eltern hatte. Ihr Adoptivvater ist gestorben als sie 17 war. Er war schon jahrelang krank.

Meine Mutter kann sich selbst auch nur schwer lieben. Als junges Mädchen fühlte sie sich immer als „Mauerblümchen", wie sie sagte und konnte gar nicht fühlen und sehen, wie hübsch sie war. Ich habe Fotos von ihr als junge Frau gesehen, sie war wunderschön. Meine

Mutter hat die Leistung vollbracht, in 2 Jahren 3 Kinder zu bekommen, meine 2 Jahre ältere Schwester, meinen 1 Jahr älteren Bruder und dann mich. Sie lebte damals auf dem Land, noch ohne automatische Waschmaschine und hatte kaum Freunde. Auf dem Herd stand über Jahre der große Kochtopf für die Windeln. Wegwerfwindeln gab es noch nicht. Sie war völlig überfordert und dann oft ärgerlich auf uns Kinder und auch auf meinen Vater. Sie hatte doch selbst soooo wenig echte Mütterlichkeit und Wärme als Kind erfahren. Es gab in unserer Familie wenig echte Herzenswärme und Verbundenheit.

Und jetzt sollte ich von ihr nehmen – wie soll das gehen? Es war ein langer Weg und es hat mehrere Jahre gedauert, mein Herz mehr und mehr für meine Mutter zu öffnen. Wichtig auf dem Weg war, meine Verletzungen als Kind zu sehen und liebevoll anzunehmen. Ich habe viel mit dem inneren Kind gearbeitet.

Jetzt bin ich tief berührt, wie viel sie mir und meinen Geschwistern gegeben hat, obwohl sie selbst so wenig bekommen hat!!! Sie hat alles getan, was sie konnte! Das muss ihr erst mal jemand in ihrer Situation nachmachen. Ich liebe sie, weil sie meine großartige Mutter ist. Und jetzt kann ich spüren, dass sie auch mich liebt. Es ist leichter geworden, seitdem ich mein Herz ihr gegenüber wieder öffnen kann.

Schön ist zuzuschauen, wie sehr unsere Kinder ihre Oma lieben, ohne Vorbehalt und ohne Belastung, einfach weil sie die Oma ist."

Eine Frau, die sich selbst liebt und achtet und in ihrer weiblichen Kraft ist, kann einem Mann offen und mit Würde gegenübertreten. Sie braucht den Mann nicht, um emotionale Lecks zu stopfen.

Viele Frauen, die als Kind wenig von ihrer Mutter bekommen haben, erwarten von ihrem Partner, dass er ihnen gibt, was sie damals nicht bekommen konnten. In der ersten Zeit der Verliebtheit sieht es oft so aus, dass das tatsächlich gelingt. Endlich wird der existenzielle Hunger nach geliebt werden, verstanden werden, gesehen werden und umsorgt werden gestillt. Der Liebste ist so gut wie immer erreichbar. Er ist begeistert von deiner Gegenwart und liest dir tatsächlich so manchen Wunsch von den Lippen ab. Endlich, endlich ist das Paradies gefunden. Leider bleibt es nicht so. Wenn die erste Zeit der Verliebtheit vorüber ist, tritt der Alltag ein und so manche Enttäuschung stellt sich auf beiden Seiten ein.

Viele Frauen beklagen sich bei ihrer Freundin, dass der Liebste sie einfach nicht versteht, dass er andere Bedürfnisse hat als sie und dass ihm manches, was ihr wichtig ist, einfach nicht interessiert. Wenn das bei dir so ist, ist es gut, deine Enttäuschung wahrzunehmen. Aber hinterfrage auch, von welchem Ort dein Wunsch an deinen Partner kommt.

Wenn du beispielsweise den Wunsch hast, er sollte dich doch verstehen, wie alt fühlst du dich?

Ist es die erwachsene reife Frau, die diesen Wunsch hat? Fühlst du dich eher als Mädchen, als Kind? An welche Adresse sind diese Wünsche gerichtet? Sind es kindliche Wünsche und wünschst du dir von ihm elterliche Qualitäten?

Wenn du dich in deinem Wunsch eher kindlich fühlst, dann sei du als Erwachsene eine gute Mutter zu deinem inneren Kind und gib ihm, was es so dringend braucht. Oft stellt sich auch Trauer ein, über das viele, was du als Kind nicht bekommen konntest. Auch deine Trauer darüber ist ein wichtiger Heilungsschritt. Dein Liebster ist für diese Art von Wünschen die falsche Adresse. Das kann kein Mann, auch nicht der Beste, leisten. Er ist dafür einfach nicht der Richtige.

Aber wie kannst du ganz in deine weibliche Kraft kommen, wenn deiner Mutter dir nur einen Teil dazu geben konnte?

Wie wir am Anfang dieses Kapitels bereits geschrieben haben, söhne dich mit deiner Mutter aus. Finde einen Weg, sie lieben zu können, so wie sie ist. Ein sehr heilender Satz ist für viele Frauen:

„Liebe Mama, danke für mein Leben, das ich von dir geschenkt bekommen habe und danke für alles, was du mir gegeben hast. Es ist genug. Danke, Mama!"

Spüre nach, was es in dir verändert, wenn du deiner Mutter dankst. Spüre nach, was es in dir bewirkt, wenn du innerlich sagst: *„Es ist genug"*. Genug meint hier, du hast alles von ihr bekommen, was du brauchst, um damit gut im Leben weitergehen zu können.
Du kannst hieraus eine wertvolle Erfahrung machen:

Erfahrung: Deine Mutter und du

Schaffe dir einen Ort, an dem du ungestört bist. Nehme dir einige Minuten Zeit. Stelle dich an einen Platz im Raum und fühle deine Füße auf dem Boden. Atme einige Male tief ein und aus. Fühle dich.

Dann stelle dir vor, gegenüber steht in etwa zwei Metern Abstand deine Mutter. Wenn dich das unterstützt, nehme einen Stuhl als Platzhalter für deine Mutter und stelle ihn dort hin, wo sie stünde.
Du schaust sie an.

Dann sagst du ihr diesen Satz: *„Liebe Mama, danke für mein Leben, das ich von dir geschenkt bekommen habe und danke für alles, was du mir gegeben hast, es ist genug. Danke, Mama!"*

Nehme dir Zeit für einige Atemzüge und spüre, was diese Sätze in dir bewirken.
Für manche kann der Nachsatz: *„Den Rest hole ich mir jetzt woanders"* zusätzlich sehr hilfreich sein.

Spüre, was auch dieser Satz in dir anrührt und lasse die Übung in dir nachklingen. Vielleicht ist die Übung jetzt für dich beendet, vielleicht gibt es noch etwas hinzuzufügen.

Um deine Verletzungen zu heilen und dich nachholend zu nähren, kannst du schauen, was du selbst an Möglichkeiten für dich findest. Vielleicht möchtest du dir gute Massagen gönnen oder dich im warmen Wasser halten und tragen lassen. Es gibt verschiedene Therapeuten, die im körperwarmen Wasser beispielsweise mit Aqua-Release®-Healing oder Watsu arbeiten. Das kann sehr nährend und heilend sein.

Manche, deren Mutter sehr belastet ist und die wenig bekommen konnten, hadern sehr damit und können nicht aufhören, doch noch etwas einzufordern. Dieses Fordern: *„Ich muss von meiner Mutter noch etwas bekommen, mir steht noch etwas zu“*, zieht sich manchmal sehr unglücklich über mehrere Generationen. Aber es hilft nicht. Die Mutter kann nicht mehr geben, als sie gegeben hat. Wahrscheinlich hat sie von ihrer Mutter auch nur sehr, sehr wenig bekommen können.

Wenn du ganz mutig bist und aus diesem Teufelskreislauf aussteigen möchtest, versuche den Satz:

„Liebe Mama, danke für mein Leben und für alles, was ich von dir bekommen habe, ich verzichte darauf, noch mehr haben zu wollen.“

„Ich verzichte“ ist ein starker Satz!
Oft ist es das Gegenteil von dem, was wir uns erhoffen. Aber probiere ihn aus, es verpflichtet dich zu nichts. Nimm wahr, was es in dir verändert, wenn du deiner Mutter, innerlich in deiner Vorstellung, in die Augen schaust und sagst:
„Ich verzichte darauf, noch mehr haben zu wollen, liebe Mama.“

Es kann sehr schmerzhaft sein, das zu akzeptieren. Aber am Ende wirst du viele Schätze finden. Du brauchst nicht mehr da zu suchen, wo es doch nichts gibt. Es können sich Türen öffnen. Du kannst diese Energie jetzt für dich nutzen, statt immer weiter dort zu suchen, wo es nichts gibt.

Viele Menschen mit der Grundeinstellung *„Meine Mama hat mir noch etwas zu geben“* sind sehr unzufrieden im Leben. Sie bekommen ja nie, was sie möchten. Die Mutter kann einfach nicht und ist so sehr innerlich mit anderem beschäftigt, dass mehr nicht geht. Wenn jemand mit dieser Grundeinstellung *„meine Mutter ist mir noch etwas schuldig“* auf einen Liebespartner trifft, wird auch er es ihr nicht recht machen können. Es fehlt doch immer etwas zum Glück, was von außen kommen muss! Dem Partner bleibt dann manchmal nur übrig, sich zurückzuziehen. Die Frau hat ein Fass ohne Boden in sich. Niemand auf der Welt kann dieses Loch füllen. Der einzige Ausweg ist:
„Liebe Mama! Ich verzichte.“

3. Erfahrung: Verbindung zu einer starken mütterlichen Ahnin

In jeder Familie gibt es irgendwo, manchmal nur zwei oder drei Generationen, manchmal auch viele Generationen zurück, eine Ahnin, deren Weiblichkeit nicht beschädigt ist. Diese Ahnin ist ganz in ihrer mütterlichen Kraft, auch in ihrer Kraft und Liebe ihrem Mann gegenüber, deinem Urur...großvater. Durch diese starke Ahnin ist das Leben auch zu dir gekommen. Sie hat es weitergegeben und ihre Kinder und Kindeskinder haben diese Kraft weitergegeben. Aufgrund von schweren Schicksalen konnte diese Kraft nicht immer vollständig weitergegeben werden. In verdünnter Form hat aber auch deine Mutter diese mütterliche Kraft dieser Ahnin in sich und an dich weitergegeben.

Du bist geboren, du lebst und du hast schon manches in deinem Leben erfahren und bewältigt. Wenn du von deiner Mutter nichts bekommen hättest, würdest du nicht leben können.

Wenn du noch mehr Weibliches und Mütterliches in dir aufnehmen und Verletzungen heilen möchtest, kannst du dich mit einer starken Ahnin mit unbeschädigter Mutterkraft verbinden. Wir laden dich zu einer Erfahrung ein. Probier es aus.

Nehme dir ein Blatt Papier als Platzhalter und schreibe darauf:
„Ahnin mit unbeschädigter mütterlicher und weiblicher Kraft“
oder einfach *„Starke Ahnin“*

Nehme dann ein zweites Blatt Papier und schreibe deinen Namen darauf.
„Dein Name“

Dieses Blatt, dieser Platz repräsentiert dich. Lege die beiden Blätter in den Raum im Abstand von 2-3 Metern zueinander.

Lege jetzt deine eigene Geschichte mit deinen eigenen Erfahrungen und Verletzungen so gut es geht auf die Seite. Symbolisch streifst du deine ganze Geschichte ab und legst sie auf deinem Platzhalter, auf deinem Blatt ab. Dort wartet sie auf dich, bis du sie in der Übung wieder brauchst. Dann kommt diese zu dir zurück. Jetzt wirst du „neutral“, sodass du wie ein Stellvertreter für jemand anderen in einer Familienaufstellung fühlen kannst.

Jetzt lädst du zunächst den Platz der *„starken Ahnin“* mit Energie auf. Stelle dir dazu vor, dass es, egal wie viele Generationen weit zurück, diese Ahnin gab – eine Mutter mit unbeschädigter weiblicher Kraft.

Lade dieses Blatt Papier mit dieser Energie auf, indem du dir vorstellst, dort steht jetzt diese Ahnin und es gibt sie tatsächlich. Ihre Energie ist auch heute noch zu spüren. Vertraue darauf.

Stelle dich dann auf dieses Blatt Papier und werde ganz zu dieser Ahnin. Lass dich mit dieser Energie aufladen und nehme wahr, wie du dich fühlst. Nehme wahr, wie du atmest, wie dein Blick ist, wie sicher du auf dem Boden stehst, wie sich dein Körper anfühlt, was für innere Bilder auftauchen ...

Dann verlasse diesen Platz wieder.

Stelle dich auf deinen eigenen Platz auf dein Blatt und nehme deine zuvor abgelegte Geschichte zu dir zurück. Nehme wahr, wie es dir geht. Du selbst. Nehme dir Zeit zu spüren, wie du atmest, wie du mit der Erde verbunden bist, wohin dein Blick geht …

Dann lege deine eigene Geschichte wieder auf deinen Platzhalter ab, das Blatt mit deinem Namen und gehe dann wieder zurück auf den Platz der Ahnin. Werde zu der Ahnin, lass dich ganz einnehmen von dieser Energie – eine Mutter mit unbeschädigter Weiblichkeit, die Liebe und Kraft und Klarheit weitergeben kann und auch ihrem Mann gegenüber in ihrer Kraft, Liebe und Würde ist. Das ist wahrscheinlich eine tiefe und wunderbare Erfahrung für dich.

Wenn du ganz zu dieser Ahnin geworden bist, schaue vor dich. Dort steht, etwa zwei Meter entfernt, eine Nachkommin von dir. Mit all deiner Weiblichkeit und deiner Mütterlichkeit schaust du zu ihr. Vielleicht entsteht eine Geste zu der Nachkommin, vielleicht ein Gefühl oder ein, zwei Worte. Bleibe ein paar Minuten dabei.

Dann gehe wieder auf deinen eigenen Platz und schaue auf den anderen Platz. Vor dir steht diese Ahnin. Spüre, wie sich jetzt dein Platz anfühlt.

Sage ihr: „*Ich bin eine Nachkommin von dir. Das Leben ist auch durch deine Kinder und Kindeskinder zu mir gekommen. Ich nehme jetzt von dir. Danke!*“

Dann atme, ja sauge alles ein, was du im Moment von ihr bekommen kannst. Verteile es innerlich in deinem Körper und lade dein Energiesystem damit auf.

Sage ihr: „*Du hast das Leben an deine Kinder weitergegeben. Durch sie ist es über Generationen zu meiner Mutter und zu mir geflossen. Ich nehme es von dir durch meine Mutter.*“

Stelle dir dann vor, dass es ein Energieband gibt, das von ihr über ihre Kinder und durch die Generationen hindurch bis zu deiner Mutter geht und dass deine Mutter auch mit diesem Energieband verbunden ist. Manche stellen sich auch gerne einen goldenen Faden vor, der alle Generationen miteinander verbindet. Egal, ob deine Mutter von dieser Energie aufnehmen konnte oder nicht, du verbindest dich mit diesem Energieband und lässt dich aufladen mit mütterlicher Energie, die über die Generationen hinweg durch deine Mutter zu dir fließt.

Wenn du möchtest, kannst du diese Erfahrung mit einer Freundin oder einem Freund gemeinsam machen. Bitte deine Freundin oder deinen Freund, sich auf den Platz dieser mütterlichen Ahnin zu stellen und gehe du als du selbst auf deinen eigenen Platz. Jetzt kannst du dieser Ahnin, vertreten durch deine Freundin, in die Augen schauen oder auch, wenn es gebraucht wird, dich von ihr in den Arm nehmen lassen und dich halten lassen.

Vielleicht möchtet ihr auch für einen Teil der Zeit die Position wechseln und euch hinsetzen, sodass du dich ganz in ihren Schoß legen kannst. Mache es so, wie es für dich stimmt.

Es kann auch sehr spannend sein, nach einem Austausch und einer kleinen Pause die Plätze zu tauschen, sodass deine Freundin oder dein Freund ihre oder seine kraftvolle Ahnin spüren kann. Ihr könnt beide wichtige und wahrscheinlich sehr unterschiedliche Erfahrungen machen.

4. Erfahrung: Die Urmutter spüren

Die vorherige Übung lässt sich auch erweitern. Hinter allen deinen weiblichen Ahnen aus der Vater- und Mutterlinie steht die „Urmutter". Damit ist die Urquelle von Weiblichkeit und Mütterlichkeit gemeint – unbeschädigt mit voller weiblicher Kraft, Würde, Weisheit, Liebe, Lust usw. Es geht nicht darum, ob es in der Entwicklungsgeschichte der Menschheit diese eine

Urmutter gegeben hat oder nicht. Es geht um die Ur-Qualität der Weiblichkeit, unverletzt und unbeschädigt. Jede Frau hat diese Qualität in irgendeiner Weise auch in sich. Nur ist diese durch die vielen Verletzungen, die es über die vielen Jahrhunderte und in der individuellen Geschichte gegeben hat und durch gesellschaftliche Normen und Zwänge beschädigt und eingeschränkt.

Lege für den Platz Urmutter ein Blatt Papier in den Raum und schreibe *„Urmutter“* darauf. Wenn du magst, kannst du diesen Platz auch schmücken, beispielsweise mit Blüten, einer Kerze oder anderem. Lege dann noch ein zweites Blatt Papier aus für dich, etwa zwei Meter entfernt gegenüber der Urmutter. Auch diesen Platz kannst du schmücken oder noch ein Foto von dir darauflegen.

Dann stelle dich auf den Platz der Urmutter und lasse dich ganz zu dieser Urmutter werden. Traue dich, diese Energie ganz aufzunehmen und für jetzt die Urmutter zu sein. Das wird wahrscheinlich eine sehr bewegende Erfahrung. Nehme wahr, wie sich dein Körper anfühlt, wie viel Kraft, Wärme und Weiblichkeit in dir ist. Lass diese Kraft sich ganz in dir ausbreiten, schaue dann zu „dir“, zu dem zweiten Blatt Papier.

Nehme wahr, wie du als Urmutter zu „dir“ schaust und was du Urmutter „dir“ geben möchtest oder sagen möchtest. Sage es als Urmutter in Richtung zu deinem Platz. Nehme dir dafür einige paar Minuten Zeit.

Gehe jetzt auf deinen eigenen Platz, du als du selbst. Nehme zuerst ein paar Atemzüge, um dich wieder mit dir selbst zu verbinden.

Nehme wahr, wie du auf dem Boden stehst, wie deine Füße mit dem Untergrund verbunden sind und wie dein Atem kommt und geht. Dann schaue zur Urmutter.

Stelle dir vor, dir gegenüber steht tatsächlich diese Urmutter. Du kannst ihr in die Augen schauen. Strecke deine Handflächen nach vorn – ohne Anstrengung – mit den Handflächen nach oben und nehme von ihr auf. Lass mit jedem Einatmen diese mütterliche Urenergie in deine Hände fließen und weiter in deinen gesamten Körper. Mit dem Ausatmen lässt du abfließen, was du nicht mehr benötigst. Mache dies einige Minuten.

Danach drehst du dich um 180 Grad, so dass du die Urmutter in deinem Rücken hast. Du kannst dir auch vorstellen, dass du dich an sie anlehnst. Nehme jetzt diese Kraft in deinem Rücken wahr und schaue nach vorn. Dort geht es in dein Leben. Vor dir sind deine Kinder, wenn du welche hast, deine Freunde, deine Arbeit, deine Interessen. Neben dir ist vielleicht dein Liebster, wenn du einen hast. Dann schaue in dein Leben, zu deinen Lieben und deinem Partner mit dieser Kraft im Rücken. Wahrscheinlich wird etwas anders sein, als du es sonst kennst.

Wenn dir dieses Ritual gutgetan hat, kannst du es, so oft du möchtest, wiederholen.

Auch dieses Ritual kannst du gut mit einer Freundin machen, so dass sie sich auf den Platz der Urmutter stellt und du ein Gegenüber hast, so wie wir es in der vorherigen Übung beschrieben haben.

Hinweis für unsere männlichen Leser

Liebe Männer: Damit eine Frau in ihrer weiblichen Kraft sein kann, braucht sie ihre Mutter im Rücken. Für Frauen sind die beschriebenen Übungen sehr wichtig. Deshalb sind sie zunächst für Frauen beschrieben. Doch auch für Männer kann es hilfreich und heilend sein, sich mit einer unbelasteten und unbeschädigten Mutterkraft zu verbinden. Besonders, wenn die Mutter innerlich abwesend oder – vielleicht noch viel schlimmer – im Übermaß vereinnahmend war, tut eine Verbindung zu einer gesunden mütterlichen Ahnin bis hin zur Urmutter nach unserer Erfahrung gut. Also, lieber Leser, wenn das Letztere auf dich zutrifft, möchten wir dich besonders herzlich einladen, die hier beschriebenen Übungen auch für dich auszuprobieren. Wir haben sie nicht separat für euch Männer aufgeschrieben.

5. Für Frauen: Die Heilung der Beziehung zum Vater

Auch wenn die Beziehung zum Vater erst an zweiter Stelle kommt, ist sie von großer Bedeutung für das spätere Liebesleben. Auch hier möchten wir eine Klientin berichten lassen.

Heike erzählt:
„Ich möchte von einer meiner wichtigsten Erfahrungen mit Familienaufstellung berichten. Es ist schon ein paar Jahre her. Ich war damals Anfang 30 und wünschte mir so sehr eine dauerhafte Liebesbeziehung und Kinder. Irgendwie „funktionierte“ es mit den Männern immer nur vorübergehend.

In der Aufstellung ging es um meinen Vater, der damals leider nicht mehr lebte. Ich hatte einen inneren Groll auf meinen Vater, weil er für mich als Kind so wenig präsent war. Ich konnte ihn emotional schwer erreichen und es gab immer eine Distanz zwischen ihm und mir. Durch die Aufstellung wurde mir klar, wie sehr mein Vater seinen Vater vermisst hatte. Als er 2 Jahre alt war, hatte er ihn zuletzt gesehen. Mein Großvater war schwer an Syphilis erkrankt und musste in eine Heilanstalt eingewiesen werden. Als mein Vater 5 Jahre alt war, wurde mein Großvater im Rahmen der Euthanasie von den Nazis ermordet. Zu diesem Zeitpunkt war er wahrscheinlich krankheitsbedingt schon sehr verwirrt gewesen. Meine Oma, seine Frau, hatte er zu diesem Zeitpunkt nicht mehr erkannt.

Für meine Oma war das ein schwerer Schlag, sehr enttäuschend und beschämend. Über meinen Opa wurde selten gesprochen. In der Aufstellung wurde deutlich, dass mein Vater immer zu seinem

Vater gewollt hat. Er hatte sich nie verabschieden können und vermutlich als Kind nie verstanden, warum er nicht mehr da war. Er muss seinen Vater sehr geliebt haben und sein Vater ihn.

Ich habe durch die Aufstellung verstanden, dass es nicht an mir lag, dass mein Vater nur so wenig präsent war. Ich habe gesehen, wie stark mein Vater lieben kann. In der Aufstellung konnte der Stellvertreter für meinen Vater, nachdem er sich von seinem Vater noch einmal verabschiedet hatte, auch mich sehen. Ich konnte spüren, dass Liebe zwischen uns fließt.

Ich habe durch die Aufstellung meinen Vater noch einmal ganz anders kennengelernt. Danach ist mein Herz für ihn aufgegangen. Ich habe deutlich gespürt, wenn ich meinen Vater liebe, kann ich auch mich mehr lieben. Ich habe schließlich vieles von meinem Vater in mir. Ich trete seit der Aufstellung Männern anders gegenüber. Es ist leichter geworden und im Kontakt fließt viel mehr.

Wenige Monate nach der Aufstellung habe ich meinen Mann kennengelernt. Wir sind glücklich miteinander und haben inzwischen zwei Kinder."

Die Väter in der Ahnenreihe sind eine wichtige Quelle für Kraft und Klarheit. Wenn du, liebe Leserin, bereits den weiblichen Zweig deiner Ahnen ins Herz genommen hast, ist es ein guter Zeitpunkt, zum Vater und zu seinen Eltern und Ahnen zu schauen. Die im folgenden Abschnitt beschriebenen Erfahrungen für Männer können auch den Frauen sehr viel geben.

6. Der Vater als Quelle für Liebesglück für Männer

Um in einer Liebesbeziehung auch nach dem Honeymoon bestehen zu können, ist es sehr wichtig, ein gutes inneres Bild von seinen Eltern im Rücken als Kraft und Reserve zu haben. Für die Frauen ist besonders die Mutter von großer Bedeutung und für die Männer der Vater.

Schauen wir jetzt zu den Männern: Ein Mann, der seinen Vater hinter sich weiß und mit einer gesunden Männlichkeit verbunden ist, schaut eine Frau anders an als einer, der wenig mit männlicher Kraft verbunden ist. Der „verbundene Mann" schaut mit mehr Kraft und mehr Unabhängigkeit. Er weiß, dass die Welt nicht dauerhaft untergeht, wenn es mit dieser einen bestimmten Frau nicht geht. Gerade diese unabhängige Stärke macht den Mann für Frauen unwiderstehlich. Gerade diese Stärke zählt mehr als ein schönes Aussehen. Ein verbundener Mann ist stark, aber auch gefühlvoll und verantwortungsbewusst. Er kann, wenn es darauf ankommt, die Familie gut ernähren und Frau und Kinder schützen. Wenn es notwendig ist, kann er Grenzen setzen, auch mal kämpfen und sich durchsetzen. Er ist auch kontaktfreudig – egal ob vordergründig oder eher im Stillen im Hintergrund – und strahlt Sicherheit und Erfolg aus. Auch das muss nicht gleich für alle sichtbar am Horizont leuchten. Stille Wasser haben es bekanntermaßen auch in sich ...

Frauen fühlen sich selten von Losertypen angezogen. Das ist ein biologisches Überlebensprogramm. Unbewusst sucht wahrscheinlich jede Frau – auch eine, die keine Kinder möchte – einen Mann, der Sicherheit und Stärke ausstrahlt und damit vermittelt, dass die Versorgung der Brut sichergestellt ist.

Wer seinen Vater liebt und achtet – egal wie er ist oder war – hat eine viel höhere Wahrscheinlichkeit, bei den Frauen gut anzukommen und nachhaltig zu bestehen. Er braucht nicht um Liebe zu betteln. Männer, die im Wesentlichen ohne ihren Vater aufgewachsen sind, haben es oft viel schwerer mit den Frauen.

Ähnlich, wie es für die Frauen im Bezug zur Mutter gilt, stimmt es auch für Männer: Liebe und achte deinen Vater, dann liebst und achtest du auch dich. Es geht nicht darum, seine Fehler, seine Schwächen und vielleicht auch seine Schuld gutzuheißen und zu „verzeihen". Das darfst du gar nicht. Wenn dein Vater oder auch sein Vater im Krieg oder woanders schlimme und schlimmste Dinge tun musste und Schuld auf sich geladen hat, so bist du der letzte, dem es zustehen würde, ihm zu „verzeihen“. Aber – du bist nur das Kind und du darfst ihn lieben! Wenn es eine Schuld gibt, musst du sie bei ihm lassen. Auch die Opfer brauchen deine Achtung, aber nur aus der unschuldigen Position als Kind.

So viele Männer sind ohne Vater aufgewachsen: Der Vater war im Krieg, Seemann, Fernfahrer, unbekannt, auf und davon oder untergeschoben oder durch Krankheit oder Unfall früh gestorben. Viele Männer sind bei ganz oder teilweise alleinerziehenden Frauen groß geworden, weil die Beziehung auseinandergegangen ist. Oder der Vater war zwar körperlich in der Familie anwesend, aber innerlich so sehr mit anderem beschäftigt, dass die Kinder wenig von ihm bekommen konnten. Es gibt so viele Gründe, die dazu führen, dass ein Mann „vaterlos“ ist.

Viele Männer gehen mit gebremster Kraft durchs Leben, weil ein gesundes inneres Bild von einer guten väterlichen Kraft fehlt. Entweder der Vater war körperlich oder seelisch nicht klar vorhanden oder aber inakzeptabel, weil er gewalttätig war und vielleicht im Krieg Schuld auf sich geladen hatte oder laden musste.

Erschwerend für viele Jungen kommt hinzu, dass nicht wenige Mütter, die mit ihrem Ehemann nicht glücklich sind, den Vater vor dem Kind schlechtmachen. Der Junge, der natürlich seine Mutter liebt, ist innerlich im Dilemma. Er liebt, manchmal heimlich tief im Inneren versteckt, in der Regel auch seinen Vater sehr und braucht ihn. Er kann und darf ihn aber nicht nehmen, weil er dann die Liebe zu seiner Mutter verraten würde.

Wer so aufwächst, hat es schwer, die guten Seiten vom Vater aufzunehmen. Er muss dann erst einmal lernen, einen Schritt von seiner Mutter wegzugehen. Oft kann er erst dann im guten Sinn die Kraft seines Vaters aufnehmen. Das ist für viele Männer ein schwerer Schritt. Männer, aber auch manche Frauen, deren Mutter den Vater schlechtgemacht haben, sind weit überdurchschnittlich gefährdet, zum Alkoholiker zu werden. Wenn du von dieser Dynamik betroffen bist, kann ein Satz hilfreich sein:

„Liebe Mama, ich mute dir zu, dass ich meinen Papa genauso lieb habe wie dich."
Nehme wahr, was sich in dir und in der Beziehung zu deinem Vater verändert, wenn du dies innerlich zu deiner Mutter sagst.

Wir möchten ein Beispiel zeigen, wie ein Mann das Männliche in sich entdeckt und heilt. Lassen wir dazu unseren Klienten **Christopher** (64) selbst erzählen:
„Die Ehe meiner Eltern war nicht glücklich. Mein Vater war vier Jahre im Krieg und kam als gestörtes Wrack zurück. Ich habe von ihm nie etwas darüber erfahren, was er im Krieg machen musste. Er war nach Alkohol-„Genuss" immer sehr aggressiv. Meine Mutter und er haben sich oft lautstark gestritten und als ich 9 Jahre alt war, haben sie sich scheiden lassen. Ich hatte, wie damals bei „schuldhaften Scheidungen" (diesen Rechtsbegriff gibt es heute nicht mehr, d. A.) üblich, ein Kontaktverbot zu ihm bis ich 19 war. Wenn meine Mutter über ihn geredet hat, war es nichts Gutes. Sie musste viel arbeiten, um das Haus abzubezahlen und ich war viel mit meinen großen Schwestern allein.

Die Dominanz meiner Mutter hat meine Kindheit, meine Jugend und ein Stück weit auch mein Erwachsenenleben bestimmt. Ganz sicher auch mein Verhalten in Paarbeziehungen. Sie hat es selbst so vorgelebt und auch mir mit aller Macht aufgedrückt: ‚Nimm dich selber nicht so wichtig. Du musst funktionieren. Dein Selbstwert wird durch deine Leistung bestimmt. Sei niemals schwach. Hab dich nicht so. Stell dich nicht so an. Ein Indianer kennt keinen Schmerz. Jungen weinen nicht. Du bist doch keine Memme!'

Wenn ich mich „ungehörig" verhalten habe, hat sie mich durch Liebesentzug gestraft. Sie hat nicht mehr gelächelt und mir signalisiert: „Ich hab dich nicht mehr lieb". Oft hat sie mich auch böse angeschaut oder mich vollständig ignoriert.

Manchmal schlug sie mir mit der Hand ins Gesicht oder verprügelte mich. Nach der Bestrafung folgte die erzwungene Reue.

Ich musste mich für mein Verhalten entschuldigen, egal ob ich mich nach meiner Ansicht wirklich falsch verhalten habe oder nicht. Sie hatte immer ‚recht'.

In der Folge war ich als Kind immer bemüht, es IHR recht zu machen. IHR sollte es gut gehen, SIE sollte lächeln, SIE sollte glücklich sein. Ich wollte um alles in der Welt lieb gehabt werden. Ich habe alles getan, um ein guter Schüler und später erfolgreich im Beruf zu sein. Obwohl ich mich mit 16 von meiner Mutter abgewendet habe, habe ich dieses Muster beibehalten. Ich habe lange gebraucht, um zu verstehen, dass ich es in meinen Liebesbeziehungen nicht anders gemacht habe. Ich wollte meinen Partnerinnen immer alles recht machen. Das kann nicht funktionieren.

Ich wusste nicht wirklich, wie das mit dem ‚Mann sein' geht. Wie hätte ich das auch lernen sollen? Mein Vater hat mir sehr gefehlt, aber das war mir lange nicht klar. Meine Partnerinnen hatten es mit mir schwer, da ich aus den Erlebnissen meiner Kindheit in der Folge eine hohe, dicke Schutzmauer vor meinen Gefühlen aufgebaut hatte. Dahinter sind früher nur wenige gekommen. Von der tief unten vergrabenen Verzweiflung und der Wut auf meine Mutter durfte niemand etwas wissen, am wenigsten ich selbst.

Aus einer frühen Liebesbeziehung ging meine älteste Tochter hervor. Ich konnte und wollte damals nicht in die Vaterrolle schlüpfen. Im Nachhinein wurde mir klar, dass ich überhaupt nicht wusste, wie Vatersein geht. Sie wuchs nicht bei mir auf und ich hatte leider sehr wenig Kontakt zu ihr.

Nach mehreren unglücklichen Liebesbeziehungen war ich gezwungen, mich auf den Weg zu machen. Eine Gesprächstherapie war ein wichtiger Anfang. Die eigentlichen Heilungswege wurden aber vor allem durch Familienaufstellungen möglich, ein Prozess, der immer noch nicht abgeschlossen ist. Ich verstehe jetzt die Gefühle des kleinen Christophers viel besser und sorge für ihn, so gut ich das kann. Ich entdecke mehr und mehr kraftvolle Männlichkeit im positiven Sinn und fange an zu ahnen, wie sich das anfühlt.

Auch begreife ich jetzt, dass die vielen Gefühle, die durch mich durchgehen, nicht alle aus meinem eigenen Erleben kommen. Nicht alle meine Gewaltfantasien und nicht gelebten Gewaltausbrüche, die ich spüre, sind meine eigene Geschichte. Viele Gefühle gehören zu meinem Vater und seinen Kriegserlebnissen. Andere gehören zu meiner Mutter und ihrem Vater mit seiner herzkalten Kindheit. Wieder andere Gefühle wie Verlassenheit und Ausweglosigkeit gehören auch zu meiner Oma und der bösen Stiefmutter, die sie hatte. Ein Teil der Wut ist aber meine eigene, weil ich von meiner Mutter so sehr drangsaliert wurde. Alles das bin ich und ich bin es doch nicht. Ich verstehe meine Eltern und Großeltern und auch mich besser.

Langsam kann ich mich auf gesunde Weise in einer Liebesbeziehung hingeben und abgrenzen. Ich habe auch meine Liebe zu meinem Vater wiederentdeckt. Stück für Stück verstehe ich immer mehr, wie viel Entsetzen er im und nach dem Krieg erleben musste und wie schwierig die Beziehung meiner Eltern für beide gewesen sein muss. Die negativen Urteile meiner Mutter über meinen Vater und über Männer kann ich mehr und mehr hinter mir lassen und für mich eine gute Männlichkeit entwickeln."

Kein Mann ist wirklich vaterlos. Jeder Mensch hat einen Vater und eine Mutter. Dieser sehr banal scheinende Satz hat auf der Seelenebene eine große Bedeutung. Jeder Mensch ist nicht nur biologisch, sondern auch auf Seelenebene an seinen Vater und seine Mutter gebunden. Mit der Verschmelzung des Samens und der Eizelle entsteht unweigerlich ein Mensch mit zwei verschiedenen Genpools und in der Regel zwei kompletten Sätzen von Großeltern, viermal Urgroßeltern, achtmal Ururgroßeltern und so fort. Diese Menschen haben gelebt und ihre Erfahrungen sind in ihrer DNS und damit auch in unserer DNS eingebrannt.

Auch wenn ein Vater unbekannt ist, so ist doch sein Kind mit ihm und seinen Ahnen für immer verbunden.

Diesen Satz müssen wir im laufenden Text hervorheben. Er ist einer der wichtigsten des Buches. Die Anzahl an Presseartikeln und Forschungsbeiträgen über Menschen, die ihren Vater nicht kennen und immer wieder nach ihm suchen, ist groß. Es gibt sehr viele Berichte über Menschen, die ihren Vater erst spät im Leben kennengelernt haben und dann überrascht sind, wie viele gemeinsame Züge und Charaktereigenschaften sie von ihrem Vater in sich wiederfinden.

Der Vater ist wichtig, auch für dein Liebesglück. Ganz besonders, wenn du ein Mann bist.

Wir möchten dich einladen zu einer Erfahrung.

Erfahrung: Dein Vater und du

Nehme dir Zeit und stelle dich, gut mit der Erde verbunden, hin. Spüre den Boden unter deinen Füßen. Atme einige Male tief durch.

Dann stelle dir vor, dir gegenüber steht in etwa zwei Metern Abstand dein Vater. Wenn dich das unterstützt, nehme einen Stuhl als Platzhalter für deinen Vater und stelle den hölzernen Stellvertreter dir gegenüber dort hin, wo dein Vater stünde.

Du schaust ihn an. Dann sagst du ihm diesen Satz:
„Lieber Vater/Papa, danke für mein Leben, das ich von dir bekommen habe. Danke für alles, was du mir gegeben hast. Ich bin dein Sohn und nehme es von dir."

Nehme dir Zeit für einige Atemzüge und Zeit zu spüren, was diese Sätze in dir bewirken. Falls du damit haderst, dass dein Vater zu wenig oder gar nicht da war oder schlimm war für dich, nehme alle diese Gedanken und Empfindungen wahr. Auch wenn es nicht genug war oder nicht das Richtige, versuche dennoch den Satz:
„Den Rest hole ich mir jetzt woanders."

Spüre, was dieser Satz bewegt. Wenn du damit in deine eigene Verantwortlichkeit kommen kannst, gibt dir dieser Satz Kraft.

Was kann ein Mann tun, der – aus welchem Grund auch immer – wenig von seinem Vater bekommen konnte, um das Männliche und die Vaterkraft jenseits von Machogehabe und Muskelprotzerei zu nähren und zu stärken? Ganz lebenspraktisch tut es vielen Männern gut, mit anderen Männern zu sein. Im Beruf, in der Freizeit, mit einem Freund. Das kann besonders Männern guttun, die in ihrer Kindheit und auch später beruflich und privat vor allem mit einem Frauenumfeld verbunden sind. Darüber hinaus gibt es eine andere Ebene, auf der du dich mit unbeschädigter Männlichkeit verbinden kannst: deine Ahnen.

Wenn du – wie viele Männer – das Gefühl hast, dass dir ein Mehr an männlicher Kraft guttun kann, weil bei deinem Vater, Großvater, Urgroßvater viele schwächende Ereignisse passiert sind, laden wir dich hier zu weiteren Erfahrungen ein.

7. Erfahrung: Verbindung zu einem kraftvollen väterlichen Ahn

In jeder Familie, auch in deiner, gibt es irgendwo, manchmal zwei oder drei Generationen zurück, manchmal auch erst viele Generationen weiter zurück, einen Ahn, dessen positive männliche Kraft nicht beschädigt ist. Dieser Ahn ist ganz in seiner väterlichen Kraft, auch in seiner Kraft und Liebe seiner Frau gegenüber, deiner wahrscheinlich Urur...großmutter.

Auch durch diesen kraftvollen Vater ist das Leben zu dir gekommen. Er hat es weitergegeben und seine Kinder und Kindeskinder haben diese Kraft weitergegeben. Durch schwere Schicksale konnte diese Kraft nicht immer vollständig weitergegeben werden. In verdünnter Form hat aber auch dein Vater, sogar wenn du ihn nie gesehen haben solltest, diese männliche Kraft dieses Ahns in sich und an dich weitergegeben. Selbst wenn er danach nicht mehr für dich da war.

Du bist geboren, du lebst und du hast schon manches in deinem Leben erfahren und bewältigt. Wenn dein Vater dich nicht gezeugt hätte, würde es dich nicht geben. Wir laden dich ein, dich mit einem in seiner Kraft unbeschädigten Ahn zu verbinden. Probiere es aus.
Nehme dir ein Blatt Papier und schreibe darauf:
„Ahn mit unbeschädigter männlicher und väterlicher Kraft“

oder einfach *„Starker Ahn“*. Lege dieses Blatt in den Raum.

Stelle dir dann vor, egal wie viele Generationen weit weg, gibt es diesen Ahn – einen Vater mit unbeschädigter männlicher Kraft. Einen Mann, der ganz mit seiner Kraft, seiner Verantwortlichkeit und mit seinen Ahnen verbunden ist. Lade dieses Blatt Papier mit dieser Energie auf, indem du dir vorstellst, dort steht jetzt dieser Ahn. In voller Lebensgröße materialisiert er sich vor dir im Raum. Es hat ihn gegeben und jetzt ist er da.

Stelle dich dann auf dieses Blatt Papier, nehme den Körper, den du dir gerade im Raum vorgestellt hast, in dir auf und werde ganz zu diesem Ahn. Lass dich mit dieser Energie aufladen und nehme wahr, wie du dich fühlst. Das ist ein sehr wichtiger Platz. Schaue dich um im Raum und nehme wahr. Gebe dir dafür 1-2 Minuten Zeit.

Dann verlasse kurz bewusst diesen Platz und werde zunächst einmal wieder ganz du selbst.

Lege dann ein zweites Blatt Papier vor diesen Ahn in etwa zwei Metern Abstand. Dieses Blatt, dieser Platz repräsentiert dich. Stelle dich auf dieses Blatt und nehme war, wie es dir geht. Schaue durch den Raum zu dem Platz von deinem starken Ahn. Stelle dir vor, er stünde wirklich da, in Lebensgröße. Spüre, was es für dich bedeutet, zu ihm zu schauen.

Gehe dann wieder zurück auf den Platz des starken Ahns und werde zu ihm. Lasse dich ganz einnehmen von dieser Energie – ein verbundener Vater mit unbeschädigter Männlichkeit, der Kraft, Klarheit und Liebe weitergeben kann und auch seiner Frau gegenüber in seiner Kraft und Achtung ist.

Wenn du ganz zu diesem Ahn geworden bist, schaue vor dich. Dort steht, etwa zwei Meter entfernt, ein Nachkomme von dir. Mit all deiner männlichen Kraft und deinem Verantwortungsbewusstsein und deiner Liebe schaust du zu ihm. Vielleicht entsteht eine Geste zu deinem Urur…enkel, vielleicht ein Gefühl oder ein, zwei Worte. Bleibe ein paar Minuten dabei.

Dann gehe auf deinen eigenen Platz zurück und fühle dich ein. Du, auf deinem Platz. Stelle dir vor, vor dir steht dieser Ahn. Spüre, wie sich jetzt dein Platz anfühlt.

Sage ihm: *„Ich bin ein Nachkomme von dir. Das Leben ist auch durch dich zu mir gekommen. Ich nehme es jetzt von dir. Danke!“*

Dann atme, ja sauge alles ein, was du im Moment von ihm bekommen kannst. Verteile es innerlich in deinem Körper und lade dein Energiesystem damit auf.

Sage ihm: *„Du hast das Leben an deine Kinder weitergegeben. Und an die Jungs deine Männlichkeit, deine Kraft und dein Verantwortungsbewusstsein. Über dich ist die Kraft zu meinem Vater und zu mir geflossen. Ich nehme von dir durch meinen Vater.“*

Stelle dir dann vor, dass es ein Energieband gibt, wie ein goldener Faden, das von ihm über seine Kinder und durch die Generationen hindurch bis zu deinem Vater geht und dass dein Vater auch mit diesem Energieband verbunden ist. Und egal, ob dein Vater viel von dieser Energie hat oder nur wenig, du verbindest dich mit diesem Energieband und lässt dich aufladen mit väterlicher, verbundener männlicher Energie, die über die Generationen hinweg durch deinen Vater zu dir fließt.

Nehme wahr, wie es dir jetzt geht, spüre deinen Körper, deinen Atem, dein Herz. Bleibe noch eine Weile in dieser Energie.

Wenn du möchtest, kannst du diese Erfahrung mit einem Freund oder einer Freundin gemeinsam machen. Bitte deinen Freund oder deine Freundin, sich auf den Platz dieses männlichen Ahns zu stellen und geh du als du selbst auf deinen eigenen Platz. Jetzt kannst du diesem Ahn, vertreten durch einen Freund oder eine Freundin, in die Augen schauen oder auch dich von ihm in den Arm nehmen lassen und dich väterlich-kraftvoll halten lassen.

Es kann auch sehr spannend sein, nach einem Austausch und einer kleinen Pause die Plätze zu tauschen, sodass dein Freund oder deine Freundin seine oder ihren kraftvollen Ahn spüren kann. Ihr könnt beide wichtige und wahrscheinlich sehr unterschiedliche Erfahrungen machen.

8. Erfahrung: Den Urvater spüren

Die vorherige Übung lässt sich auch erweitern. Hinter allen deinen männlichen Ahnen aus der Vater- und Mutterlinie steht auch der Urvater. Damit ist die Urquelle von Männlichkeit und Väterlichkeit gemeint – unbeschädigt mit voller männlicher Kraft, Klarheit, Würde, Weisheit, Liebe, Lust, Verantwortlichkeit usw. Es geht nicht darum, ob es in der Entwicklungsgeschichte der Menschheit diesen einen Urvater gegeben hat oder nicht. Es geht um die Ur-Qualität der Männlichkeit, unverletzt und unbeschädigt. Jeder Mann hat diese Qualität in irgendeiner Weise auch in sich. Nur ist diese durch die vielen Verletzungen, die es über die vielen Jahrhunderte gegeben hat und durch gesellschaftliche Normen und Zwänge beschädigt und eingeschränkt. Hinzu kommen schlimme Ereignisse und Katastrophen in der persönlichen Geschichte der Ahnen.

Lege für den „Urvater" ein Blatt Papier in den Raum und schreibe *„Urvater"* darauf. Wenn du magst, kannst du diesen Platz auch schmücken, beispielsweise mit Symbolen, einem persönlichen Kraftgegenstand, einer Kerze oder anderem.

Lege dann noch ein zweites Blatt Papier aus für dich, etwa zwei Meter entfernt, gegenüber dem Urvater. Auch diesen Platz kannst du schmücken oder noch ein Foto von dir darauflegen.

Dann stelle dich auf den Platz des Urvaters und lasse dich ganz zu diesem Urvater werden. Trau dich, diese Energie ganz aufzunehmen und für jetzt der Urvater zu sein. Das wird eine sehr bewegende Erfahrung. Du wirst wahrscheinlich die Welt, Leben und Tod, Lieben und Kämpfen und anderes von einer völlig anderen Perspektive wahrnehmen.

Nehme wahr, wie sich dein Körper anfühlt, wie viel Kraft, Wärme, Männlichkeit und Väterlichkeit in dir ist. Lass diese Kraft sich ganz in dir ausbreiten.

Schaue dann zu „dir", zu dem zweiten Blatt Papier.
Nehme wahr, wie du als Urvater zu „dir" schaust und was du Urvater „dir" geben möchtest oder sagen möchtest.
Nehme dir dafür einige Minuten Zeit.

Gehe jetzt auf deinen eigenen Platz, du als du selbst. Nehme zuerst ein paar Atemzüge, um dich wieder mit dir selbst zu verbinden. Nehme wahr, wie du auf dem Boden stehst, wie deine Füße Verbindung zum Untergrund haben und wie dein Atem kommt und geht. Dann schaue zum Urvater.

Stell dir vor, dir gegenüber steht tatsächlich dieser Urvater. Du kannst ihm in die Augen schauen. Strecke deine Handflächen nach vorn mit den Handflächen nach oben und nehme von ihm auf. Lass mit jedem Einatmen diese männliche und väterliche

Urenergie in deine Hände fließen und weiter in deinen gesamten Körper. Mit dem Ausatmen lässt du abfließen, was du nicht mehr benötigst. Mach dies einige Minuten.

Danach drehst du dich um 180 Grad, sodass du den Urvater in deinem Rücken hast. Du kannst dir auch vorstellen, dass du dich an ihn anlehnst.

Nehme jetzt diese Kraft in deinem Rücken wahr und schaue nach vorn. Hier geht es in dein Leben. Vor dir sind deine Kinder, wenn du welche hast, deine Freunde, deine Arbeit, deine Interessen. Neben dir ist vielleicht deine Liebste, wenn du eine hast.

Dann schaue in dein Leben, zu deinen Lieben und deiner Partnerin mit dieser Kraft im Rücken. Wahrscheinlich wird etwas anders sein, als du es sonst kennst ...

Wenn dir dieses Ritual gutgetan hat, kannst du es so oft du möchtest wiederholen. Auch dieses Ritual kannst du gut mit einem Freund oder einer Freundin machen, sodass er oder sie sich auf den Platz des Urvaters stellt und du ein Gegenüber hast, so wie wir es in der vorherigen Übung beschrieben haben.

Einfühlen in Schicksale der Ahnen 12

Bei der Begleitung von Menschen beobachten wir immer wieder, wie gut es tut, einen Sachverhalt oder eine schlimme Geschichte, die sich ereignet hat, zu erläutern und dabei ein Stück weit zu erfühlen, was dieses Geschehen bedeutet. Auch in Aufstellungen, in der Seelenbegleitung bereits verstorbener Ahnen kann etwas zur Ruhe kommen, wenn wir zu ihnen sprechen und erklären, wie sie gestorben sind, vor allem, wenn sie sehr plötzlich oder sehr dramatisch ums Leben gekommen sind.

Der Erwachsene kann dem inneren Kind oder dem inneren verlassenen Embryo von damals, als der Zwilling gestorben ist, liebevoll erklären, was geschehen ist. Der reife Mann kann dem Jugendlichen von damals erklären, warum sich bestimmte schlimme Ereignisse zugetragen haben und den fehlenden Teil, die damals noch nicht vorhandene Wahrnehmung für Zusammenhänge, zufügen. Auch das macht ganz.

Viele unserer Ahnen haben so Schlimmes erlebt, dass sie, mit heutigen Worten ausgedrückt, schwere PTBS-Symptome entwickelt haben. Dieses moderne Kürzel bedeutet posttraumatisches Belastungssyndrom. Um zu überleben wurde alles nicht Überlebensnotwendige betäubt, weggedrängt, vergessen, verzerrt, geleugnet, abgeschaltet.

Auch wenn es wohl für viele Seelen im Moment des Sterbens eine sehr geschärfte und lichtvolle Wahrnehmung gibt, entsteht bei uns immer wieder der Eindruck, dass die eingeschränkte Wahrnehmung und der Schutz durch Verdrängung mit dem Tod auch für die Seelen nicht vollständig vorbei sind. Es tut nicht nur bei Lebenden dem inneren Kind gut, liebevoll und mit Zuspruch vom Erwachsenen erklärt zu bekommen, warum die Mama nicht da war und der Papa oft so gereizt war.

Es tut auch bereits gestorbenen Ahnen gut, wenn sich ein Nachkomme oder aber der Leiter einer Aufstellung einfühlt in das Leben einer Oma, die viel erdulden musste und ihr noch einmal widerspiegelt und erklärt, wie schwer sie es hatte und was sie alles gefühlt und erlitten hat. Das tut aber nicht nur den bereits Gestorbenen gut, es kann auch die Lebenden befreien, die die Gefühle der Ahnen am eigenen Körper fühlen.

Inzwischen ist auch wissenschaftlich belegt, unter anderem durch Erkenntnisse der Epigenetik, dass auch Nachkommen mehrerer Generationen ungebeten die Gefühle der Ahnen fühlen können und dass dies sogar in den Aktivierungscodes des Erbgutes festgeschrieben ist.

Der Autor erzählt:

„Ich erzähle die Geschichte so, wie sie über lange Zeit aus dem Zusammentragen von bekannten Fakten aus meiner Familiengeschichte und durch Bilder von Stellvertretern in mehreren Aufstellungen entstanden ist.

Ich habe über Jahrzehnte immer wieder unter Bauchschmerzen gelitten, ohne dass es medizinische Ursachen dafür gab. Immer wieder war ich beim Arzt und habe alle möglichen Untersuchungen machen lassen.

Zum ersten Mal besserten sich die Bauchschmerzen deutlich, als nach sehr langer Suche mit vielen Methoden und Therapeuten bei einer Aufstellung klar wurde, dass meine Oma vor meiner Mutter noch ein Kind mit einem anderen Mann hatte. Das Kind entstand durch eine verbotene Liebe, vermutlich mit einem Stallknecht.

Meine Oma war noch sehr jung und hatte ihre Mutter bei der Geburt verloren. Sie wurde in eine andere Familie gegeben und musste hart arbeiten. Mit fünf Jahren musste sie bereits die Kühe melken und vieles andere tun. Zärtlichkeit und Halt gab es nicht. Das sind die Fakten, die ich von ihrer Geschichte weiß. Aber es ist noch viel mehr geschehen. Ungefähr Folgendes muss passiert sein.

Als sie heranreifte, entstand zwischen dem viel älteren Stallknecht und ihr eine verbotene Liebe. Endlich gab es Zuspruch und Zärtlichkeit, die beide so vorher nie hatten. Nach einiger Zeit flog die Verbindung auf. Meine Oma war schwanger. Das durfte niemand wissen, sie war noch sehr jung, vielleicht dreizehn oder vierzehn. Meine Oma und der Stallknecht konnten nicht mehr zusammen sein. Ihr Bauch wurde dicker. Es gab nur noch einen Ausweg: Sie musste das Kind heimlich bekommen. Es würde dann in eine andere Familie gegeben werden.

Da zum Hof auch eine Hofschänke gehörte, bei der es Publikumsverkehr gab, musste der Bauch sicher versteckt werden. Sie wurde in ein weites Kleid und in ein Korsett gesteckt. Das war unerträglich eng geschnürt. So konnte die Zeit verkürzt werden, in der sie der Öffentlichkeit fernbleiben musste. Ihre Arbeitskraft wurde auch in der Schänke gebraucht.

Als dann das Kind kam, hatte der Knecht seine Aufgabe. Ihm wurde gedroht, wegen Kindesmissbrauchs oder Vergewaltigung angezeigt zu werden und viele Jahre im Gefängnis zu verbringen. Also tat der Knecht, wozu die Hausherren ihn erpresst haben. Er musste sein eigenes Kind umbringen und sicher unauffindbar beseitigen. Er tat, was er mit zahlreichen Hunde- und Katzenbabys schon getan hat … Das tote Neugeborene landete im offenen Feuer, das in der Kochstelle, in der Tenne des Hauses brannte.

Es gibt kein einziges Foto meiner Oma, auf dem sie glücklich aussieht.

Ein Bruder meiner Mutter wurde schizophren, eine Schwester starb an Brustkrebs und ein weiterer Bruder meiner Mutter und seine Frau starben bei einem Unfall, an dem der schizophrene Onkel beteiligt war. Mein Bruder war Alkoholiker und ist daran gestorben. Meine Mutter war in ihren letzten Lebensjahren sehr verwirrt.

Ich habe einen anderen Weg eingeschlagen und gesucht und gesucht. Meditation, Meister, mehrere Psychotherapieausbildungen,

Trommeln und vieles mehr. Vieles wurde nach langer Suche und durch viele Erkundungswege – manchmal auch Irrwege und unglücklich geendete Liebesbeziehungen – erst durch die Familienaufstellungen klar. Die Entdeckungen Bert Hellingers und unsere daraus folgenden Weiterentwicklungen haben sicher mein Liebesleben, vielleicht sogar mein Leben gerettet. Erst langsam verstehe ich in der Tiefe, was meine Oma alles erlebt hat. Meine Bauchschmerzen haben eine Verbindung zu ihren Bauchschmerzen. Zu dem Korsett, dass sie während der verbotenen Schwangerschaft tragen musste und zu ihrem wohl abgrundtiefen Schmerz, wenn sie ihn fühlen könnte, um das Kind, das nicht sein durfte. Auch das dramatische Ende der Verbindung zu diesem Mann, den sie geliebt hat, wiegt schwer.

Ich habe am eigenen Leib sehr deutlich erlebt, wie gut es tut, den Ahnen und mir selbst die Geschichte zu erzählen, so wie sie sich abgespielt haben könnte. Es wird gehört. Mein Bauch ist deutlich entspannter und schmerzt nicht mehr so oft.“

Ich kann aus eigener Erfahrung auch bestätigen, dass schwere Symptome nicht mit einer einzigen Aufstellung oder einem einzigen Ritual weg sind. Das wäre auch sehr viel verlangt, wenn man bedenkt, wie entsetzlich viel Leid dahintersteckt. Ähnlich einer Zwiebel treten immer neue und tiefere Schichten ans Licht. Es ist ein Weg, der viel Zeit und Mitgefühl und viele Rituale und anderes braucht. Im folgenden Kapitel möchte ich aus meiner Erfahrung heraus zu einer Einfühlungserfahrung anregen:

Erfahrung: in ein Schicksal einfühlen

Wenn du ein Ritual durchführst und einen Ahn mit einer schweren Geschichte ansprichst, ist es hilfreich, wenn du innerlich so gut wie möglich verstanden hast, was diese Person zu Lebzeiten erlitten und gefühlt hat. Wenn dir Fakten bekannt sind, ist dies für die

Einfühlung besonders hilfreich. Sonst fühle ins „Blaue“, was sich dir an Bildern auftut, was dieser Ahn erlebt haben könnte und wie das für ihn war und tu so, als ob es tatsächlich so war. Die Resonanz des Raumes kann dir den Weg zeigen. Manchmal kann man spüren, dass es ganz still im Raum wird, manche spüren eine Erleichterung, wenn endlich etwas Wahres benannt wird oder ein leichtes Vibrieren. Dann hast du etwas berühren dürfen, das guttut. Wenn aber deine Energie mehr und mehr in den Kopf geht und du vor allem mit Gedanken beschäftigt bist, bist du auf der falschen Fährte. Dann ist es besser, es bei dem Nichtwissen zu belassen.

Für Rituale ist es oft sehr hilfreich und öffnend, dem Ahn zu erklären, was er genau erlebt haben könnte und wie er sich wohl dabei gefühlt haben könnte.

Hierzu geben wir ein Beispiel. **Birgit**, eine Klientin, hat diese traurige Geschichte mitgebracht:
Von ihrer Mutter hat Birgit wenig bekommen können. Die Mutter war hart und abweisend. Birgits Mutter hat von ihrer Mutter, Oma Claudia, auch nur wenig Halt bekommen können. Birgit weiß von Oma Claudia, dass sie das einzige überlebende Kind der Uroma ist. Uroma Marie hat insgesamt sieben Kinder geboren. Von ihren sieben Kindern sind das erste, vierte und das letzte Kind nach der Geburt gestorben. Das zweite und zwei weitere Kinder sind in den ersten zwei Lebensjahren an Krankheiten gestorben. Nur ihr drittes Kind, Oma Claudia, hat überlebt.

- Wie geht es einer jungen Frau, deren erstes Kind einige Tage nach der Geburt stirbt? Was fühlt diese, wohin schaut sie?

- Wie geht es Uroma Marie mit der Geburt ihres ersten Kindes?
- Wie geht es ihr nach dem Tod des Kindes und in den Wochen danach?
- Wie ist die Verbindung von Marie zu ihrem Mann?

- Wie geht es Marie, wenn sie wieder schwanger ist?
- Was fühlt sie?
- Wohin schaut sie?

Ihr zweites Kind, bisher kräftig und gesund, stirbt mit 2 Jahren an Diphtherie.
- Wie geht es ihr?
- Was fühlt sie, was denkt sie?
- Wie ist jetzt die Ehe?

Marie ist wieder schwanger.
- Was denkt sie während der Schwangerschaft? Was fühlt sie?

Das dritte Kind wird geboren, die spätere Oma Claudia.
- Wie geht es Marie? Freut sie sich über das Kind? Hat sie es im Blick oder ist sie mit anderem beschäftigt?

Das vierte Kind wird geboren und stirbt gleich nach der Geburt ...
Das fünfte Kind stirbt ...
Das sechste Kind stirbt ...
Das siebte Kind stirbt ...

- Welche Glaubenssätze hat Uroma Marie über das Leben?
- Was glaubt sie über sich als Frau und Mutter?
- Was kann sie überhaupt noch fühlen?

- Wie ist ihre Ehe?
- Was kann sie ihrer Tochter geben?

- Wie geht es dem Kind, der späteren Oma Claudia? Wohin schaut sie? Welchen Kontakt hat sie mit ihren Eltern?

- Welche Glaubenssätze gibt Uroma Marie über das Leben weiter?

Wieviel Trauma, Ausweglosigkeit, Hoffnungslosigkeit und Versteinerung?
- Wie würde es dir gehen, wenn du das alles erlebt hättest?

Dieses erschütternde Beispiel aus dem richtigen Leben kann zeigen, wie wichtig Gespräche mit den Ahnen sein können. Fühle dich in die Seele von Uroma Marie ein und stelle dir vor, dass deine Urenkelin Birgit dir Sätze sagt wie:

„Liebe Uroma Marie. Hier spricht deine Urenkelin Birgit. Du hast so gelitten. Du warst so hoffnungsfroh, als du geheiratet hast und hast so viel Unglück erlebt. Deine beiden ersten Kinder sind gestorben. Bei dem ersten Kind hast du ... (bitte einfügen) gefühlt. Das ist unerträglich für eine Mutter. Bei dem zweiten Kind hast du ... gefühlt und resigniert. Als dein drittes Kind, meine Oma Claudia, geboren wurde, hattest du kein Vertrauen mehr ins Leben.

Du hast dich gar nicht recht gefreut und warst immer mit deinen toten Kindern beschäftigt. Danach hast du noch drei weitere Kinder bekommen, die alle gestorben sind. Das war so schwer, dass du nur noch ganz wenig fühlen konntest. Das tut mir so leid.

Du und dein Leid und meine gestorbenen Großonkel und Großtanten haben einen großen Platz in meinem Herzen. Manchmal fühle ich deine Schwere und Sinnlosigkeit und deine Härte in mir. Ich weiß jetzt, warum ich nie Kinder haben wollte. Ich verstehe jetzt, dass das deine Gefühle sind. Die gehören gar nicht wirklich in mein Leben. Ich möchte dir noch sagen, dass dein Leid nicht vergebens war. Ich habe noch drei Geschwister und wir leben alle gern. Ich danke dir für mein Leben, das auch durch dich zu mir gekommen ist. Das Leben ist gut weitergegangen. Ich verneige mich tief vor deinem Schicksal und bitte dich um Segen für mein Leben. Wenn ich darf, gebe ich dir jetzt die Schwere und die Hoffnungslosigkeit und ... zurück. Diese Gefühle gehören vor allem in dein Leben."

- Füge noch Sätze hinzu, die dir kommen oder vervollständige unseren Vorschlag.
- Wie geht es dir, wenn du innerlich auf dem Platz von Uroma Marie diese Sätze hörst?
- Tut das gut?
- Braucht es vielleicht noch etwas?
- Bist du mehr in Frieden, wenn eine Nachkommin dir sagt *„Ich sehe dein Leid"* und dein Schicksal würdigt?

So wie in diesem Beispiel gezeigt, kannst du dich in ein schweres Schicksal einfühlen und Gutes damit tun. Bei den in diesem Buch beschriebenen Ritualen kannst du auch ähnlich vorgehen. Bitte wandle dann den jeweiligen Vorschlag so ab, wie er für dich stimmig ist.

Nehme dir jetzt ein schweres Schicksal aus deiner Familiengeschichte, von dem du weißt. Gehe innerlich erst einmal alle Fakten zu diesem Schicksal durch, die du kennst. Vielleicht hast du auch die eine oder andere Vermutung gehört und die eine oder andere Schlussfolgerung. Diese müssen aber nicht stimmen. Sei ruhig skeptisch über diese Art von Information aus deiner Familie.

Dann lehne dich zurück und stelle dir vor, du bist diese Person. Stelle dir ein Stück weit vor, dass du das alles am eigenen Leib erleben würdest. Wie geht es dir? Gehe die dir bekannten Fakten durch und fühle, wie es dir ginge. Dann gehe von diesem Platz weg und noch einen Schritt weiter. Fühle dich in die daran beteiligten anderen Personen ein, wie zum Beispiel in den Ehemann, die Kinder, den Täter, wenn es einen gibt und so weiter. Wie geht es diesen Menschen?

Gehe innerlich wieder zurück zu dem Platz des Ahns, der gelitten hat. Welche Konsequenzen hätte das alles für „mein" Leben, wenn ich das alles erleben würde? Wie würde ich denken, fühlen, handeln?

Dann entwickle aus deinen Einsichten Sätze, wie du diesem Ahn, dieser Ahnin noch einmal mit Mitgefühl erklären kannst, wie sehr er oder sie gelitten hat und warum.

Füge auch noch heilende Sätze hinzu wie *„Es war nicht umsonst, das Leben ist weitergegangen"* oder *„Danke für mein Leben"* oder noch andere Sätze. Sei kreativ, fühle, was gebraucht wird.

Beobachte, was in dir geschieht.

Oft tut es gut, sich vor den schweren Schicksalen zu verneigen. Du darfst die Schwere und das Leid zu deinen Ahnen zurückgeben. Wenn es geachtet ist, nehmen sie es gerne zu sich und freuen sich, wenn es den Nachkommen gut geht. Du darfst sie um ihren Segen für dein Leben bitten.

Diese Übung kann dir die eine oder andere Einsicht schenken. Da gibt es vieles zu entdecken – und vielleicht auch bei dir zu heilen?

13 Verletztes Lieben heilen: Beispiele aus unserer Praxis

In unseren Seminaren mit Familienaufstellung begegnen wir immer wieder bewegenden Fällen von verletzter Weiblichkeit, verletzter Männlichkeit und verletzter Liebe in früheren Generationen. Auch wurden nicht selten illegitime Kinder ausgesetzt oder getötet. Wir beschreiben diese bedrückenden Zusammenhänge im Kapitel 15 „Lieben war gefährlich". Einiges hat manchmal noch heute, viele Generationen später, durchschlagende Auswirkungen auf die Paarbeziehung. Wir möchten zwei große heilsame Erfahrungen mit euch teilen.

In beiden Fällen haben wir unter anderem Gebete gesprochen, um die Seelen der Ahnen, die Schweres erlebt haben, zu begleiten. In der Arbeit mit diesen beiden Schicksalen war dies sehr lösend. Wenn jemand mit Gebeten wenig anfangen kann, hätte es auch andere gute Wege gegeben. Die Nachkommen, hier Oliver und Svenja, hätten auch zu den Ahnen sprechen können, ihnen erklären können, dass sie schon lange gestorben sind und ihnen einen Platz im Herzen geben können. Sie hätten sich vor deren schwerem Schicksal verneigen können und das Leidvolle und Schwere ihnen, bildlich gesprochen, ins Grab legen können. Es gibt mehrere Wege, um auch bei leidvollen Schicksalen eigener Ahnen mit Freude und Liebe ins eigene Leben gehen zu können.

Oliver: Ekel vor Schwangerschaftsbauch seiner Frau

Oliver ist stolzer Vater einer 3-jährigen Tochter. Julia, seine Frau, ist mit dem 2. Kind schwanger. Eigentlich ist alles gut. Aber – Oliver erzählt:

„Seit Julias Schwangerschaftsbauch deutlich zu sehen ist, ziehe ich mich zurück. Um ehrlich zu sein, ich empfinde eine regelrechte

Abneigung zu ihrem Körper, vor allem ihrem Bauch, fast als würde er mich anekeln. Ich verstehe das nicht. Ich liebe meine Frau und wollte gerne mit ihr ein zweites Kind. Den Ekel habe ich auch schon so empfunden, als Julia mit Emma, unserem ersten Kind schwanger war. Jetzt ist es wieder so.

Ich möchte Julia nicht kränken. Aber ich gehe ihr aus dem Weg und vermeide körperlichen Kontakt. Julia verletzt das sehr. Ich weiß nicht, was los ist. Julia wirft mir vor, dass ich absichtlich extrem viel arbeite und nicht für sie da bin. Ich muss gestehen, sie hat recht. Ich mache gerne Überstunden, wenn auch mit schlechtem Gewissen.“

Oliver vermutet, dass seine Eltern vielleicht viel Streit hatten, als seine Mutter mit ihm schwanger war. Sein Vater hatte noch studiert und seine Eltern sind erst kurz vor seiner Geburt zusammengezogen. Oliver berichtet aber, dass sein Vater immer wieder beteuert hat, dass er sich sehr auf ihn gefreut hat. Er fand Olivers Mutter wunderschön mit dem Schwangerschaftsbauch. Oliver hat auch seine Mutter gefragt, wie die Schwangerschaft war. Sie weicht dem Thema aber aus und meint, als er dann da war, war er für beide das große Glück. Zu der Schwangerschaft kann Olivers Mutter nicht viel sagen und sagt jedes Mal: *„Ich war noch so jung und habe meinen Körper wenig beachtet.“*

Wir schlagen Oliver vor, zunächst über Stellvertreter diese Situation anzuschauen. Er stellt stellvertretend einen Mann für sich in den Raum (Oliver*) und stellvertretend eine Frau für die schwangere Julia (Julia*).
Oliver* sagt: *„Sorry, ich mag nicht zu meiner Frau schauen.“*

Die Leiterin bittet Oliver, einen zweiten Stellvertreter an einen Platz in den Raum zu führen, für das Thema, um was es geht oder die Person, um die es geht, weshalb Oliver* nicht zu seiner Frau schauen kann.

Oliver wählt einen Mann aus und stellt ihn neben Julia*.
Jetzt wo der Stellvertreter für „das Thema" (Thema*) da ist, kann Oliver* ein paar Blicke zu seiner Frau Julia* wagen, es wird leichter für ihn.

Das Thema* sagt: *„Ich fühle nichts, ich muss auf den Boden schauen, alles ist abgeschnitten. Es muss irgendetwas Schreckliches sein, mehr fühle ich nicht."* Das Thema* schaut intensiv auf den Boden. Dort auf den Boden, auf die Stelle, zu der das Thema* schaut, bittet die Leiterin eine weitere Stellvertreterin sich hinzulegen.

Das Thema* sagt: *„Es wird noch schlimmer, ich glaube dort liegt eine Frau"*. Die Stellvertreterin am Boden fühlt fast nichts, sagt dann aber nach einiger Zeit: *„Ich fühle mich weiblich, ja, ich bin eine Frau"*.

Das Thema* sagt: *„Ich habe das Gefühl, es ist eine schwangere Frau"*.
Die Stellvertreterin am Boden bestätigt dies: *„Ich fühle meinen Bauch, er fühlt sich gewölbt an, wie schwanger."*

Die Leiterin erläutert, dass es hier wohl so aussieht, als ob eine schwangere Frau sehr gelitten hat und das Weiblichkeit und Liebe hier sehr verletzt sein müssen. Wir wissen nicht, was genau passiert ist. Wir bekommen eine Ahnung, dass es etwas Schweres sein muss. Die Energie im Raum fühlt sich schwer und gedrückt an. Wir haben keine Informationen über diese Ahnen.

Die Leiterin lädt Oliver* ein, für die Ahnen hier, die Schlimmes erlebt haben, das Gebet: „Gegrüßet seist du Maria" zu beten. Diese traditionellen Gebete haben oft eine erstaunlich heilende und friedvolle Wirkung, wenn Schlimmstes passiert ist. Im nächsten Kapitel schreiben wir mehr darüber. Die Leiterin hilft ihm mit dem Text und spricht das Gebet vor.

Gegrüßet seist du, Maria, voll der Gnade.
Der Herr ist mit dir.
Du bist gesegnet unter den Frauen
und gesegnet ist die Frucht deines Leibes, Jesus.
Heilige Maria, Mutter Gottes,
bitte für uns Menschen
jetzt
und in der Stunde unseres Todes.
Amen

Während Oliver* das Gebet für die Frau* am Boden und die andere Person, das Thema* spricht, wird die Frau* ruhiger. Oliver* spricht es mehrmals.

Die Frau* am Boden bestätigt, die Gebete tun ihr gut und dann schildert sie vage Bilder, die sie hat: *„Ich bin schwanger, aber das Kind wird mir entrissen und getötet, wie eine Bestrafung fühlt es sich an. Es ist so schrecklich. Er – der Mann dort (das Thema*) – ist der Vater des Kindes. Die Liebe ist verboten, vielleicht bin ich die Tochter eines autoritären Herrschers. Der Mann muss auch sterben. Ich habe wahrscheinlich weitergelebt und wurde wohl mit jemand Legitimem verheiratet, aber es ging nichts mehr. Ich konnte nicht mehr lieben. Es ist so schrecklich.“*
Das Thema* bestätigt, dass es so sein könnte. Die Worte der Frau* stoßen auf Resonanz bei ihm. Beide bestätigen, dass die Gebete guttun.

Wir stellen für alle drei, die Frau, das Kind und den Mann eine Kerze hin. Die Leiterin legt Oliver* folgende Worte in den Mund: *„Ihr habt sehr gelitten, möget ihr verstehen, dass ihr schon lange gestorben seid und mögen helfende Kräfte euch begleiten, einzusinken. Möget ihr euren Frieden finden. Wir verneigen uns tief vor eurem Schicksal. Ihr habt alle einen Platz in meinem Herzen.“*

Oliver* und Julia* verneigen sich. Jetzt werden die Stellvertreter für Oliver und seine Frau nicht mehr gebraucht, da Oliver und Julia selbst ihre Plätze einnehmen und im Raum stehen. Auch sie verneigen sich beide vor der Frau und dem Mann.

Oliver wird von der Leiterin ermutigt, wiederholt tief auszuatmen und bei jedem Ausatmen alles zu dem Mann und der Frau zurück zu atmen und zurückfließen zu lassen, was er noch von deren Schicksal aufgenommen hat und trägt.

Oliver schaut wieder zu Julia, seiner schwangeren Frau. Beide gehen einige Schritte von dem Mann und der Frau weg. Er kann Julia jetzt anschauen und ist sichtlich berührt, Tränen stehen in seinen Augen.

„Endlich kann ich deinen Bauch anschauen, ohne dass es unangenehm ist. Ich fange an, ihn schön zu finden. Ich freue mich auf unser zweites Kind.“ Er umarmt Julia. Diese ist sichtlich gerührt. Jetzt ist die Nähe zur hochschwangeren Julia möglich.

Erläuterung von Olivers Aufstellung:

Die Aufstellungsbilder, die die Stellvertreter sehen und fühlen, müssen nicht die genaue Wahrheit sein, wie etwas gewesen ist. Sie geben aber eine Grundenergie wieder, hier von einem dramatischen gewaltsamen Ereignis, bei dem Menschen auf schlimmste Weise gelitten haben und umgebracht wurden.

Es hilft und heilt nicht, wenn wir analysieren, was genau in welcher Generation passiert ist. Das werden wir nie genau herausfinden. Wenn wir aber mit Mitgefühl auf diese schweren Schicksale schauen und diese achten, auch wenn wir nicht genau wissen, was geschehen ist und wer genau das ist, ist das sehr wohltuend.

Es heilt in Richtung der Ahnen, die sehr gelitten haben, zu schauen und ihnen zu sagen: „Ihr habt sehr gelitten und ich sehe euch.“ Damals gab es oft keine Totenbegleitung und es tut gut, diese nachzuholen. Unsere Erfahrung ist, dass diese unerlösten Seelen menschliche Begleitung, Mitgefühl und Ansprache brauchen, damit sie loslassen können und es vorbei sein darf. Oft reichen unsere Worte allein nicht aus und Gebete und kleine Rituale wie beispielsweise das Hinlegen von Blumen oder Anzünden von Kerzen können hilfreich sein.

Möglichkeiten der seelischen Nachbereitung:
Nach so fundamentalen Aufstellungen wie dieser empfehlen wir eine Nachbereitung. Wir empfehlen, vorübergehend in einer stillen Ecke zu Hause oder in der Natur einen Ort einzurichten und dort noch einmal den Seelen der Aufstellung zu gedenken. Oft tut es gut, die Menschen, die dieses Schicksal erlebt haben – so wie sie von den Stellvertretern erspürt wurden – zu benennen. Beispielsweise „Urahnin, die unerlaubt schwanger war" oder „Geliebter dieser Frau" oder „Kind, dass nicht leben durfte" …

Für jeden kannst du einen Zettel schreiben oder zeichnen oder Symbole für diese Seelen verwenden, wie ein besonderer Kiesel, einen Ast, eine Blume etc. Vielleicht möchtest du Kieselsteine mit einem Filzstift zu einem temporären Grabstein umwidmen und ihn beschriften und bemalen.

Ist der Platz bereitet, werden die Ahnen und die Schicksale, die für diese Frage, für dieses Ritual dazu gehören, angesprochen und ihnen wird noch einmal erklärt, wer jetzt vor ihnen steht. Dann tut es gut, dort Blumen hinzulegen, vielleicht etwas zu singen und Gebete zu sprechen.

Oft haben wir Angst, dass wir auch leiden müssen, wenn wir zu etwas Schrecklichem schauen. Wir befürchten, dass wir mit hineingezogen werden in das Unglück. Du kannst mit so einem Ritual niemandem unrecht tun oder dir etwas Schlimmes „einfangen". Unsere Erfahrung ist, dass es das Gegenteil bewirkt: **Benennen mit Mitgefühl heilt, befreit und macht leicht.**

Wir sind über körperliche Symptome und Emotionen, unerklärliche Ängste, Wut und anderes sowieso mit den Schicksalen unserer Ahnen verbunden. Wenn wir dagegen ankämpfen und uns innerlich sagen: *„Ich möchte damit nichts zu tun haben, ich lebe heute und kümmert ihr euch doch um euren Mist“* wird es schlimmer. Wenn wir dagegen unsere Ahnen anschauen, egal ob wir etwas über sie wissen oder nicht, selbst wenn der Blick vollständig „ins Blaue“, ins Unbekannte geht und wir den Ahnen vermitteln *„Wir achten euch, ihr gehört dazu“* kann es leichter werden.

Es geht beim Einfühlen nicht darum, dass wir deren Schicksal erleiden und detailgetreu alles an uns wieder spüren, was sie erlebt haben. Das möchte niemand, es ist zu groß. Es geht vielmehr darum, dass wir unsere Ahnen und Ahninnen achten, andeutungsweise erahnen, was sie erlitten haben und uns energetisch entladen. Bildlich gesprochen legen wir ihnen mit ins Grab, was wir noch von ihnen tragen. Wenn sie angeschaut wurden mit ihrem Leid und geachtet sind, können sie ihren Frieden finden und dann segensreich hinter uns stehen.

Wir möchten euch noch einen weiteren Fall von verletzter Mütterlichkeit vorstellen, der für viele Frauen und Paare mit Kinderwunsch besonders berührend sein kann:

Svenja: Schwere Schwangerschaftsübelkeit

Leichte Übelkeit während der Schwangerschaft ist normal und häufig hormonell bedingt. Dauert die Übelkeit aber auch nach den ersten drei Monaten an und ist sehr stark, gibt es nach unserer Erfahrung oft eine Verbindung zu schweren Schicksalen der Ahnen im Zusammenhang mit Liebe, Schwangerschaft und Geburt.

Auch wenn es hilfreich sein kann, etwas über tragische Ereignisse aus der Familiengeschichte zu wissen, ist es nicht nötig, genau zu wissen, was geschehen ist. Manchmal sind es mehrere Schicksale, die es in der Familie gegeben hat. Es lohnt auf alle Fälle, sich über Familienaufstellung oder andere spirituelle Arbeit mit den Schicksalen unserer Ahnen zu beschäftigen. Wir alle sind mit ihnen verbunden, ob wir das wollen oder glauben, spielt dabei keine Rolle. Wir schildern hier Svenjas Heilungsweg mit ihrer Schwangerschaftsübelkeit. Eine Aufstellung ins Unbekannte und Nacharbeit hat ihr sehr geholfen, die Übelkeit zu vermindern und sich zusammen mit ihrem Mann auf das Kind zu freuen.

Svenja ist im 6. Monat schwanger und ihr ist sehr oft übel. Die Anfälle sind so stark, dass sie nicht mehr arbeiten kann und krankgeschrieben ist. Es ist furchtbar. Svenja freut sich auf ihr Kind, aber die Übelkeit und das häufige Übergeben rauben ihr die Kraft. Sie hofft, dass die Schwangerschaft bald zu Ende ist. Svenja weiß um eine mögliche Verbindung ihres Leidens zu Schicksalen der Ahnen. Auf die Fragen der Leiterin findet sie kein bestimmtes Ereignis in ihrer Familiengeschichte, das mit dieser starken Übelkeit zusammenhängen könnte. Aber fest steht, ihr ist übel, mehr als den meisten anderen schwangeren Frauen.

Wir laden Svenja zu einer Übung, zu einem Ritual ein:
Nehme dir Zeit und stelle exemplarisch drei Stellvertreterinnen für Ahninnen aus deiner Familie, die Schweres während ihrer Schwangerschaft, Geburt und der Zeit danach erleiden mussten, auf.

Gehe dann zu jeder einzelnen Ahnin, schaue sie an und entzünde für sie eine Kerze und stelle diese vor sie auf den Boden. Nehme dir Zeit und verbinde dich ins Unbekannte mit dem Schicksal jeder Einzelnen der drei, auch wenn du nichts darüber weißt.

Wenn dieses jeweilige Schicksal der Grund ist, dass du dir heute noch die Seele aus dem Leib spuckst, muss es sehr, sehr schlimm gewesen und mit Leben und Tod verbunden sein.

Spüre, welche Gefühle bei der Hinwendung zu jeder einzelnen Stellvertreterin in dir entstehen, welche Verbundenheit du wahrnehmen kannst.
Dann bete einmal oder mehrere Male das „Gegrüßet seist du Maria“ oder auch andere heilende Totengebete.

Svenja stellt drei Stellvertreterinnen im Raum auf. Dann geht sie zu der ersten Frau und stellt eine Kerze dazu. Sie spricht zu der ersten Frau:
„Ich bin eine Nachkommin und ich bin schwanger. Ich ahne, dass ich mit deinem Schicksal verbunden bin. Du hast Schlimmstes erlebt und sehr gelitten, auch wenn ich nicht weiß, was passiert ist. Vielleicht warst du schwanger, so wie ich jetzt.

Du bist schon lange gestorben, mögest du jetzt deinen Frieden finden. Ich habe für dich eine Kerze entzündet. Ich bete für dich.

Gegrüßet seist du, Maria, voll der Gnade.
Der Herr ist an deiner Seite.
Du bist gesegnet unter den Frauen, so wie alle Frauen gesegnet sind.
Gesegnet ist die Frucht deines Leibes, so wie die Frucht jeder Frau gesegnet ist.
Heilige Maria, Göttliche Mutter, segne uns Menschen, jetzt und in der Stunde unseres Todes.
Amen“

Svenja spricht dreimal das von uns abgewandelte Mariengebet in der beschriebenen Heilungsform (siehe Kapitel 14). Es wird ganz still im Raum. Dann verneigt sie sich vor diesem Schicksal, vor dieser ersten Frau.

Svenja geht zur zweiten Frau und entzündet auch für sie eine Kerze. Sie spricht die gleichen Sätze wie zur ersten Ahnin.

Dann kommt sie zur dritten Ahnin. Auch hier entzündet sie wieder eine Kerze und schaut zur Ahnin.

Die Ahnin* hält sich den Bauch, ihr ist übel und sie muss auf den Boden schauen. Sie sagt: *„Ich glaube, dort liegt ein Kind, mein Kind. Es ist etwas Grausames geschehen.“*

Die Leiterin schlägt Svenja folgende Worte zu dieser Ahnin vor: *„Euer Kind durfte nicht leben. Es wurde getötet. Die Moral deiner Zeit war grausam. Du durftest es nicht lieben. Du hast so sehr gelitten und bist schon lange gestorben. Du bist bis heute nicht in Frieden damit. Ich bin eine Nachkommin und ich sehe dein Leid. Mögest du jetzt deinen Frieden finden. Mögen helfende Kräfte dich begleiten. Du und dein Kind haben einen Platz in meinem Herzen."*

Svenja spricht die Worte und ihr stehen Tränen in den Augen. Diese Berührtheit zeigt, dass die Stellvertreterin etwas Stimmiges und irgendwie Richtiges aus dem Feld von Svenjas Ahnen aufgefangen hat. Svenja betet mehrmals das Mariengebet für diese Frau.

„Gegrüßet seist du, Maria, voll der Gnade.
Der Herr ist an deiner Seite.
Du bist gesegnet unter den Frauen, so wie alle Frauen gesegnet sind.
Gesegnet ist die Frucht deines Leibes, so wie die Frucht jeder Frau gesegnet ist.
Heilige Maria, Göttliche Mutter, segne uns Menschen, jetzt und in der Stunde unseres Todes.
Amen"

Abschließend verneigt sie sich vor dieser Frau.

Nachdem sie bei allen drei Ahninnen* gewesen ist, bittet sie um Segen für sich: *„Bitte segnet mich und unser Kind und meine Schwangerschaft, Danke."*
Svenja verneigt sich noch einmal tief vor jeder Einzelnen.

Die Leiterin wählt einen Stellvertreter für Svenjas Kind aus. Es setzt sich zu Svenjas Füßen. Svenja schaut auf ihr Kind*. Sofort kuschelt sich das stellvertretende Kind ganz nah an Svenja an. Beide sind sichtlich glücklich.

Svenja taten diese Gebete und Verbindung zu den Ahnen gut. Sie hat die Übung für sich mehrfach zu Hause wiederholt.

Für die Ahninnen zündet Svenja zu Hause jeweils eine Kerze an und legt eine Blüte dazu, dann betet sie für die Ahninnen, verneigt sich vor ihnen und lässt beim Ausatmen die Lasten, die sie von deren Schicksal noch trägt, zurückfließen.

Einige Wochen später schreibt sie uns:
„Ich kann es kaum glauben. Meine Übelkeit ist fast weg. Ich freue mich so auf unser Kind, wie in der Aufstellung am Schluss. Ich war schockiert, überrascht und befreit von der Aufstellung. Ich habe dieses Ritual mit den drei Kerzen mehrfach zu Hause gemacht. Mein Mann wollte auch dabei sein. Auch er ist sehr berührt von dem Ritual und ganz begeistert, dass er mich wiederhat. Ich kann mich auch endlich wieder sehr über seine Gegenwart (und über Sex-smiley) freuen. Ich bin so froh, dass ich bei euch war. Danke."

Wenn dich Svenjas Geschichte angesprochen hat und du einen Kinderwunsch hast, der sich bis jetzt nicht erfüllt hat oder das Thema Liebe, Schwangerschaft und Geburt für dich belastet ist, möchtest du vielleicht auch eine Gebetsaufstellung/ein Ritual mit Kerzen „ins Blaue" machen. Im folgenden Kapitel geben wir dir weitere Hinweise dazu.

14

Gebete und Heilungsrituale für deine Ahnen und dich

Wir haben schwere Schicksale beschrieben, die über die Jahrhunderte geschehen sind. Viele Familienschicksale wirken in die Paarbeziehung hinein. Wenn ihr als Paar glücklich seid und glücklich bleiben wollt, ist es hilfreich und manchmal sogar notwendig, die Ahnen mit in euer Glück hineinzunehmen und euch gegenseitig von euren schweren Familienschicksalen etwas zu erzählen, wenn ihr etwas darüber wisst.

Wir möchten neben den Einfühlungsübungen und der Würdigung der Ahnen weitere Heilungsmöglichkeiten vorstellen, damit die Schwere und das Leid sich lösen können und ihr mit der Kraft eurer Ahnen verbunden sein könnt, ohne mit ihnen zu leiden: Gebete in Heilungsritualen. Diese kannst du allein oder auch mit deinem Partner, deiner Partnerin sprechen, wenn ihr beide bereit seid.

Für einige Menschen sind Gebete selbstverständlich und im Alltag integriert. Anderen sind Gebete fremd. Manchen bereiten Gebete große Schwierigkeiten, da sie beispielsweise in der Kindheit aufgedrängt wurden oder an ein enges Korsett von Kirche und Moral erinnern. Wenn dies für dich so ist, möchten wir dich einladen, noch einmal neu auf die mögliche Heilkraft von Gebeten zu schauen. Wir möchten dir in diesem Kapitel ein paar Anregungen mitgeben, wenn du in deinen Ritualen Gebete sprechen möchtest. Gebete können ein Weg der Heilung sein. Sie können auf der Seelenebene eine starke heilende Kraft entfalten, die rational nicht verstehbar ist. Viele Gebete sind durch geistige Kraft über die Jahrhunderte aufgeladen worden. Immer wieder wiederholte Gebete schaffen ein starkes „morphisches Energiefeld", wie Rupert Sheldrake es genannt hat. Sie sind stärker als unsere Worte im Alltag. Gebete sind eine Sprache, die die Seelen berührt, auch wenn die Menschen schon lange gestorben sind.

Manchmal arbeiten wir in Aufstellungen mit Gebeten, die unsere Ahnen zu ihrer Zeit auch schon selbst gesprochen haben. So viele Ahnen haben das Vaterunser gebetet, zur spirituellen Anbindung, zur Öffnung des Herzens und zum Erflehen von Beistand. So viele Ahninnen und Ahnen haben das „Gegrüßet seist du Maria" gebetet zur Anrufung in der Not. So viele Soldaten jeweils beider Seiten haben es auf den Schlachtfeldern der letzten siebenhundert Jahre gebetet und „Maria breit' den Mantel aus, mach Schirm und Schutz für uns daraus" gesungen, in der Hoffnung, sich damit eine „kugelsichere Weste" zu erschaffen. Die ständige Wiederholung über Hunderte von Jahren haben ein Energie- und Bewusstseinsfeld geschaffen. Wahrscheinlich wirken Gebete in Aufstellungen auch deshalb auf diese tiefe, heilende Weise bei schweren Schicksalen unserer Vorfahren. Gebete können den Seelen, die noch nicht in Frieden sind, helfen loszulassen.

Manche unserer Klienten haben Schwierigkeiten mit christlichen Gebeten. Das hat Gründe, auch wenn wir sie nicht kennen. Daher arbeiten wir gelegentlich, wenn es um die Begleitung von schweren Schicksalen geht, auch mit indianischen Gesängen, mit indischen und tibetanischen Mantras, mit hebräischen Gesängen und islamischen Versen. In Aufstellungen begegnen wir manchmal auch Vorfahren, die unter christlichen Gesängen und Gebeten zu Tode gefoltert oder auf dem Scheiterhaufen verbrannt wurden. Je nach Zusammenhang ist es dann hilfreicher, Gebete und Gesänge einer anderen religiösen Tradition einzusetzen, da dann die retraumatisierende Kopplung von Leiden, Folter und christlichen Ritualen nicht gegeben ist.

Wenn die Absicht der Gebete rein und klar ist, sind auch andere Traditionen willkommen und hilfreich. Die Seelen verstehen die Absicht und sind nicht an eine „einzig wahre" Religion gebunden. Das spüren wir immer wieder in Aufstellungen, die wir begleiten dürfen.

Gebete können unsere spirituelle Verbindung herstellen, die wohl in jedem Menschen ursprünglich vorhanden ist. Wir alle sind viel tiefer mit dem Göttlichen verbunden und umgeben, als vielen bewusst ist. Wir Menschen haben einen spirituellen Ursprung und eine spirituelle Quelle in uns. Es gibt zahlreiche berührende Berichte von Menschen aus verschiedenen Kulturkreisen, die eine Zeit lang klinisch tot waren und Nahtoderfahrungen gemacht haben. Die meisten Berichte handeln von einer tiefen Einheit und Liebe, von Vergeben und von paradiesischen Zuständen. Einige Berichte, wie zum Beispiel der von Anita Moorjani, erzählen auch von Begegnungen mit Seelen von bereits Gestorbenen aus der Familie und dem Freundeskreis.

Viele Menschen spüren eine tiefe Sehnsucht, sich über Gebete wieder mit der spirituellen Quelle zu verbinden. Um seelische Heilung zu finden, braucht es mehr als unsere Alltagssprache. Es braucht eine spirituelle Anbindung an andere, nicht mit den fünf Sinnen wahrnehmbare Welten. Die Tore dahin können unter anderem mit Gebeten geöffnet werden.

Es gibt manche unerlösten Seelen, die uns beeinflussen und mit denen wir verbunden sind. Sie brauchen, dass wir deren schwere Schicksale wahrnehmen und achten. Manche brauchen auch eine Erklärung, wie sie gestorben sind und ein Totengebet. Dann kann sich vieles öffnen. Wir möchten zwei Gebete vorstellen und Anregungen geben, wie wir für uns Gutes tun können und manchmal vielleicht auch für bereits Verstorbene, die noch keinen Frieden gefunden haben.

1. Vaterunser

Das Vaterunser dürfte wohl eines der meist gesprochenen Gebete der Welt sein. Viele unserer Ahnen haben es hunderttausendfach gebetet. Wenn man dieses Gebet spricht und in den Klang der Worte hineinlauscht, ohne es herunterzuleiern, kann man etwas von der ursprünglichen Kraft dieses Gebetes ahnen. Man verbindet sich mit einem kollektiven Bewusstseinsfeld, das eine tragende Wirkung hat.

Für Rituale und Totenbegleitungen für schon vor langer Zeit gestorbene Seelen ist es oft hilfreich, sprachlich in der Nähe der traditionell gesprochenen Fassung zu sein. Das ist die Version, die die Toten zu Lebzeiten gebetet haben und die diesen Seelen vertrauter ist als eine modernere, vielleicht schönere Fassung.

Vaterunser im Himmel
Geheiligt werde dein Name
Dein Reich komme
Dein Wille geschehe
Wie im Himmel so auch auf Erden
Unser tägliches Brot gib uns heute
Und vergib uns unsere Schuld
Wie auch wir vergeben unseren Schuldigern
Und führe uns nicht in Versuchung, sondern erlöse uns von dem Bösen
Denn dein ist das Reich und die Kraft und die Herrlichkeit
In Ewigkeit
Amen

Der heute und seit Jahrhunderten nur wenig veränderte Text ist griffig und leicht zu sprechen. Er hat wahrscheinlich nur sehr wenig mit der ursprünglichen Version auf Aramäisch, der Sprache von Jesus zu tun. Aramäisch unterscheidet sich sehr deutlich vom Griechischen, der Sprache, von der die westeuropäische Christenheit ihren Ursprung herleitet. Jedes aramäische Wort kann auf mehrere unterschiedliche Weisen interpretiert werden. Das gilt insbesondere für die Worte eines Mystikers oder eines Propheten. Es gibt viele sehr spannende und berührende Übersetzungen des Vaterunsers aus dem Aramäischen. Dort zeigen sich noch ganz andere Dimensionen dieses Gebetes. Man findet einige Übersetzungen, zum Beispiel bei www.spiritheart.org/chapel/The-Lords-Prayer.

Es gibt Versionen, die auf Gott als allein männliche Vaterfigur verzichten, sondern dem Weiblichen und Mütterlichen einen gleichwertigen Platz geben. Hier geben wir eine halbwegs griffige deutschsprachige Bearbeitung durch uns von einer Version von N. Douglas-Klotz wieder:

Vatermutter, Gebärende(r) des Kosmos

Vatermutter, Gebärende(r) des Kosmos öffne uns für dein Licht
Schaffe dein Reich der Einheit in Liebe jetzt
Dein Wille geschehe durch meinen im Geistigen wie auch im Materiellen
Gib uns täglich was wir an Brot und Einsicht brauchen
Löse die Bande unserer Fehler wie auch wir die Bande der Fehler anderer lösen
Lass uns nicht von Oberflächlichkeiten getäuscht werden
Befreie uns von allem, was uns zurückhält
Aus dir kommt die lebendige, immerwährende Kraft zu handeln
Der Gesang, der alles in Schönheit eintaucht und sich ewig erneuert
Möge er der Boden sein, aus dem alle meine Handlungen erwachsen.
Besiegelt im Vertrauen und Glauben
Amen

Wir haben die traditionelle Version leicht verändert, sodass sie mehr in unsere Zeit passt und trotzdem leicht zu sprechen ist. Diese benutzen wir für uns heute:

Vatermutter unser im Himmel

Vatermutter unser im Himmel
Geheiligt werde dein Name
Dein Reich komme
Dein Wille geschehe
Wie im Himmel so auch auf Erden
Unser tägliches Brot und unsere Einsicht gib uns heute
Und vergib uns unsere Schuld

Wie auch wir vergeben unseren Schuldigern
Hilf uns nicht der Versuchung zu erliegen, sondern erlöse uns von dem Bösen
Denn dein ist das Reich und die Kraft und die Herrlichkeit
In Ewigkeit
Amen

2. Ritual: Das Vaterunser erfahren

Wenn du für dich persönlich die Tiefen und Möglichkeiten des Vaterunsers ausloten magst, laden wir dich zu einer Erfahrung ein. Vielleicht hast du teilweise unschöne Erinnerungen an eigene Kindheitserfahrungen oder Bilder von Leid und Unrecht, das die Kirchen im Namen sogenannter Religion in der Vergangenheit den Menschen zugefügt haben und manchmal auch heute noch zufügen. Wenn das für dich so ist, hast du recht. Lege aber bitte jetzt diesen Teil für eine Weile beiseite, um dich für andere Dimensionen zu öffnen.

Setze oder stelle dich bequem hin. Sammle dich und lass deinen Geist ruhiger werden, indem du einfach „nichts" tust und spürst, wie dein Atem kommt und geht. Beobachte den „tanzenden Affen" – den oft unruhigen und sprunghaften Geist und gebe ihm wenig Aufmerksamkeit. Kämpfe nicht dagegen. Lass ihn. Er darf das. Ganz allmählich von selbst wird der Geist ruhiger.

Stück für Stück richtest du deinen Fokus auf deine Stimme.

Sprich das Vaterunser langsam in einer Form, die dich anspricht.
Zeile für Zeile.
Fühle die Resonanz deiner Stimme und den akustischen und energetischen Widerhall vom Raum, der dich umgibt.

Fühle nach, was es in dir bewegt.

Tu das für dich Richtige mit dieser Erfahrung und lasse dich davon leiten.
Sei dein eigener Herr oder deine eigene Herrin über deine Spiritualität.

Besonders wichtig für eine glückliche Paarbeziehung ist nach unserer Erfahrung die Heilung des Weiblichen. Dieser Teil ist nur bedingt mit einem Vaterunser-Gebet zu erreichen. Da gibt es ein anderes Gebet, das betäubte Lust auftauen und Lebensfreude und Freude am Frausein wecken kann:

3. Gegrüßet seist du Maria

In Gebeten und Ritualen braucht auch das Urweibliche und Mütterliche einen guten Platz. Uns fehlt ein wirklich stimmiges Gebet. Dennoch ist das „Gegrüßet seist du Maria" (Ave Maria) eine gute Möglichkeit, sich mit der weiblichen Kraft und auch der Heilkraft zu verbinden. Auch dieses Gebet ist millionenfach aufgeladen dadurch, dass es so oft gebetet wurde. Wir vermuten, dass der Ursprung des Gebets, eine Begrüßung und Würdigung des Weiblichen, viel älter ist und eine archaische Verehrung des Weiblichen ausdrückt. Der alte Text ist verloren. Aber hinter Maria steht die göttliche Urmutter, die Göttin. Es gibt mehrere Funde von Venusfigurinen in Westeuropa. Sie sind zwischen 25.000 und 40.000 Jahre alt und allesamt recht rundliche Frauen. Die bekannteste dürfte wohl die Venus von Willendorf in Österreich sein. Diese Venusfigurinen drücken ein anderes Frauenbild, das der Muttergöttin aus. Das Bedürfnis der Menschen, das Weibliche zu ehren und anzubeten, ist sehr, sehr alt.

Die weibliche Urkraft ist nur noch schemenhaft, als Knospe, im Marienbild der Jungfrau Maria vorhanden. Für uns geht es hier nur vordergründig um die Jungfrau Maria der katholischen Kirche und um den Gruß des Erzengels Gabriel an Maria, die Jesus in ihrem Bauch trägt. Laut Bibelforschung dürfte Maria damals etwa

15 Jahre alt gewesen sein, als sie mit Jesus schwanger war. Sie wusste sehr wenig über das Frausein und das Gebären. Uns geht es um die Urquelle des Weiblichen.

Auch wenn der Text im ersten Teil aus dem Neuen Testament stammt und der zweite Teil, die Bitte um Beistand, erst im Mittelalter hinzugefügt wurde, tönt etwas sehr tiefes, Archaisches in diesem Gebet. Stelle dir vor, wie durch Maria die göttliche Urmutter mit dem Urvater an der Seite durchschimmert. Wenn du dann dieses Gebet sprichst, bekommt es eine andere Färbung, eine andere Wucht und eine enorme Heilkraft. Wir haben das Gebet: „Gegrüßet seist du Maria" als sehr heilend besonders für Verletzungen der Weiblichkeit erfahren.

Gegrüßet seist du Maria – traditionelle Form etwa ab 1970

Gegrüßet seist du, Maria, voll der Gnade.
Der Herr ist mit dir.
Du bist gesegnet unter den Frauen
und gesegnet ist die Frucht deines Leibes, Jesus.
Heilige Maria, Mutter Gottes,
bitte für uns Menschen
jetzt
und in der Stunde unseres Todes.
Amen

Gelegentlich in Aufstellungen benutzen wir eine frühe Form, wenn wir in Heilritualen Seelen ansprechen, die zur Zeit dieser alten Sprache gelebt haben. Persönlich finden wir die alte Fassung schlimm und wir fühlen uns zu „armen Sündern" erniedrigt. Dennoch treten wir bei der Seelenbegleitung einen Schritt zur Seite und schauen auf das, was den Seelen guttut, die damals gelebt haben. Manchmal hat dieses verquer anmutende Deutsch eine viel tiefere Resonanz und berührt sehr – auch wenn unser Verstand damit hadert.

Gegrüßet seist du Maria – traditionelle Form etwa bis 1970
Gegrüßet seist du, Maria, voll der Gnade.
Der Herr ist mit dir.
Du bist gebenedeit unter den Weibern
und gebenedeit ist die Frucht deines Leibes, Jesus.
Heilige Maria, Mutter Gottes, bitte für uns armen Sünder
jetzt
und in der Stunde unseres Todes.
Amen

Wir haben das Gebet abgeändert, um dem Weiblichen angemessene Kraft und Würde zu geben und das weibliche Göttliche gleichwertig neben das männliche Göttliche zu stellen. Meist gebrauchen wir diese Form bei unserer Arbeit zur Heilung der Seelen von Ahninnen, die durch Schwangerschaft und Geburt ins Unglück gestoßen wurden.

Gegrüßet seist du Maria – unsere Heilungsform
Gegrüßet seist du, Maria, voll der Gnade.
Der Herr ist an deiner Seite.
Du bist gesegnet unter den Frauen, so wie alle Frauen gesegnet sind.
Gesegnet ist die Frucht deines Leibes, so wie die Frucht jeder Frau gesegnet ist.
Heilige Maria, Göttliche Mutter, segne uns Menschen,
jetzt
und in der Stunde unseres Todes.
Amen

Eine besondere Heilwirkung hat der Satz:
Gesegnet ist die Frucht deines Leibes.

In diesem Satz ist alles drin, der Segen für die glückvolle Vereinigung von Mann und Frau, für das Empfangen und Gebären und das liebende Versorgen und Umsorgen der Kinder. Es ist der Segen für das Sein als Frau mit aller Weiblichkeit. Er verbindet mit dem Urweiblichen, dem unverletzten Sein als Frau. Es ist der Segen für unser aller Leben. Jeder ist die Frucht des Leibes seiner Mutter und der Segen gilt dem Leben.

4. Ritual: das Mariengebet erfahren

Wenn du für dich persönlich die Tiefen und Möglichkeiten des Mariengebets ausloten magst, laden wir dich zu einer Erfahrung ein. Zunächst stelle dir vor, was du ansprechen und heilen möchtest: Heilung für dich und deine eigene Geschichte oder Heilung für eine Ahnin, die sehr gelitten hat.

Setze oder stelle dich bequem hin. Sammle dich und lass deinen Geist ruhiger werden, indem du einfach „nichts" tust und spürst, wie dein Atem kommt und geht. Beobachte den „tanzenden Affen" – den oft unruhigen und sprunghaften Geist und gebe ihm wenig Beachtung. Kämpfe nicht dagegen. Lass ihn. Er darf das. Ganz allmählich von selbst wird der Geist ruhiger.

Allmählich richtest du deinen Fokus auf deine Stimme.

Sprich drei Mal das „Gegrüßet seist du Maria" langsam in einer Form, die dich anspricht. Zeile für Zeile.

Fühle die Resonanz deiner Stimme und den akustischen und energetischen Widerhall vom Raum, der dich umgibt. Stelle dir vor, du verbindest dich dabei mit dem Urweiblichen, der Urmutter.

Fühle nach, was es in dir bewegt.

Tu das für dich Richtige mit dieser Erfahrung und lasse dich davon leiten.
Sei deine eigene Herrin oder dein eigener Herr über deine Spiritualität.

5. Ritual für Ahninnen, die schwere Verletzungen ihrer Weiblichkeit erfahren haben

Falls dir Fakten bekannt sind oder du spürst, dass in deiner Ahnenreihe das Mütterliche und Weibliche sehr geschwächt und belastet ist, möchten wir dich zu einem Heilungsritual einladen. Wenn dich Svenjas Geschichte mit ihrer Schwangerschaftsübelkeit in Kapitel 13 „Verletztes Lieben heilen – Beispiele aus unserer Praxis" besonders anspricht, möchten wir dir an dieser Stelle vorschlagen, Svenjas Ritual selbst durchzuführen.

Vielleicht hast du einen Kinderwunsch, der sich bis jetzt nicht erfüllt hat oder das Thema Schwangerschaft, Geburt und Muttersein oder Kinder haben ist für dich belastet. Dann kann dieses Ritual vielleicht etwas lösen. Das gilt für dich, wenn du Frau bist und ebenso für dich, wenn du Mann bist. Du brauchst dafür nicht unbedingt Personen als Stellvertreter.

Ohne wissen zu müssen, was genau passiert ist, richte drei Plätze im Raum her. Diese drei Plätze stehen für Ahninnen, die sehr gelitten und Schlimmes erlebt haben.

Vielleicht möchtest du drei Kissen auslegen und mit Blumen verzieren. Vielleicht möchtest du aber auch, zunächst nüchterner und neutraler, drei Zettel auslegen. Wie auch immer du die Plätze gestaltest, stelle dir vor, dass dort Ahninnen stehen, sitzen oder liegen – auch wenn du von keiner die genaue Geschichte kennst. Stelle jeweils eine Kerze dazu und zünde sie an.

Wichtig dabei ist, dass du wirklich innerlich in eine Verbindung zu den Ahninnen gehst. Dass du mit dem Wissen auf die Plätze schaust, dass dieser Platz jeweils eine Ahnin repräsentiert, deren Schicksal so schlimm war, dass es bis heute nicht vorbei ist. Die Kerzen sind für die Ahninnen angezündet, als Zeichen der Achtung ihrer Schicksale und um Heilendes einzuladen.

Du musst nicht wissen, was es war, was geschehen ist und wer es war. Wahrscheinlich geht es um eine Frau, vielleicht viele

Generationen zurück, die sehr viel getragen hat. Aber das brauchst du nicht wissen. Du brauchst „nur" mit dem Herzen dabei zu sein.

Sprich in Richtung der Kerzen zu jedem einzelnen der drei Plätze, als ob du jeweils eine bestimmte Person ansprichst.
„Liebe Ahnin,
ich bin eine Nachkommin/ein Nachkomme von dir. Ich bin schwanger/Ich wünsche mir ein Kind/Ich wünsche mir ein Kind mit meiner Frau.

(Vielleicht gibt es noch anderes, was in deinem Leben schwierig ist und wo du weibliche und mütterliche Unterstützung brauchst. Füge das an dieser Stelle ein).
„Ich ahne, dass ich mit deinem Schicksal verbunden bin. Du hast Schlimmstes erlebt und sehr gelitten, auch wenn ich nicht weiß, was passiert ist.
Vielleicht warst du schwanger und bist bei der Geburt gestorben oder dir wurde dein Kind entrissen oder du hast anderes Leidvolles erlebt. Du hast so sehr gelitten und bist schon lange gestorben.
Du bist bis heute nicht in Frieden damit. Ich bin eine Nachkommin/ein Nachkomme und ich sehe dein Leid. Mögest du jetzt deinen Frieden finden. Mögen helfende Kräfte dich begleiten.
Ich bete für dich.
Gegrüßet seist Du Maria ..."

Nachdem du deine Ansprache und deine Gebete zu jedem der drei Plätze gesprochen hast, verneige dich tief vor den drei Schicksalen und atme dabei langsam und tief aus.
„Ich bitte dich um deinen Segen für mein Leben und meine Liebe zu meiner Frau/zu meinem Mann".

Danach nehme dir Zeit, in die Stille, in den Raum hineinzuhorchen und zu spüren, was in dir und vielleicht auch im Raum um dich herum in Bewegung gekommen ist. Fühle, wie es dir geht.

Manchmal kann es guttun, dieses Ritual mit einigen Tagen Abstand mehrmals zu wiederholen. Vertraue deinem Gefühl und deiner Intuition.

Wenn dieses Ritual noch nichts bewegt, du aber spürst, dass da etwas Wichtiges für dich wartet, kann es sehr gut und hilfreich sein, eine eigene Aufstellung zu machen. Suche dir einen verantwortungsbewussten Aufsteller, der bereit ist, weit in der Familiengeschichte zurückzuschauen.

6. Vaterunser und Mariengebet als wohltuendes Gebetsritual für die Ahnen

Wir möchten noch ein weiteres Gebetsritual für deine Ahnen beschreiben. Vielleicht möchtest du etwas ausprobieren und eine Erfahrung machen, vielleicht spürst du auch, dass bei deinen Ahninnen und Ahnen etwas in Unfrieden ist und noch etwas gebraucht wird. Dann laden wir dich ein, Gebete für deine Ahnen zu sprechen.

Richte einen kleinen Ritual- und Gebetsplatz ein. Ein leerer Tisch und ein Stuhl oder ein Meditationsplatz auf dem Boden in einer schönen Ecke zu Hause können bereits den Ritualraum herstellen, den du für deine Sammlung benötigst. Du kannst auch einen geschützten Platz in der Natur aufsuchen, um dort deinen Ritualplatz einzurichten. Vielleicht möchtest du auch Blumen oder eine oder mehrere Kerzen für deine Ahnen dazustellen. Dies lädt den Platz für deine Ahnen auf und kann ein Ausdruck deiner Achtung und Liebe zu deinen Ahnen sein. Das Licht der Kerzen ist ein starkes spirituelles Symbol. Es repräsentiert Wärme und Licht und wird von vielen als Einladung an Kräfte aus der geistigen Welt, manche nennen diese auch Engel oder himmlische Helfer, verstanden.

Schaue dann zu deinem Ritualplatz und stelle dir vor, dass deine Ahnen dich hören können. Stelle dir vor, dass sie sich von dir und dem Ritualplatz eingeladen fühlen. Manche nehmen eine Präsenz wahr, wenn sie mit den Ahnen sprechen, manche haben eine Ahnung von ihrer Anwesenheit und andere stellen sie sich einfach nur vor und spüren, dass etwas im Inneren berührt wird. Selbst wenn du dir nicht vorstellen kannst, dass die schon lange verstorbenen Ahnen dich jetzt irgendwie hören können, probiere es trotzdem aus. Nehme wahr, was es in dir und im Raum bewirkt.

Sprich deine Ahninnen und Ahnen direkt an. Stelle dich ihnen vor und sage ihnen, dass du an sie denkst. Du kannst die folgenden Sätze anpassen, wenn sie dir noch nicht entsprechen. Vielleicht möchtest du auch Namen einsetzen oder dich allgemein an die Ahnen richten, wie zum Beispiel: Ich bete jetzt für meine Großmütter und Urgroßmütter. Wenn du magst, erkläre ihnen, dass vielleicht der eine oder andere Ahn schon lange gestorben, aber noch immer nicht in Frieden ist und dass du jetzt das Vaterunser und das Mariengebet sprichst, für diejenigen, die noch keinen Frieden gefunden haben.

Wir geben dir ein Beispiel, wie du zu deinen Ahnen sprechen kannst. Du sammelst dich und gibst dir Zeit zur Ruhe zu kommen. Dann sprichst du in den Raum, in Richtung des Ritualplatzes.

„Liebe Ahninnen und Ahnen
Hier spricht Isabella.
Ich bin die jüngste Tochter von Claudia Schmidt, geborene Bäcker und René Schmidt.
Ich denke jetzt an euch. Durch euch ist das Leben zu mir gekommen. Ich kenne nur einige von euch.
Manche von euch hatten ein gutes Leben und manche haben sehr gelitten. Ich möchte jetzt für alle, die schon lange gestorben sind, aber noch immer keinen Frieden gefunden haben, Gebete sprechen."

Spreche dreimal langsam und bewusst das Vaterunser.
Gebe dem Nachhall im Raum Zeit.

Spreche jetzt langsam dreimal das „Gegrüßet seist du Maria“.

Spüre den Nachhall im Raum und ob sich die Energie und dein Befinden ändern. Wenn etwas an diesem Ritual gut und richtig ist, wirst du etwas Friedliches und Stilles spüren.

Dann ziehst du dich behutsam aus dem „Funkkontakt“ zu den Ahnen zurück und entlässt sie ganz in ihre Welt.

7. Gebetsritual als Paar

Vielleicht möchtest du mit deinem Partner oder mit deiner Partnerin dieses Ritual gemeinsam erfahren. Dann richtet ihr zwei Plätze mit Kerzen, Blumen, Zetteln oder anderem ein. Schön ist dabei, wenn ihr als Teil des Rituals eurem Partner oder eurer Partnerin genauer erläutert, für wen das Ritual ausgelegt ist, so genau du es in diesem Moment weißt.

Zum Beispiel so: „Liebe Susanne, dieses Ritual ist für meinen Onkel Peter, der Bruder meines Vaters, der vom Auto überfahren wurde und für Uroma Steffi, die bei der Geburt von meiner Oma starb und für alle meine Ahnen, die jetzt noch nicht in Frieden sind. Lieber Onkel Peter, liebe Uroma Steffi und liebe Ahnen, die ihr jetzt noch keinen Frieden gefunden habt, meine Frau Susanne und ich beten für euch“.

Susanne erklärt dann ebenso ihrem Mann, für wen das Ritual im Besonderen gedacht ist und spricht ihre Ahnen an.
Dann betet ihr gemeinsam dreimal ein Vaterunser und das „Gegrüßet seist du Maria“ und fügt möglicherweise noch etwas hinzu, wenn ihr das möchtet.

Gebt euch Zeit zum Nachspüren und zieht euch dann behutsam aus der Verbindung mit den Ahnen zurück.

Schaut euch abschließend in die Augen. Spürt, mit welcher Tiefe und Vollständigkeit ihr euch jetzt begegnet …

8. Ermächtigung für Rituale und Gebete

Wir schlagen viele Rituale und Gebete vor, bei denen du eingeladen bist, selbst als Seelenbegleiter tätig zu werden. Vielleicht hast du innerlich die Frage, ob du dafür überhaupt autorisiert bist? Du bist wahrscheinlich kein Pfarrer oder Priester oder sonst wie in religiösen Dingen besonders ausgebildet oder autorisiert. Ist es anmaßend oder unrecht, selbst Rituale zu gestalten und Seelen zu begleiten?

Wir möchten euch von unserer Hochzeit erzählen: Als Bettina und ich vor zwanzig Jahren geheiratet haben, wollten wir gerne ein großes und bindendes Ritual gemeinsam mit allen Gästen durchführen, was aber nicht im kirchlichen Rahmen stattfinden sollte, da sich unsere persönliche Religiosität von den Kirchen wegentwickelt hat. Bettina hat als Pfarrerstochter so vieles miterlebt und ich war viele Jahre engagierter Messdiener.

Wir haben mit zwei Freunden, einem Mann und einer Frau, lange an unserem Ritual geplant, Gesänge, Mantras und Rituale zusammengestellt. Als es um das die Bindung ausdrückende Ritual ging, wollten wir gerne zwei Bänder mit jeweils dem Ehering des anderen unter der Kleidung verstecken und an einem bestimmten Punkt die beiden Bänder miteinander verknoten lassen.

Unser Freund sagte bei einem Vorbereitungstreffen mit Panik in den Augen, dass er sich gar nicht dazu autorisiert fühlt, die beiden Bänder miteinander zu verknoten, auch wenn Bettina und ich das ausdrücklich von ihm wünschen. Er ist ja kein geweihter Priester. Als er das aussprach, verengten sich seine Augen noch mehr. Er konnte das nicht tun. So haben wir beschlossen, am entsprechenden Punkt die Bänder selbst zu verknoten.

So haben wir es auch beim Ritual getan. Erst danach hat unser Freund mit einer guten Show und viel Gelächter der Gäste den Rest des Bandes aus meinem Hemd gezogen und den Ehering zutage gefördert. Das Gleiche hat unsere Freundin bei Bettina gemacht. Dann wurden die Ringe angelegt.

Diese kleine Episode aus unserer Hochzeitsvorbereitung zeigt sehr deutlich, wie stark alte kollektive Ängste vor Bestrafung, Folter, Ausschluss aus der Gemeinschaft und so weiter im Untergrund immer noch wirksam sind, wenn jemand spirituell eigene Wege geht. Im Laufe der Weiterentwicklung des Christentums wurden immer und immer wieder Andersdenkende und Religion Praktizierende ohne Mitgefühl ausgelöscht. Das begann nicht erst mit den Katharern um 1200 in Frankreich, sondern bereits viel früher. Das Wort Ketzer leitet sich davon ab. Die Katharer waren wohl die ersten Ketzer, die verbrannt wurden, um die „Erde wieder von Sünde zu reinigen". So viele Druiden und Druidinnen und andere weise Kräuterfrauen und sogenannte Hexen wurden verfolgt und gefoltert. So viele Menschen wurden mit einem Bannfluch belegt, sodass sie straffrei getötet werden konnten. Menschen, die ihnen ein Dach oder Nahrung gaben, konnten ebenfalls bestraft werden. Die Liste ist endlos ... Die Kirchen haben aus Gründen von Macht, Eitelkeit und Einfluss und einem Mangel an ehrlicher Religiosität eine immense Schuld auf sich geladen und obendrein den Menschen ihre ganz eigene Religiosität und Verbindung „nach oben" ausgetrieben.

In diesem Licht betrachtet wird der angsterfüllte Blick unseres lieben langjährigen Freundes bei der Bitte, symbolisch die Bänder zu verknoten, um unsere Bindung zu besiegeln, sehr verständlich. Beim kirchlichen Hochzeitsritual heißt es: „Was Gott verbunden hat, kann ein Mensch nicht trennen." Diese Worte darf aber nur ein Priester sprechen. Wehe ein anderer maßt sich an, die Verbindung sichtbar zu machen. Das darf nur ein von der Kirche Geweihter. Wir fragen uns natürlich, welcher Gott hier was verbindet. Unsere persönliche Antwort ist, dass es sich um einen von Menschen geschaffenen Gott der Kirche handelt.

Wir haben unsere Kinder nicht taufen lassen. Sie kommen nicht in die Hölle, falls sie ungetauft früh sterben sollten. Da waren Bettina und ich uns ganz sicher. So etwas hat man mir aber als Kind erzählt. Ich habe nie verstanden, wieso ein „lieber Gott" Kinder, die nicht getauft sind, in der Hölle schmoren lässt. „Das muss ein komischer Gott sein" war schon als Kind meine Schlussfolgerung. Das hat mich auf die Suche gebracht.

Wir haben mit unseren Kindern, als sie jeweils bereits acht Monate alt waren, mit vielen Gästen ein großes Willkommens- und Schutzritual gefeiert. Alle Gäste haben den Kindern ihren Segen gegeben und sich einen Schutzkreis um sie herum vorgestellt. Zusammen mit Gesängen, Gebeten und Mantras waren das sehr starke und kraftvolle Rituale.

Wir haben das sehr gerne so gemacht. Es hat sich gut, richtig und kraftvoll angefühlt. Es wirkt auch heute noch nach.

Vielleicht kann unsere Geschichte dir, liebe Leserin und dir, lieber Leser, Anregungen für deinen eigenen Weg geben. Es gibt vieles zu entdecken und auszuprobieren, wenn man zu besonderen Anlässen, wie Taufe, Hochzeit, Beerdigung nicht einfach alles Rituelle von einem Vertreter der Kirche machen lassen möchte. Das ist oft unbekanntes Neuland.

Aber – wenn du einer bestimmten Religion verbunden bist, ist das auch gut so. Die Antwort braucht nicht entweder – oder zu heißen, sondern sie kann ebenso gut sowohl – als auch sein. Bei der Beerdigung meines Vaters habe ich eine sehr persönliche Ansprache gehalten. Diese ging mir sehr nah und ich hatte mit meinen Tränen zu tun. Ich war so froh, dass der Priester dann weitergeführt hat. Ich war ihm sehr dankbar für sein Ritual. Er hat das sehr schön gemacht.

Wenn du mit Zweifeln zu tun hast und das eine oder andere Ritual, das wir vorschlagen, in dir ein mulmiges Gefühl verursacht, stelle dir doch selbst eine Ermächtigungsurkunde aus. Das kann dich unterstützen, die bis über tausend Jahre alten und damals berechtigten Ängste und Befürchtungen schrumpfen zu lassen. Wir haben einen Vorschlag vorbereitet. Vielleicht möchtest du diese Urkunde kopieren, eventuell noch verschönern, verändern und deinen Namen einsetzen und unterschreiben? Probiere es aus.

Ermächtigungsurkunde

Hiermit ermächtige ich mich selbst ....,

meinen eigenen angemessenen spirituellen Weg zu gehen und Meditationen, Gebete und Rituale so durchführen oder zu sprechen, wie es sich stimmig und richtig anfühlt.

Ich ermächtige mich für sämtliche Bereiche des Lebens wie Geburt und Jugend, Heirat, Sterben und zur Begleitung von Toten Rituale und Gebete einzusetzen, wenn es gebraucht wird.
Ich vertraue meiner Intuition, meiner demütigen Behutsamkeit und der Begleitung aus der geistigen Welt, die ich jederzeit um Hilfe bitten kann. Sämtliche Rituale und Gebete werde ich immer und ohne Ausnahme zum Wohle aller einsetzen.

Wenn ich von Ängsten und Zweifeln, ob ich so etwas überhaupt tun darf, heimgesucht werde, erinnere ich mich daran, dass eine freie und selbstverantwortliche Spiritualität und Religionsausübung seit über tausend Jahren im Abendland unterdrückt und mit drastischen Strafen belegt war.

Ich achte das als Echo aus dieser Zeit und wünsche für alle betroffenen Seelen Friede und Erlösung, die diese noch nicht gefunden haben.
In Liebe gehe ich meinen neuen Weg zum Wohle meiner Ahnen, meiner Familie und meiner Freunde.

Datum .... Unterschrift ....

15 Lieben war gefährlich – ein bedrückendes aber wichtiges Kapitel

Wir in den westlichen demokratischen Ländern haben heute vielleicht zum ersten Mal in der Geschichte der Menschheit die Freiheit und die Möglichkeit, unsere Liebe und Lust frei leben zu können, solange es auf Gegenseitigkeit beruht, unter Erwachsenen und mit Achtung füreinander geschieht. Das ist ein riesengroßes Geschenk voller Möglichkeiten. Da gibt es noch vieles zu lernen. Wir können das und dürfen das. Wir können lernen, Meister im Lieben zu werden. Das ist zwar wohl noch ein weiter Weg, aber woher sollen wir auch wissen können, wie man das macht? Unsere Ahnen hatten häufig sehr eingeschränkte Möglichkeiten zu lieben und eine glückliche Paarbeziehung zu leben. Sie konnten uns oft nur wenig mitgeben. Es ist jetzt an uns, unsere hinzugewonnenen Möglichkeiten auszuschöpfen und tiefer und glücklicher lieben zu lernen als sie.

Um zu verstehen, mit welchen Erfahrungen wir verbunden sind und wo unsere Glaubenssätze herkommen, müssen wir auch auf die schlimmen Erfahrungen unserer Ahnen schauen. Damit verstehen wir auch die Anteile in uns, die niedergeschlagen, entwürdigt und deprimiert sind. Wegschauen und sich vormachen, dass Liebe immer eine wunderbare Angelegenheit ist, hilft nicht.

Wir müssen verstehen, was sich über viele Jahrhunderte tief in unsere DNS eingeprägt hat. Vielen Menschen ist heute nicht mehr bewusst, wie lebensgefährlich Sex sein kann. Noch vor gut 100 Jahren starb etwa jede zehnte Frau (!) bei der Geburt oder danach an Kindbettfieber. Sie hinterließ einen überforderten Witwer und viele kleine Kinder, die ihre Mutter brauchten.

Für uns heute nur noch sehr schwer vorstellbar ist auch die Tatsache, dass in vergangenen Jahrhunderten selten mehr als zwei von drei Kindern das Erwachsenenalter erreichten. In vielen Familien gab es mehrere früh gestorbene Kinder. Über den Tod eines Kindes konnte selten getrauert werden, das Leben musste weitergehen.

Darüber hinaus haben Geschlechtskrankheiten wie Syphilis verheerend gewütet. Außer bei weisen Naturvölkern gab es praktisch keine zuverlässige Methode zur Empfängnisverhütung und zum Schutz vor Geschlechtskrankheiten.

Doch noch viel dramatischer war die gesellschaftliche Situation. Über viele Generationen haben unsere Vorfahren bis hin zu unseren Großeltern und Eltern nur wenig lernen können, wie das gehen kann – zu lieben. Es war oft noch nicht einmal denkbar, Gefühle und Wünsche wahrzunehmen, geschweige denn, sich von Gleich zu Gleich zu begegnen. Es gab häufig nicht die Möglichkeit, selbst zu entscheiden, mit wem man eine Liebes- und Lebensbeziehung eingehen möchte. Noch viel weniger war es überhaupt denkbar, in Achtung auseinanderzugehen, wenn die Beziehung unglücklich oder von Streit, Unverständnis und Missachtung geprägt war.

Wir möchten einige Umstände beschreiben, in denen unsere Ahnen geliebt und gelitten haben. Es konnte für viele unserer Ahnen existenziell gefährlich werden, Liebe, Lust und Verliebtheit zu fühlen und zu leben. Sexualität durfte zu vielen Zeiten und in vielen Regionen nur im engen Rahmen der Ehe gelebt werden. Verschärft wurde dies noch durch Ehegesetze, die vielen Menschen nicht einmal erlaubten, zu heiraten. Das betraf vor allem ärmere Menschen. So durfte oft nur heiraten, wer auch eigenen Besitz vorweisen konnte. Das hatte beispielsweise zur Folge, dass in Gegenden, in denen es Erbteilung gab, oft nur der Älteste, der Erbe, überhaupt heiraten konnte. Die Geschwister hatten keinen Besitz. Mägden und Knechten war das Heiraten generell verboten, damit sie als Dienstboten erhalten blieben. Sie lebten als Gesinde auf dem Hof. Selbst wenn jemand eine Anstellung in einer der Fabriken bekommen hatte, genügten diese

Einkünfte oftmals nicht, um heiraten zu dürfen. Folglich gab es viele ledige Frauen und Männer und natürlich viele uneheliche Kinder. Diese und ihre Mütter hatten es besonders schwer. Erst 1876 wurde in Deutschland die Ehefreiheit eingeführt, das heißt, jeder hatte ab dann zumindest theoretisch das Recht zu heiraten und das Recht zu entscheiden, wen er heiraten möchte.

Was bedeutet es, nicht heiraten zu dürfen, wenn gleichzeitig außereheliche Sexualität verboten oder moralisch höchst verwerflich ist? Was sollen denn die jungen Männer mit ihrem höchst natürlichen Drang anstellen? Vor allem junge Männer werden von der Natur erbarmungslos und noch vehementer als die Frauen an die Fortpflanzung erinnert: Fast jede Nacht fordern steinharte Erektionen und ein starker Drang zur Vereinigung den Fortbestand der Menschheit im Übermaß ein. Die Geschichte zeigt immer wieder, dass sich Sexualität, Liebschaften und Liebe nicht gänzlich verbieten lassen. Die Kraft des Lebens ist größer. Es gab uneheliche Kinder unter den Dienstboten, wie bei allen anderen Menschen verschiedener gesellschaftlicher Schichten auch. Ledige Mütter und deren Kinder hatten es besonders schwer. Wenn sie nicht verstoßen wurden, um sich bettelnd und als Tagelöhnerinnen irgendwie am Leben zu halten, mussten sie oft noch schwerer arbeiten, da sie schließlich die Belastung Schwangerschaft oder Kind mitbrachten.

Es gab selten Rücksichtnahme und Mitgefühl. Begriffe wie „Gefallenes Mädchen“, „Bastard“, „Hure“, „Hurenkind“ waren normal. Wenn das Kind geboren war, konnten viele Säuglinge kaum versorgt werden, wenn die Mutter aus ärmeren Verhältnissen kam. Die Mütter mussten oft extrem hart und viel arbeiten, um überhaupt einen Lebensunterhalt zu erlangen. Viele Säuglinge haben die ersten Wochen nicht überlebt. Manche Säuglinge ließ man absichtlich sterben.

Wir lassen Theresa Weber aus ihrem Buch: „Lebenserinnerungen der Mägde – Geschichten aus der Dienstbotenzeit“ berichten:

„Auch meine Großmutter blieb vom Schicksal nicht verschont. Sie hatte eben dann einmal auch ein Wickelkind, das sie am Tage nur selten betreuen und trockenlegen konnte, weil die sonst sehr frommen Bauern ihr nicht erlaubten, ihre Arbeit zu unterbrechen. Sie war den ganzen Tag nicht zu Hause, weil die Wiesen und Felder ein bis drei Gehstunden vom Hof entfernt waren. Das Kleinkind wurde von der Bäuerin „versorgt". Das kleine, arme Wesen war am ganzen Körper wund. Erst am späten Abend, wenn sie mit ihrer Arbeit fertig war, konnte sich die Großmutter um ihr Kind kümmern. Das Kind weinte halbe Nächte vor Schmerzen, die Großmutter vor Verzweiflung. Sie musste bei Tagesanbruch aufstehen.

Sie bekam keinen Lohn und musste für Kost und Quartier arbeiten, weil sie eben ein kleines Kind hatte. Das Kleinkind ist gestorben, es war ein Mädchen. Ein zweites Kind starb auch auf ähnliche Weise. Meine Mutter, 1892 geboren, war das sechste ledige Kind von ihr. Sie kam mit fünf Jahren zu Pflegeeltern, die ein sehr einfaches Bauernhaus und eine Ziege hatten. Ihre Kindheit war sicher nicht schön ..."

Dieses und ähnliche Schicksale teilen viele Mägde und deren Kinder. Es war „normal", so hat man das eben gemacht. Für uns ist das heute nicht mehr vorstellbar. Wir fragen uns: *Wie konnten die Bauern, die die Großmutter der Buchautorin als Magd angestellt haben, noch mit gutem Gewissen und fromm zur Kirche gehen, bei so viel Leid, das sie verursachten?* Auch sie haben ihr Herz gründlich verschlossen. Eine Frage kann heilen: *Was ist mit ihnen und ihren Ahnen passiert, dass sie so mitgefühllos und grausam sein konnten?*

Auch den Dienstmädchen um 1900 ging es kaum besser. Zu der Zeit der industriellen Revolution sind immer mehr Menschen in die Stadt gegangen, auf der Suche hier ihre Lebensexistenz aufzubauen oder einen Verdienst zu finden. Viele junge Frauen versuchten in den Städten als Dienstmädchen ihren Lebensunterhalt zu verdienen oder wurden von ihrer Familie zu einer Anstellung als Dienstmädchen vermittelt. Durch diese Tätigkeit, so hofften die Familien, waren die sehr jungen Frauen gut für die spätere Ehe vorbereitet und vor allem durch die Aufsicht der Hausherrin geschützt, damit sie „ehrbar" blieben. Anstellungen in der Fabrik galten als Nährboden für Hurerei und sexuelle Umtriebigkeit. Tatsächlich waren Dienstmädchen rechtlich nicht geschützt und der Willkür der Hausherrin, des Hausherrn und der höher gestellten Dienstboten ausgesetzt. Sie mussten oft von morgens bis spätabends hart arbeiten. Es war erlaubt, Dienstmädchen zu züchtigen. Oft gab es nur eine Schlafnische und keinen eigenen Raum für das Dienstmädchen. Ihnen war es verboten, wegzulaufen. Sie konnten dann sogar von der Polizei zurückgebracht werden.

Der einzige Ausweg aus diesen Dienstverhältnissen schien die Ehe zu sein, um dann selbst Herrin über einen eigenen Haushalt sein zu können. Es liegt auf der Hand, dass romantische Liebe nur in seltenen Fällen den Ausschlag gegeben hat. Nur sehr selten hatte das Paar überhaupt die Möglichkeit, sich vor der Ehe näher kennenzulernen.

Es gab in Berlin um 1900 in keiner Bevölkerungsgruppe mehr uneheliche Kinder als bei den Dienstmädchen. Die Mädchen waren meistens nicht älter als 16 Jahre, wenn sie in die Stadt kamen, um eine Anstellung bei wohlhabenden Familien zu finden. Wurden sie schwanger, bedeutete das fristlose Kündigung und große soziale Not, für manche die Prostitution, um die Kinder und sich zu ernähren. Wenigstens war im preußisch-weltstädtischen Berlin, als einer der ersten Städte der Welt, die Prostitution unter bestimmten Bedingungen ausdrücklich erlaubt. Das gibt den Frauen in Ansätzen die Achtung zurück.

Frauen und deren Kinder, wenn sie aus ärmeren Kreisen kamen, haben selten Achtung erfahren. Wenn es uneheliche Mütter mit ihren Kindern waren, wurden sie meistens als Abschaum betrachtet. Uns fällt bei den Recherchen zu unserem

Buch auf, dass Männer nur sehr selten verurteilt wurden, wenn sie zu einer Prostituierten gingen oder aber überhaupt mit verschiedenen Frauen Sex hatten. Wenn aber eine Frau mit mehreren Männern Sex hatte, wurde sie gleich als Prostituierte abgestempelt. Bis noch vor wenigen Jahrzehnten hat eine Frau, die möglicherweise nicht mit dem einen „legitimen" Mann Sex hatte, sehr schnell der damals höchst entwürdigende Ruf der Hure nachgerufen.

Noch dramatischer und oft mit noch weniger Liebe verbunden ging es an den Königshöfen zu. Sämtliche Eheschließungen dienten der Erhaltung von Macht und Besitz. Liebe war selten gefragt. Die Kinder der Adligen wurden selten von ihren Müttern gestillt und erzogen und haben – wie wir heute wissen – nur wenig Bindung zu ihren Eltern aufbauen können. Die Frauen kommen, was ihre sexuelle Freiheit betrifft, oft sehr schlecht weg. König Heinrich VIII, dessen Mutter am Kindbettfieber starb, als er noch klein war, ließ 2 seiner 6 Frauen köpfen, weil diese angeblich mit Kammerdienern Sex gehabt haben sollen. Beide Frauen hatten Kinder mit ihm. Die Diener wurden noch schlimmer abgestraft: Sie wurden erst gevierteilt und dann geköpft. Heinrich hingegen selbst hat mit vielen Frauen, zum Beispiel Dienerinnen, an seinem Hof ungestraft Sex gelebt und viele Affären gehabt. Zwei kinderlose Ehen, die ihm nicht den erhofften männlichen Nachfolger brachten, hat er angeblich einfach nicht „vollzogen". Dadurch wurde dem Kirchenrecht entsprochen und die Ehen wurden dann einfach annulliert. Sexualität kann lebensgefährlich sein und ist über so lange Zeit mit einer Doppelmoral verbunden gewesen.

Auf der anderen Seite hat es Liebe, Sex und Lust außerhalb der Ehe immer gegeben. Die christliche Kirche hat viel Schuld auf sich geladen, indem sie viele Menschen wegen ihrer sogenannten „Sünden", die von der Kirche und Gesellschaft definiert wurden, ins Elend gestürzt, gequält, gefoltert und in den verzweifelten Selbstmord getrieben oder ermordet hat. Manches kennen wir heute noch vom fundamentalistischen Islam, wenn es um Steinigungen, Sittenmord, Zwangsheirat usw. geht. Ähnlich Schlimmes haben manche unserer Vorfahren in unserer christlich-geprägten Kultur auch erlitten.

Wir stellen uns die Frage, ab wann es diese engen Regelungen gab. Es ist schwer, klare Antworten zu bekommen, da es über die germanischen, keltischen und anderen vorchristlichen Stämme fast nichts Schriftliches gibt. Das Wenige, was aufgeschrieben wurde, stammt aus der Feder von römischen Geschichtsschreibern und von Missionaren und ist damit der Wirklichkeit nicht sehr nah. Man weiß von Fruchtbarkeitsritualen und Beltane-Festen der alten Stämme, bei denen Sexualität zu besonderen Anlässen sehr freizügig gelebt werden konnte. Ähnliches berichten Anthropologen über einige Naturvölker.

Fest steht, dass die Kirche ab dem 10. Jahrhundert immer mehr Macht bekam und unter anderem das Eherecht regelte. Die Ehe galt als von „Gott" geschlossen und war nicht auflösbar. Dieser „Gott" ist ein menschengemachter, von der Kirche erschaffener Gott und hat wenig mit dem leuchtenden, All-liebenden und mitfühlenden Lichtwesen zu tun, von dem in Berichten von Nahtoderfahrungen die Rede ist.

Wer ohne kirchliche Trauung zusammenlebte, musste in vergangenen Jahrhunderten mit harten Strafen rechnen. Allerdings wurden wesentlich häufiger Frauen als Männer bestraft. Außerehelicher Geschlechtsverkehr und so genannte Unzucht (Ehebruch, Sexualität mit gleichgeschlechtlichen Partnern und andere sexuelle Praktiken) standen bis weit in das 20. Jahrhundert hinein unter Strafe und unterlagen teilweise schlimmster gesellschaftlicher Ächtung. Selbst bis in die 1960er Jahre durften Frauen, die bei ihrer Hochzeit bereits schwanger waren, in manchen Gegenden nicht in weiß heiraten.

Wir sind auf Berichte aus dem 17. und 18. Jahrhundert aus dem Schwabenland und Bayern gestoßen, die unglaubliche Grausamkeiten und Demütigungen schildern. Menschen, die sich wegen vorehelicher Sexualität oder Ehebruch „schuldig“ gemacht hatten, wurden misshandelt und verstoßen. Diese grausamen Behandlungen sollten andere vor diesen „Untaten“ abschrecken. Die „Missetäter“ mussten beispielsweise tagelang vor der Kirche oder am Pranger gefesselt stehen, damit das ganze Dorf oder die Stadt sie sehen, bespucken und mit Unrat bewerfen konnte. Oft mussten sie auch zusätzlich noch Haftstrafen absitzen oder Sträflingsarbeiten ausführen.

Manchmal wurden Ehebrüchige aus dem Ort für eine bestimmte Zeit oder bei wiederholtem Ehebruch auf Dauer ausgewiesen. Die Beschreibungen von Grausamkeiten bei „illegal“ gelebter Sexualität ließen sich noch lange fortsetzen. Sie sind teilweise so grausam, dass wir hier nur einige wenige Beispiele nennen möchten. Die gesellschaftliche Moral und öffentliche Meinung waren gnadenlos. Aber es war immer eine Doppelmoral. Auf der anderen Seite war es bekannt, dass so mancher Priester mit seiner Haushälterin ein sexuelles Verhältnis hatte und es mit Sicherheit auch viele Priesterkinder gab, die als Findelkinder auf Kirchentreppen abgestellt wurden.

In den Fürstenhäusern gab es häufig Maitressen, Liebhaberinnen der Herrscher, manchmal geheim, manchmal sogar öffentlich bekannt.

Ungewollt oder unerlaubt schwanger – was tun?

Was konnte eine Frau, vielleicht noch ein junges Mädchen tun, wenn sie schwanger war, vielleicht aus einer verbotenen Liebe bzw. einer kurzen Begegnung? Wenn diese Schwangerschaft entdeckt wurde, hatte das, wie oben beschrieben, schlimme Folgen für Mutter und Kind. Ein verzweifelter Ausweg war für diese Frauen und Familien oder auch die unerlaubt werdenden Väter, die zu manchen Zeiten auch mit harten Strafen rechnen mussten, der Gang zu einer Engelmacherin. Das waren im neueren Sprachgebrauch Frauen, die heimlich Abtreibungen, manchmal auch sehr spät in der Schwangerschaft, durchführten. Es war gefährlich, entdeckt zu werden oder an Komplikationen zu sterben. Lange Zeit wurden Abtreibungen mit der Todesstrafe (in Deutschland bis Ende des 18. Jahrhunderts) und bis ins 20. Jahrhundert hinein mit Gefängnisstrafe geahndet. Es starben sehr viele verzweifelte Frauen an den Folgen einer Abtreibung.

Ursprünglich stammt der Begriff „Engelmacherin“ daher, dass diese Frauen aus Neugeborenen gegen Bezahlung „Engel“ machten – also die Kinder umbrachten und verschwinden ließen.

Manche hochschwangeren Frauen sahen nur den Sprung aus dem Fenster als Ausweg.

Oft gab es heimliche Geburten. Die Kinder wurden im besseren Fall auf die Kirchentreppe gelegt oder in ein Findelhaus gebracht. In seltenen, glücklicheren Fällen wurden sie an kinderlose Paare gegeben. Manchmal schien die einzige Rettung aus der Notlage eine heimliche Geburt, bei der das Kind danach beseitigt wurde.

In unserer Arbeit als Aufsteller begegnen wir immer wieder diesem besonders dramatischen und traurigen Thema: ermordete Kinder. Die Folgen davon wiegen über mehrere Generationen sehr schwer. Wer so etwas erleben muss, bleibt sein Leben lang verschlossen und versteinert. Das hält keine Mutter und kein Vater aus. Diese Kindstötungen geschahen vollständig im Geheimen. Darüber konnte und durfte nie geredet werden. Mit welcher Riesenlast tief im Herzen begraben, haben die Betroffenen weitergelebt? Liebe hat da nur noch wenig Platz.

Wir sehen immer wieder, dass so manche Last aus den Konsequenzen einer verbotenen Liebe noch Generationen später getragen wird. Wir haben zwei Beispiele aus unserer Praxis im Kapitel 13: „Verletztes Lieben heilen“ beschrieben.

Selbst noch vor 50 Jahren hatten es in manchen Gegenden Deutschlands junge Frauen, die unehelich schwanger wurden, sehr schwer. So manche Familie hat ihre Tochter zur Abtreibung der auch zum Weggeben des Kindes gezwungen oder sie aus der Familie verstoßen. Das als das höchste erlebte Gut – die Zugehörigkeit zur Gemeinschaft, die Ehre der Familie – musste gewahrt bleiben und war wichtiger als das Wohlergehen der eigenen Tochter.

Das alles schimmert bis in unsere heutige Zeit hinein. Wenn wir mit Mitgefühl auf unsere Eltern, Großeltern und Ahnen schauen, die vieles von dieser lebensbedrohlichen Moral selbst erlebt haben, ist es verstehbar, warum auf unehelicher Sexualität so lange dieses starke Moralverständnis lastete und lastet. Es war zu vielen Zeiten lebensbedrohlich zu lieben und Lust zu fühlen.

Auch wenn wir heute zum Glück in einer anderen Zeit leben, sind auch unsere Liebesbeziehungen in die Geschichte unserer Vorfahren eingebunden. Viele innere Glaubenssätze, nach denen wir oft unbewusst noch immer ein Stück leben und handeln, haben ihren Ursprung in Schicksalen unserer Vorfahren.

16 Hundertzwanzig Jahre Liebesunglück – eine generationsübergreifende Erzählung

Wir möchten abschließend ein Bild über weitergereichtes Liebesunglück über vier Generationen zeigen. So wird besonders plastisch, wie sehr Erlebnisse unserer Ahnen unser Paarglück heute beeinflussen können. Wir laden dich auf eine Reise durch die Zeit ein:

Sophie ist gerade 15 geworden, sie hat sieben Geschwister. Sie alle leben auf einem kleinen Hof in einem unbedeutenden Dorf. Sie haben immerhin ein paar Tiere und Landwirtschaft. Die paar Schuljahre hat Sophie hinter sich und jetzt heißt es für sie, ihre Geschwister zu betreuen, Tiere zu füttern und auf dem Feld zu helfen. Sie ist die Älteste. Ihre Mutter ist wieder schwanger. Auch Luise, ihre fast zwei Jahre jüngere Schwester, hilft schon mit, wie die Erwachsenen. Der Platz ist eng, das Geld und die Nahrung reichen kaum und es wird beschlossen, dass Sophie sich als Dienstmädchen in der nahegelegen Stadt bewirbt.

Es ist die Zeit der Industrialisierung um 1900. Viele wohlhabende Familien suchen Dienstmädchen. Die Schwester einer Nachbarin lebt in der Stadt. Sie vermittelt Sophie. Als Fremde in der großen Stadt beginnt Sophie ihre Arbeit und ist völlig überfordert. Noch kennt sie die Sitten und Gebräuche der Wohlhabenden nicht. Fast täglich wird sie wegen ihrer Unbeholfenheit und ihrem schlechten Benehmen gescholten. Dabei hat sie es noch gut, es gibt selten Schläge und Züchtigungen. Sie arbeitet von morgens bis abends und schläft auf dem Zwischenboden über der Küche. Sie hat großes Heimweh und ist sehr allein.

Selten, ein paar Mal im Jahr, kann sie nach Hause. Nur sonntags hat sie zwei Stunden frei. Es gibt oft Streit unter den insgesamt drei Angestellten und auch der Hausherrin kann sie es nicht recht machen. Nur der Mann der Hausherrin lächelt sie ab und zu an und macht ihr auch mal Komplimente, wenn es niemand sieht. Sie träumt von einem jungen Mann, der sie heiratet, um eine eigene Familie und ein eigenes Heim zu haben.

Eines Abends muss Sophie noch lange aufbleiben, weil die Hausherren ausgegangen sind. Sie muss warten, bis sie zurück sind. Sophie ist müde, als sie endlich zurück sind. Die Hausherrin raunzt sie an, weil sie nicht sofort zur Stelle ist. Erschöpft bereitet sie das Nachtmahl zu, serviert es und erledigt dann die letzten Handgriffe. Die Hausherrin zieht sich zurück und geht zu Bett. Der Hausherr ist betrunken.

Endlich, als alles aufgeräumt ist und Sophie sich in ihr Bett über der Küche legen möchte, wird sie vom Hausherren gerufen. Sie zögert, hat weiche Knie und tut, als höre sie nichts. Schließlich erscheint er auf ihrem Schlafboden und zieht sie zu sich …

Sie versteht nicht recht, was geschieht. Es ist eklig, Alkoholdunst, auch erregend, verboten … Sophie hat Angst und ist beschämt. Das Gleiche geschieht noch ein paar Mal, bis es die Hausherrin bemerkt und Sophie unter wütendem Schimpfen und Schlägen vor die Tür setzt.

Was jetzt? Sie hat kein Dienstbuch mit ihrem Arbeitszeugnis bekommen und kann so keine neue Anstellung finden. Niemand darf sie ohne Dienstbuch anstellen. Voller Scham geht sie nach Hause. Sie erzählt nichts, ihre Mutter ahnt Schlimmes. Sie kann auf einem anderen Hof bei der Ernte helfen, es geht also doch weiter. Sophie wird immer schweigsamer und redet mit niemandem mehr. Ihr Körper verändert sich und die Bäuerin bei der sie hilft, schöpft einen Verdacht. „Du bist doch wohl nicht schwanger?" fragt sie.

Ihre Eltern sind im Schock, ihr Vater verprügelt sie aus Verzweiflung, Wut und Hilflosigkeit. Kein Mann wird sie so mehr finden können, kein Hof sie anstellen. Die Familienehre ist für immer beschmutzt. Eine Engelmacherin kann auch nicht mehr helfen, das ganze Dorf weiß schon um diese Schande. Bemerkungen und abfällige Blicke treffen die Familie und vor allem Sophie.

Es gibt doch da noch diesen Knecht Horst im benachbarten Dorf. Der trinkt zwar viel und ist schon älter, aber der könnte die Rettung sein. Horst hat nichts dagegen, ist doch Sophie jung und hübsch. Die Hochzeit wird schnell vorbereitet, in aller Stille wird Sophie verheiratet. Eine kleine Hütte mit einem Zimmer und Stall bewohnt er, dort ist auch Platz für drei ...

Sophie hat noch mal großes Glück gehabt. Sie ist versorgt. Für andere Mädchen in ihrer Situation bleibt nur der Weg in ein Heim für „gefallene Mädchen", beispielsweise in ein sogenanntes „Magdalenenstift" oder in die Prostitution. In den Heimen für gefallene Mädchen, die es noch bis weit in das 20. Jahrhundert gab, fanden die Mädchen Unterschlupf, mussten unentgeltlich hart arbeiten und sich oft strengen Regeln unterwerfen. Teilweise waren es Besserungs- und Erziehungsanstalten. Viele Säuglinge sind dort wegen absichtlich unterlassener Pflege verhungert oder wurden zwangsweise zur Adoption freigegeben.

Wie geht es einem Mädchen, das plötzlich zur „Schande" für die Familie oder sogar die Gesellschaft geworden ist?
Was kann sie noch zu dem Vater ihres Kindes fühlen?
Was fühlt sie zu ihrer Lust und Sexualität?
Was fühlt sie zu ihrem Kind?
Wie viel Schuld und Scham fühlt sie?
Kann sie danach noch lieben?
Wie begegnet sie danach einem Mann?
Was gibt sie ihren Kindern weiter?

Wie geht es bei Sophie weiter?
Sie fühlt sich selbst schuldig und schämt sich – obwohl sie selber nichts dafür kann. Sie hasst ihren Körper und ihren damaligen

Dienstherren. In der Kirche sonntags betet sie inständig um die Vergebung ihrer Schuld, doch immer, wenn sie durchs Dorf oder in die Kirche geht, fühlt sie sich als Schandfleck begafft. Horst ist ihr fremd, sie macht, was er sagt und geht ihm ansonsten lieber aus dem Weg. Sie schaut ihn voll Misstrauen an und sie fühlt fast nichts mehr. Ihren „ehelichen Pflichten" kommt sie nach, wenn es sein muss. Lust spielt dabei keine Rolle. Auch Horst spürt die Ablehnung und vergräbt sich noch mehr in den Alkohol. Ab und zu, wenn er zu viel getrunken hat, brüllt er sie an, beschimpft sie als Hure und das Kind als Bastard ... Beide sind unglücklich. Es kommen noch drei weitere Kinder.

Der Alltag ist hart, es gibt gerade genug – aber sie schaffen es. Tief in Sophie ist ihre Enttäuschung und Wut auf den damaligen Hausherren vergraben, ebenso die Wut auf die Ungerechtigkeit der Welt, die Enttäuschung über ihren Vater ...

Alle diese Gefühle gibt Sophie an ihre Kinder weiter und einiges mehr: *„Sex macht das Leben kaputt." „Männer sind schlecht, verantwortungslos, du kannst ihnen nicht trauen." „Ich tauge zu nichts und meine Kinder auch nicht." „Liebe gibt es nicht." „Das Leben ist hart." „Ich habe nur dann eine Existenzberechtigung, wenn ich sehr hart arbeite"* sind einige der meist unausgesprochenen Glaubenssätze, die Sophie an ihre Kinder weitergibt.

Die Kinder von Sophie wachsen in dieser unglücklichen Atmosphäre auf. Eines der Mädchen könnte unsere Großmutter sein. Nennen wir sie „Großmutti". Sie übernimmt die Verachtung ihrer Mutter, ihrem Vater und Männern gegenüber. Insgeheim ist sie aber auch ihrer Mutter böse, da diese nie wirklich für sie da war und sie nie in den Arm genommen und getröstet hat. Alles was gezählt hat, waren Arbeit und Sittsamkeit. Auch Großmutti muss früh weg von den Eltern, um selbst den Lebensunterhalt zu verdienen. Vielleicht wird sie rebellisch, um es den Männern zu zeigen. Auch Großmutti wird früh schwanger, bemerkt es zum

Glück rechtzeitig und geht zur Engelmacherin, die das Kind heimlich abtreibt. Doch in ihrer Seele ist etwas zerbrochen. Auch sie kann nicht lieben.

Später trifft sie einen anderen Mann. Anfangs gibt es sogar Zuneigung und sie heiraten. Doch die Ehe bekommt schnell Risse. Zu groß ist der innere Vorwurf von ihr gegenüber dem Mann: „Du bist schuld." „Du schuldest mir noch was". Diese Sätze würden zwar zu ihrer Mutter und dem damaligen Hausherrn gehören, aber unbewusst tobt Großmutti die Enttäuschungen ihrer Mutter an ihrem eigenen Ehemann, nennen wir ihn „Großpapi", aus. Auch hier entstehen Streit und Ungerechtigkeiten. Großmutti und Großpapi bleiben zusammen, weil es keinen anderen Weg zu geben scheint. Keiner ist glücklich. Großpapi hat sich in seinem Hunger heimlich eine Geliebte „zugelegt". Als das auffliegt, ist es natürlich noch klarer, dass er der „Böse" ist und „schlecht" – wie alle Männer.

Die Tochter von Großmutti und Großpapi, nennen wir sie „Charlotte", verbündet sich mit ihrer Mutter gegen ihren Vater. Der Großpapi hat keine Chance mehr, seine Tochter und seine Frau, die Großmutti zu lieben, obwohl er als herzensguter Mensch in die Ehe gegangen ist. Immer öfter reagiert er ungehalten.

Charlotte könnte unsere Mutter sein. Diese Frau träumt als junges Mädchen von der romantischen Liebe, von jemandem, der sie ganz versteht und liebt und mag. Die Zeiten haben sich verändert. Keiner muss mehr an den Pranger oder vor der Kirche stehen. Aber die Moral ist immer noch sehr verurteilend.

Charlotte geht in die Stadt, da es dort freier ist und trifft auf ihre große Liebe – endlich. Doch nach den ersten Monaten des Verliebtseins gibt es Risse und Enttäuschungen – und in ihrer Wahrnehmung ist er schuld. Sie entdeckt Ähnlichkeiten zu ihrem Vater – „Männer eben", da kann Frau nicht viel erwarten. Auch sie trägt den Vorwurf und die Enttäuschung gegenüber Männern in sich. Auch Charlotte heiratet, weil sie schwanger ist. Sie hat

Angst, es allein nicht zu schaffen und Angst vor dem Alleinsein. Sie hofft, dass die Liebe schon wiederkommen wird, wenn erst das Kind da ist. Das funktioniert aber nicht. Nach einigen mühsamen Jahren des Zusammenseins lassen sie sich scheiden …

In ihrer Wahrnehmung ist er schuld daran. Er liebt sie nicht richtig, hat kein Verständnis, kümmert sich zu wenig um ihr Kind. Es ist kein Verlass auf ihn. Er spürt ihre Vorwürfe gegen sich. Er kann es seiner Frau selten recht machen. Lieber trifft er sich mit Arbeitskollegen und macht Überstunden. Dann kann er wenigstens sein Traumauto kaufen …

Wie kann das Kind von diesen Eltern lernen zu lieben?

Das ist dann unsere Generation, das sind WIR.
Jetzt sind WIR dran …

Es ist als Erstes wichtig zu verstehen, dass an uns nichts falsch ist und an dem Partner oder der Partnerin auch nicht. Jeder macht es so gut, wie er kann. Jeder trägt neben seiner eigenen Geschichte auch die Geschichte der Vorfahren.

Alle Glaubenssätze, die in uns sind, haben ihre Geschichte **und** ihre Berechtigung. Sie deuten auf existenzielle Schicksale hin, bei denen es oft um Leben und Tod ging. Alle Verletzungen sind tatsächlich geschehen. Wut, Enttäuschung, Trauer und Verzweiflung sind richtige, angemessene Gefühle!

Aber, wie wir in diesem Beispiel noch einmal zeigen konnten, gehört nicht alles, was zwischen euch schwierig ist, zu deiner Geschichte. Und es gehört auch nicht zu deinem Liebsten oder zu deiner Liebsten, auch wenn er oder sie diese Gefühle in dir auslöst. Der erste große Schritt ist es, das zu verstehen.

Wir wünschen Sophies Ururenkeln Einsichten und Verständnis und gutes Weitergehen mit mehr Glück in der Liebe.

17

Das Wunder des Lebens – Wir gehen nach vorn

Wenn man sich anschaut, wie unendlich viel Leid unsere Ahnen erlebt haben, ist es doch ein Wunder, wie groß die Lebenskraft in uns Nachkommen ist und wie viel Gutes weitergegangen ist. Es ist ein Wunder, wie viel Liebesfähigkeit doch oft erhalten geblieben ist und wie viel Schönheit und Menschlichkeit möglich sein kann.

In unserer Arbeit zeigt es sich immer wieder, dass tief in der Seele alle Menschen danach streben, sich miteinander zu verbinden, zu lieben und sich von Mensch zu Mensch zu erkennen und zu begegnen. Diese tiefe Menschlichkeit und Liebesfähigkeit ist in uns allen vorhanden. Wir alle haben, spirituell gesprochen, diesen göttlichen Funken in uns. Und in jedem von uns ist die Kraft des Lebens und möchte gelebt werden. Zu dieser Lebenskraft gehört es zu lieben, Lust und Vereinigung zu leben, Kinder zu zeugen oder anderes Kreatives in die Welt zu bringen. Das Leben möchte gelebt werden.

Unsere Ahnen können uns dabei Kraft geben.

Wenn wir in Aufstellungen Stellvertreter von Ahnen mit schweren Schicksalen fragen, was sie sich von ihren Nachkommen wünschen, antworten sie ausnahmslos: Sie – meine Enkel, Urenkel oder auch Urur...enkel – sollen in ihr Leben gehen und das Glück, das sie haben oder finden, voll und ganz nehmen. Dann war es nicht umsonst. Kein unglücklicher Ahn fühlt sich gewürdigt, wenn sich die Nachkommen nicht trauen, glücklich zu sein.

Wichtig ist ihnen, dass sie in ihrem Schicksal gewürdigt sind und alle dazugehören dürfen. Dann geben sie uns von Herzen gerne ihren Segen für unser Glück. Sie sind unsere Wurzeln, die uns Kraft geben für unser Lebensglück.

Wir haben aber auch die Erfahrung gemacht, dass es oft Zeit braucht, bis schwere Schicksale unserer Ahnen gesehen werden dürfen und dann in Frieden sein können. Manches war so schlimm, dass sich die Türen nur langsam Stück für Stück öffnen. Wenn dich Rituale aus diesem Buch angesprochen haben, möchten wir dich ermutigen, diese durchaus mehrfach zu wiederholen, vielleicht sogar für drei bis vier Wochen täglich. Die Energie wird sich verändern, es wird Stück für Stück leichter werden, sodass du dann ganz den Segen und die Kraft deiner Ahnen nehmen kannst.

Alle Ahninnen und Ahnen haben es geschafft, oft trotz widriger Umstände, das Leben weiterzugeben bis zu uns. Viele unserer Ahnen haben vor allem deshalb das Leben weitergeben können, trotz Krieg, trotz Flucht und anderen schweren Schicksalen, weil sie sehr viel Kraft und Fähigkeiten in sich hatten. Diese Kraft dürfen wir nehmen!

Nimm dann deine Ahnen als Wurzeln in den Rücken und schaue nach vorn in dein Leben und schaue an deine Seite zu deinem Partner oder deiner Partnerin.

Das Leben wartet auf dich und freut sich, wenn du es nimmst und lebst und liebst.

Anhang

Was sind Aufstellungen?

Aufstellungen sind eine wunderbare Methode, um in kurzer Zeit Antworten auf wichtige und drückende Fragen, ursprünglich zunächst zu persönlichen Themen, zu finden. Weiterentwicklungen der Familienaufstellungen, unter anderen Systemaufstellungen genannt, werden bei der Beratung von Firmen, Produktentwicklern und auf vielfältige andere Weise genutzt und können eine wichtige Unterstützung sein.

Entwickelt hat diese Methode ursprünglich der ehemalige Priester, Missionar und Psychoanalytiker Bert Hellinger Ende der siebziger Jahre. Nach langen Jahren Primärtherapiearbeit mit Arthur Janov und der Tätigkeit als Gruppendynamischer Lehrtherapeut lernte er die Familienskulpturarbeit von Virginia Satir kennen. Dort wurde ein Standbild einer Familie wie eine Skulptur aufgestellt. Hellinger hat entdeckt, dass, wenn Blickrichtungen und Positionen leicht verändert werden, sich die Gefühle der einzelnen Stellvertreter zueinander stark ändern. Er begann mit Positionsänderungen zu experimentieren und stellte fest, dass noch viel mehr Informationen freigesetzt werden können, wenn die Stellvertreter sich bewegen können.

Über die Jahre wurde diese Methode verfeinert und um viele Erkenntnisse erweitert. Hellingers kompromissloses Hinterfragen der Aufstellungsbilder jenseits gesellschaftlicher Konventionen brachte ihm nicht nur Anerkennung. Ein riesengroßer Boom entstand Anfang der neunziger Jahre nach dem Erscheinen des ersten Buches über das Familienstellen „Zweierlei Glück". Es wurde von dem Heidelberger Psychiater Gunthard Weber herausgegeben.

Um einen Platz in einem Seminar bei Bert Hellinger zu bekommen, musste man zu dieser Zeit sehr lange warten.

Seminare in großen Sälen mit bis zu tausend Zuschauern waren oft schon ein Jahr im Voraus ausgebucht. So groß war die Nachfrage nach den Erkenntnissen und der Weisheit Hellingers, die vielen psychotherapeutischen Richtungen wichtige Denkanstöße gegeben hat. Hellinger hat seine Arbeitsweisen weiterentwickelt und mehrfach radikal und nicht immer leicht nachvollziehbar geändert. Er hat selbst rund hundert Bücher über seine Arbeit herausgegeben und sich erst zwei Jahre vor seinem Tod von der Seminararbeit zurückgezogen. Er starb im September 2019 mit 92 Jahren, gerade als wir mit dem Schreiben dieses Buches begannen. Wir hatten das große Glück, ihn oft persönlich bei seinen Seminaren zu erleben und uns den vielen widersprüchlichen Einsichten und Kontroversen zu stellen. Wir sind als Therapeuten und als Paar sehr daran gereift. In tiefer Dankbarkeit bleiben wir mit ihm verbunden. Danke Bert!

Die Methoden von Hellinger wurden von vielen Menschen in sehr verschiedene Richtungen kreativ weiterentwickelt. Es gibt mittlerweile Hunderte von Büchern und ebenso viele weitere Strömungen der Aufstellungsarbeit, die sich schon sehr lange nicht mehr auf Familien- und Paartherapie beschränken. Sehr wichtig kann die Methode in der Unternehmensberatung, in der Produktentwicklung, in der Teamentwicklung, in der Gesundheitsberatung und in vielem mehr sein.

Das besondere an Aufstellungen ist, dass Stellvertreter für eine bestimmte Frage, die zu klären ist, ausgewählt werden. Sie vertreten dann die Person, die das Anliegen hat oder Familienmitglieder oder auch das Thema der Frage. Die Stellvertreter werden mit einer inneren Sammlung des Aufstellenden im Raum aufgestellt. Ohne dass sie weitere Informationen benötigen, fühlen sie so wie die richtigen Personen. Dabei geht es um die Grundschwingung in den Beziehungen untereinander, zu sich selbst oder um die eigenen grundlegenden Gefühle.

Es ist möglich, Kontaktlosigkeit, Liebe, Hass, Wut, Trauer, Niedergeschlagenheit als grundlegendes Gefühl oder Lebensthema oder Beziehungsmelodie wahrzunehmen. Manchmal zeigen sich im Verlauf der Aufstellung auch schicksalhafte Details aus der Lebensgeschichte, beispielsweise frühere Lieben, die Verbindung zu früh verstorbenen geliebten Menschen, Schuld oder erlittenes Unrecht.

Für jemanden, der mit der Materie nicht vertraut ist, mag es seltsam anmuten, dass fremde Menschen, die nichts über ein Thema oder über die Familiengeschichte wissen, als Stellvertreter ausgewählt werden und ohne weitere Instruktionen so handeln sollen wie die richtigen Personen oder so fühlen sollen. Doch dieses genau ist ein wichtiger Schlüssel dieser Methode. Das klingt zunächst unglaubwürdig oder eigenartig und doch kann man es sehr leicht überprüfen, indem man an einer Aufstellung teilnimmt und für Familienmitglieder Stellvertreter auswählt und plötzlich Sätze von den Stellvertretern hört, die genau so klingen, wie die echten Personen sie gesagt haben. Das mag verwundern.

Es gibt Kräfte jenseits des rational Erklärbaren, die uns sichtbar oder erfahrbar machen können, wie eine Familie innerlich miteinander umgeht oder in welchem Klima in einer Firma miteinander umgegangen wird oder aber wie eine Liebesbeziehung aussieht. Wohin schauen in einer Familie die einzelnen Mitglieder? Wer schaut innerhalb eines Betriebes wohin? Sind die Mitarbeiter im Blick? Haben alle einen guten und angemessenen Platz? Schauen bei einem Liebespaar beide aufeinander und lieben sich innig oder ist der eine innerlich abwesend und schaut auf etwas anderes? Alles das kann man mit einer Aufstellung erkennen.

Mit diesen Erkenntnissen kann man Fehlendes hinzustellen und möglicherweise eine gute Lösung für alle Beteiligten finden. Aufstellungen sind eine sehr sanfte Methode, die dennoch sehr tief die Seele berühren kann. Aufstellungen schaffen eine neue Melodie zu einem schlimmen Ereignis, wo etwas gefehlt hat und erlauben auch eine neue Einsicht oder Sichtweise der Dinge, die oft hilft, im Leben und in Partnerschaften besser klarzukommen.

Außerdem können Aufstellungen helfen, bei schwersten Schicksalsschlägen Frieden zu finden. Beispielsweise kann ein Autofahrer Frieden finden, dem ohne Schuld ein Betrunkener ins Auto gerannt ist und der dabei gestorben ist. Der Autofahrer hat keinerlei Schuld und doch über Jahre schlaflose Nächte. Hier kann man mit der Methode der Aufstellung über Stellvertreter Wege zum Seelenfrieden des Autofahrers finden.

Man kann auch Fragen klären wie: Warum finde ich keinen Partner, der zu mir passt? Was steckt dahinter? Man kann auch Fragen klären wie: Haus A oder B, welches sollen wir jetzt kaufen? In nur wenigen Minuten oder manchmal wenigen Sitzungen werden wichtige Inhalte deutlich und können so angeschaut werden und verschiedene Lösungen ausprobiert werden. Mit dem Gesehenen und in den Aufstellungen Erfahrenen kann der Betroffene ein neues Bild anschauen und möglicherweise dann bestimmte Schritte in seinem Leben tun, die erforderlich sind. Aufstellungen sind kein Durcharbeiten oder Bearbeiten, sondern eher wie ein Schauen von Ferne auf die Seelenstruktur einer Familie oder die Arbeitsstruktur einer Firma.

Warum wird mit Stellvertretern gearbeitet?

Stellvertreter sind neutrale Fühlpersonen. Oft ist es für denjenigen, der das Anliegen hat leichter, erst einmal für sich selbst einen Stellvertreter auszuwählen. Der Fragende kann dann die Aufstellung von außen anschauen. Stellvertreter haben selbst nicht die Verletzungen erlebt und können sich leichter absichtslos dem Aufstellungsfeld zur Verfügung stellen. So sind die Wahrnehmungen weniger von Wünschen und Tabus geprägt. Für denjenigen, der das Anliegen hat, ist es oft leichter von außen zu schauen, vor allem wenn es um starke Gefühle und schwierige Themen geht.

Was bedeutet es, sich zu verneigen?

Für uns Menschen des westlichen Kulturkreises wirkt es manchmal eigenartig oder altmodisch höfisch, sich zu verneigen. Doch gerade bei schweren Schicksalen tut es gut, sich zu verneigen. Es achtet den anderen.

Ein Beispiel: Stelle dir vor, eine Mutter hat durch einen tragischen Autounfall vor Jahren zwei Kinder verloren. Sie leidet noch immer. Wie geht es ihr, wenn du dich demütig und still zu ihr setzt und dich nach einer Weile vor ihr und ihrem Unglück verneigst? Besser? Wie geht es dir? Wie geht es der Mutter, wenn du nach westlicher Macherart ins Agieren gehst und Lösungswege für ihre Trauer findest? Besser? Wie geht es dir? Fühle hin und prüfe.

In vielen asiatischen Kulturen wird die Verneigung als Begrüßung benutzt. Bei manchen Kampfsportarten verneigen sich die Gegner vor und nach dem Spiel voreinander als Ausdruck des Respekts. Eine Verneigung heißt auch: Ich würdige den anderen in seinem Sosein und drücke ihm meinen Respekt aus. Ich achte das Schicksal des anderen, auch wenn es mir schwerfällt, vor allem, wenn der andere etwas Entsetzliches erlebt hat.

Es heißt aber auch, ich nehme dem anderen gegenüber eine demütige und ehrerbietende Haltung ein. Ich mische mich nicht ein, ich beurteile nicht, ich übernehme nicht Aufgaben des anderen, die nicht meine sind. Ich akzeptiere, dass es so ist, wie es ist.

Fragebogen zur Familiengeschichte

Dieser Fragebogen kann dich unterstützen, nach wichtigen Ereignissen aus der Familiengeschichte zu forschen, die bis heute dein Leben und vor allem dein Liebesleben beeinflussen. Wenn Schicksale über mehrere Generationen weiterwirken, geht es meist um schwerwiegende, die eigene Existenz bzw. die Existenz anderer bedrohende Schicksale. Auch unglückliche Liebesschicksale haben eine große Bedeutung, wie verbotene Liebesbeziehungen, gescheiterte und aufgelöste Verlobungen, Zwangsheirat ...

Wenn du Fakten aus deiner Familie weißt oder durch Fragen von Verwandten erfährst, frage dich: Was könnte das für den, der dies erlebt hat, bedeuten? Was fühlt jemand, dem so etwas geschieht oder was würde er fühlen, wenn er überhaupt noch fühlen kann?

Fragen zu deiner eigenen Geschichte
Wie war die Schwangerschaft deiner Mutter mit dir, wie ging es ihr? Gab es größere Komplikationen wie z.B. Blutungen? Dieses kann möglicherweise bedeuten, dass ein Zwillingsgeschwister da war, welches gegangen ist.

Wie war deine Geburt?
Gab es längere Trennungen von deiner Mutter nach der Geburt oder in den ersten Lebensjahren? Wenn hier etwas Schweres geschehen ist, ist dein Urvertrauen eingeschränkt. Das kann auch großen Einfluss auf das Liebesleben haben, zusätzlich zu dem, was deine Ahnen weitergegeben haben.

Fragen zu deinen Eltern
Wie alt waren deine Eltern, als sie sich kennengelernt haben?

Gab es vor der Verbindung deiner Eltern für deine Mutter und/oder Vater frühere Ehepartner oder eheähnliche Verbindungen?

Gab es für deine Eltern vor ihrer Ehe große Lieben (Jugendliebe, Verlobung, im Krieg gefallen, verstorben)?

Wenn ja, wie lange dauerten diese Verbindungen und welches war der Grund für die Trennung?
Entstammen Kinder aus dieser/n Beziehung/en?
Hast du Kontakt zu deinen Halbgeschwistern?

Um besser zu verstehen, wie jeweils deine Mutter und dein Vater aufgewachsen sind, beschäftige dich zuerst mit einer Linie, z.B. deiner Mutter und ihren Eltern und Ahnen und dann mit der anderen Linie.

Die Familie deiner Mutter
Ist sie bei ihren Eltern aufgewachsen?
Kennt sie ihre beiden Eltern?

Ist jemand früh verstorben?
Gibt es andere schwere Schicksalsschläge?

Gibt es Geschwister deiner Mutter, die ein schweres Schicksal hatten (früher Tod, Behinderung, Weggegeben-Werden, schwere lebenseinschränkende Erkrankung ...)?

Gibt es Schicksalsschläge bei der Mutter deiner Mutter, deiner Oma (verbotene Liebe, früher Tod einer ihrer Eltern, gestorbene Kinder, Krieg, Flucht, Vertreibung, Schuld am Tod anderer ...)?

Gibt es Schicksalsschläge bei dem Vater deiner Mutter, deinem Opa (verbotene Liebe, früher Tod einer seiner Eltern, gestorbene Geschwister, Krieg, Flucht, Vertreibung, Schuld am Tod anderer ...)?

Familie deines Vaters
Ist er bei seinen Eltern aufgewachsen?
Kennt er seine beiden Eltern?

Ist jemand früh verstorben?
Gibt es bei deinem Vater schwere Schicksalsschläge?

Gibt es Geschwister deines Vaters, die ein schweres Schicksal hatten (früher Tod, Behinderung, Weggegeben-Werden, schwere lebenseinschränkende Erkrankungen ...)?
Gibt es Schicksalsschläge bei der Mutter deines Vaters, deiner Oma (verbotene Liebe, früher Tod einer ihrer Eltern, gestorbene Kinder, Krieg, Flucht, Vertreibung, Schuld am Tod anderer ...)?

Gibt es Schicksalsschläge bei dem Vater deines Vaters, deinem Opa (verbotene Liebe, früher Tod einer seiner Eltern, gestorbene Geschwister, Krieg, Flucht, Vertreibung, Schuld am Tod anderer ...)?

Deine Urgroßeltern und Urur...großeltern, so viel du weißt
(und als Ergänzung zu deinen Eltern und Großeltern)

Ist jemand zu früh gestorben?

Ist jemand im Krieg vermisst?

Gab es Todgeburten?

Wurden Kinder weggegeben?

Gab es schwere Verbrechen wie Mord, Beteiligung an Kriegsverbrechen?

Hat jemand Schuld am Tod anderer (sind Kinder tödlich verunglückt, Verrat, Unfall)?

Gab es Flucht oder Vertreibung?

Wurde jemand aus der Familie verstoßen oder in eine Anstalt eingewiesen und vergessen?

Gab es Enterbungen?

Gab es Selbstmord?

Gab es andere schwerwiegende Schicksale (Verlust von Hab und Gut, Gefängnis, politische Verfolgung, uneheliche Kinder ...)?

Die Autoren

Alfred Ramoda Austermann

Jahrgang 1960, Vater von zwei Töchtern
Diplompsychologe, Heilpraktiker
Psychodrama-Ausbildung 1982-1987,
Weiterbildung in Bioenergetik und Biodynamischer Psychologie, Entwicklung von Aqua-Release®-Healing, Warmwassertherapie und Life-Dance®-Körper- und Tanztherapie, Musiker (Afro-Trommeln und Didgeridoo).
Über viele Jahre Leitung von Schwitzhüttenritualen.
Fortbildung in systemischer Familientherapie u. a. bei Bert Hellinger und Gunthard Weber. Fortbildung in Traumaheilung bei Fred Gallo und Peter Levine.
Seit 1985 Leitung von Seminaren und Therapiegruppen im Bereich der humanistischen und spirituellen Psychologie. Seit über 20 Jahren spezialisiert auf Pränatale Psychologie, Familientherapie und Organisationsaufstellungen.
Leitung von Weiterbildungsgruppen in systemischer Familientherapie und Traumalösung europaweit in deutscher, englischer und französischer Sprache.

Bettina Austermann

Jahrgang 1965, Mutter von zwei Töchtern
Diplom-Sozialpädagogin, Heilpraktikerin für Psychotherapie
Seit vielen Jahren psychotherapeutische Begleitung von Erwachsenen, Jugendlichen und Kindern, Aus- und Fortbildungen in Gestalttherapie, Körpertherapie, NLP-Master.
Seit 1999 zahlreiche Fortbildungen in systemischer Familientherapie u. a. bei Bert Hellinger, Gunthard Weber, Albrecht Mahr ..., Ausbildung in energetischer Therapie/Traumalösung

bei Fred Gallo und Peter Levine, Ausbildung in Aqua-Release®-Healing.
Seit 2000 Leitung von Seminaren und Einzelberatungen, Autorin gemeinsam mit Alfred R. Austermann: Das Drama im Mutterleib, Herausgeberin gemeinsam mit Alfred R. Austermann: Ich habe meinen Zwilling verloren

Danksagung

Allen voran möchten wir den vielen Klienten herzlich danken, die ihre Geschichte mit uns geteilt und dieses Buch ermöglicht haben. Wir danken allen unseren Lehrern und Meistern, die uns auf dem Weg des Wissens ein Stück geleitet haben. Unser gemeinsamer großer Dank gilt Bert Hellinger, ohne dessen kompromisslose Einsichten und Entdeckungen wir wohl nicht als Paar zusammengefunden hätten und erst recht kein glückliches Paar geblieben wären.

Alfred R. Austermann: Ich danke meinen Eltern Werner und Maria Austermann. Ich danke euch von Herzen für das Leben, das ihr mir geschenkt habt und für die vielen Möglichkeiten und Herausforderungen, die ihr mir mitgegeben habt. Ich danke der Existenz für meine wunderbare Frau Bettina und die beiden Kinder. Besonders dankbar bin ich Bettina für das besondere Glück, das wir haben, unsere Liebe und unseren Herzensberuf zu teilen und miteinander zu wachsen.

Ich danke Meinolf Schönke, Michael Lohmann, Helmut D. Becker, Osho, Bert Hellinger und Gunthard Weber und den vielen anderen sichtbaren und unsichtbaren Wegbegleitern, denen ich meine Ausbildung, meine Lebenserfahrung und meine Berufspraxis verdanke. Ich danke meinen Aufstellerkollegen für den kostbaren Austausch von Erfahrung und Wissen und für die persönliche Unterstützung. Ich danke Thierry Deketelaere für seine Anregungen und sein Wissen über indigene Rituale und Gebete. Mein besonderer Dank gilt Harald Homberger.

Bettina Austermann: Ich danke von ganzen Herzen meinen Eltern Renate und Jochen Schulz für mein Leben und für das viele, was sie mir mitgegeben haben. Ganz besonders danke ich meinem Liebsten, Mann und Weggefährten Ramoda, für das viele, was wir miteinander teilen können beruflich und privat, das viele, was ich lernen konnte und unser miteinander Wachsen. Ich danke ihm und dem Leben vor allem für unsere beiden wunderbaren Kinder: Merlinde und Freya. Ich danke dem Leben besonders für meine Zwillingsschwester Christiane Jane Dhyan Nishanto.

Ich danke Nancy Fischer, die mich für eine wichtige Zeit begleitet hat für ihre Präsenz, ihre Liebe und Wertschätzung. Ich möchte mich bei den vielen Menschen bedanken, denen ich begegnet bin, die mich eine Zeit begleitet haben, bei denen ich lernen und Erfahrungen für mein Leben und meine Arbeit sammeln konnte. Ich bedanke mich bei vielen Aufstellerkollegen für den wertvollen Austausch, das Lernen von ihren Erfahrungen und die persönliche Unterstützung.

Gemeinsam danken wir herzlich dem Ort, der uns unterstützt hat, dieses Buch zu schreiben: Die immergrüne tropische Landschaft mit den liebevoll gepflegten Reisfeldern ist voller saftiger Lebensenergie. Die Atmosphäre mit den unendlich vielen Opfergaben, Ritualen, Gesängen und der Gamelan-Musik, die fast jeden Tag über die Reisfelder tönt, ist aufgeladen mit spiritueller Fülle. Die Welt „auf der anderen Seite“ ist hier viel stärker zum Greifen nahe. Danke Bali.

Literatur:

Alfred R. Austermann: Ahnenrituale für unser Zeitalter in: „Derselbe Wind lässt viele Drachen steigen" herausgegeben von Gunthard Weber, 2001 – auch unter „Artikel" auf unserer Homepage www.ifosys.de abrufbar

Alfred R. Austermann: Sterben und danach – eine liebevolle Totenbegleitung erschienen im Magazin „Sein" 11/2006 – auch unter „Artikel" auf unserer Homepage www.ifosys.de abrufbar

Alfred R. Austermann: Verwirrungszustände gelöst – Die Integration von Täter und Opfer als Aufstellungsritual, erschienen in „Praxis der Systemaufstellung" 1/2009 – auch unter „Artikel" auf unserer Homepage www.ifosys.de abrufbar

Alfred R. und Bettina Austermann 2011: 36 Grad – Aqua-Release®-Healing, erschienen im Magazin „Sein"1/2011 – auch unter „Artikel" auf unserer Homepage www.ifosys.de abrufbar

Alfred R. und Bettina Austermann: Das Drama im Mutterleib – der verlorene Zwilling, Königsweg-Verlag 2005/2018

Alfred R. und Bettina Austermann: Ich habe meinen Zwilling verloren – Alleingeborene erzählen, Königsweg-Verlag 2012

Alfred R. und Bettina Austermann: Das Leid der Ahnen und die Depression von heute, erschienen im Magazin „Sein" 1/2014 – auch unter „Artikel" auf unserer Homepage www.ifosys.de abrufbar

Alfred R. und Bettina Austermann: Familienaufstellungen und Karma, erschienen im Magazin „Sein" 2/2012

Esther Oppermann/Norman: Drei Tage im dunklen Bauch der Erde – Stirb bevor du stirbst, erschienen in „Connection" 11/97 – auch unter „Artikel" auf unserer Homepage www.ifosys.de abrufbar

Anna Bahlinger-Çetin: Interview mit Bettina und Alfred Ramoda Austermann: Die große Sehnsucht – Der verlorene Zwilling „Sein" 9/2010

Maria Austermann geb. Huesmann: Endloses Grauen – Die Bombardierung von Dresden, Eine Zeitzeugin berichtet, 1946/2005, in Liboriusblatt 13.2.2005 – auch unter „Artikel" auf unserer Homepage www.ifosys.de abrufbar

Eben Alexander „Blick in die Ewigkeit", 2016

Peter Bartning: Auf dem Weg mit dem inneren Kind, 2015

Peter Bartning: Das innere Kind in der Paarbeziehung, 2016

Anton Birlinger: Sitten und Gebräuche. Volkstümliches aus Schwaben, 1862/2013

Christiane Hawranek in BR24, „Gefallene Mädchen" – Erzwungene Adoptionen in Bayern, 11.8.2018, https://www.br.de/nachricht/b5-reportage-erzwungene-adoptionen-in-bayerischen-entbindungsheimen-100.html

Stefan Breit: „Leichtfertigkeit" und ländliche Gesellschaft: Voreheliche Sexualität in der frühen Neuzeit, 1991

Sybille Buske: Fräulein Mutter und ihr Bastard, Eine Geschichte der Unehelichkeit in Deutschland 1900 bis 1970, 2004

Dörner und Plog: Irren ist menschlich, 1984/2019

Bert Hellinger: Die Liebe des Geistes: was zu ihr führt und wie sie gelingt, Hellinger Publications, 2008

Florian Holsboer: Biologie für die Seele, 2009

Byron Katie: Lieben was ist – wie vier Fragen Ihr Leben verändern können, 2002

Mario Mantese: Vision des Todes: meine Reise durch das Jenseits, 2018

Raymond A. Moody: Leben nach dem Tod – Die Erforschung einer unerklärlichen Erfahrung, 1975/dt.1977/2001

Anita Moorjani: Heilung im Licht, 2015

Rupert Sheldrake: Heilung und das Morphogenetische Feld, Audio CD, 1994

Rupert Sheldrake: Das schöpferische Universum: Die Theorie des Morphogenetischen Feldes, 2009

Dietmar Spengler Forschungsbericht Max-Planck-Institut für Psychiatrie, 2009, https://www.mpg.de/431776/forschungs Schwerpunkt

Stefanie Stahl: Das Kind in dir muss Heimat finden, 2015

Tagesspiegel „Uneheliche Kinder sterben früher", 20.01.2015

Berthold Ulsamer: Inneren Frieden finden mit den Eltern: 7 Schritte zur Versöhnung, 2013

Gunthard Weber: Zweierlei Glück – Die systemische Psychotherapie Bert Hellingers, 1997/2001

Therese Weber: Lebenserinnerungen der Mägde. Geschichten aus der Dienstbotenzeit, 2012

Mark Wolynn: Dieser Schmerz ist nicht meiner, 2017

Silvia Wallimann: Engelgebete, Neuauflage 1999

Un couple, deux histores à guérir

Enfant intérieur, jumeau perdu, ancêtres : 6 rituels pour faire la paix

französische Ausgabe von:
Wer ist mit im Bett?
Wege zum Glück für Paare und Noch-Singles

Editeur: Le Souffle d'Or, März, 2021
ISBN: 978-2840587071

Das Drama im Mutterleib –

Der verlorene Zwilling

Vom ersten Moment Ihrer Zeugung an bekommen Sie als werdender Mensch mit, was sich um Sie herum ereignet.
Ihr Körpergedächtnis speichert alle Erfahrungen. Vielleicht sind Sie zu Beginn der Schwangerschaft nicht allein im Bauch Ihrer Mutter. Sie können Ihren Bruder oder Ihre Schwester spüren. Sie hören sein oder ihr Herz schlagen und bewegen sich zusammen mit ihm oder ihr und spielen in den Ozeanen des Fruchtwassers ...

Taschenbuch: 292 Seiten
Königsweg-Verlag; 4. Auflage: Berlin 2013
ISBN: 978-3981247121

Ich habe meinen Zwilling verloren

Alleingeborene erzählen: Eine Entdeckungsreise für Suchende

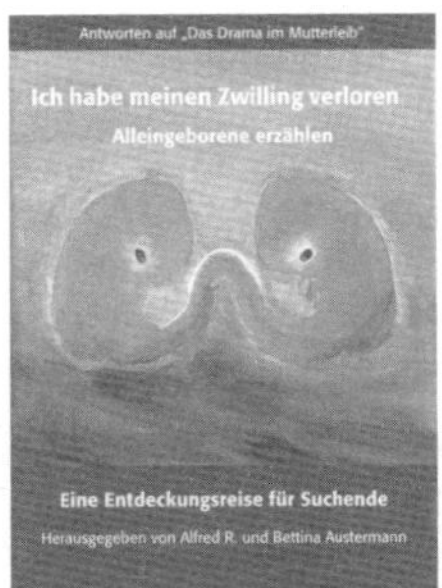

Zahlreiche Betroffene haben mit Briefen, Gedichten und Bildern einen Beitrag zu diesem Buch erstellt. Sie erzählen mitten aus ihrem Leben von Sehnsüchten, Suche und Heilungswegen ...
Jeder, der mit diesem Thema verbunden ist, aus persönlichem, psychologischem und auch aus medizinischem Interesse, kann hier fündig werden.

Taschenbuch: 160 Seiten
Königsweg-Verlag; 1. Auflage: Berlin 2013
ISBN: 978-3981247114